혜원바둑총서 ⑭

싸움의 공방과 전략 전술

중반 경영법

| 이하림 편저 |

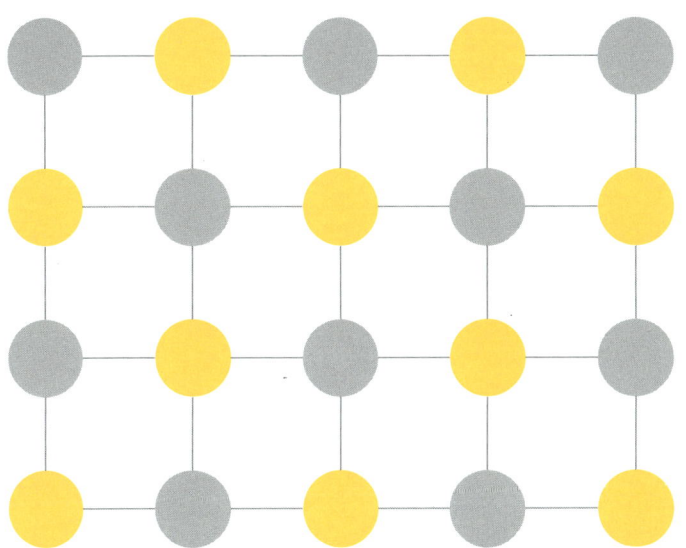

혜원

책머리에

넓은 의미에서는 바둑 전체가 '싸움'이다. 그 이유는 포석부터 끝내기까지 쌍방 '수읽기 싸움'의 연속이기 때문이다. 또한 중반전에서의 사고방식은 어디까지나 바둑판 전체의 전국적인 흐름으로 파악해야 바람직하므로, 실전에서의 감각이 매우 중요하다.

그런 의미에서, 이 책은 주제가 '중반전의 공방과 전략 전술'인 만큼 싸움을 중반의 좁은 의미로 한정하는 데 주력하였지만, 주로 싸움의 치열함이 물씬 드러나는 모범적인 실전을 소재로 삼았다.

초반은 정석을 토대로 정해진 코스가 많지만, 중반전은 그야말로 다양하고 그만큼 창의적인 분야이다. 속된 말로 무지 골치 아프다. 단순히 요약하면 일단 어떻게 생각하느냐, 그 생각을 어떤 방법으로 실천하느냐의 문제로 귀결된다. 즉 중반전에서 세력을 결정하는 요소는 깊고 정확한 '수읽기'이지만, 이것은 교재로만 의존할 수 없는 특수 훈련이다. 각자가 실전 속에서 조금씩 수를 읽는 힘을 길러 나갈 수밖에 도리가 없다.

다만 이 책은 전체적으로 내용에 대한 깊은 수읽기는 없지만, 큰 줄거리와 맥락을 해설하고 다양한 장면에서 다양한 지침을 제시하여, 국면을 바라보는 사고력과 전투력을 키우는 데 큰 도움이 될 것이다.

결과적으로, 전체적인 기력(棋力)을 강화시킬 수는 없더라도 능률적으로 힘을 사용하는 요령을 터득하는 일, 즉 능숙한 싸움 요령을 배우게 하려는 것이 이 책의 목적이기도 하다.

이 책에 수록된 소재들은 기의 모두 실전에서 성선했다. 프로 기사들의 대국 예이므로 약간 난해한 부분도 있지만, 어디까지나 중반전에 대한 사고력과 요령 및 힘을 기를 수만 있다면 충분하리라.

'공격이 최선의 방어', '수비가 최선의 공격'이란 말이 있다. 치열한 싸움터인 인생에서도 바둑에서도 즐겨 인용되는 격언이다. 어쩌면 바둑 격언을 우리의 삶에서 차용한 것인지도 모른다. 아무튼 이 책을 통해 삶의 지혜로도 활용하고 기력도 일취월장길 간절히 바란다.

1 중반 싸움의 준비

1

중반
싸움의 준비

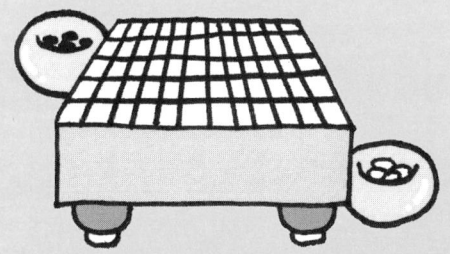

1. 자신의 약점 보완

중반전(中盤戰)은 '돌의 싸움'이다. 여기서 싸움을 준비하는 데 자신의 결함 및 약점을 충분히 고려하지 않으면, 때로는 치명적인 손실을 초래한다.

1도 이 그림은 바둑에서 흔히 보는 '붙여뻗음 정석'의 한 장면이다. 여기서 흑은 어떻게 대처해야 할까?

2도 흑1로써 좌변의 백을 공격해 본다. 흑의 기세는 좋으나, 백2와 4의 반격을 당하는 게 문제이다. 이렇다면 어느 쪽이 공격하는지 알 수가 없다.

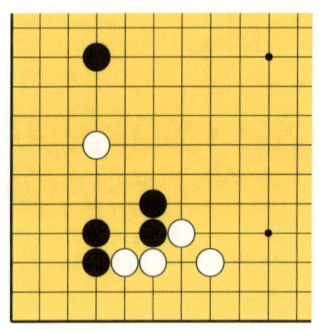

1도

결국 흑1은, 자신의 결함을 고려하지 않은 무모한 공격이라는 결론에 이른다.

3도 그러므로 우선 흑1로써 끊기는 곳을 단단히 보강한 다음, 공격을 노리는 게 바른 수순이다.

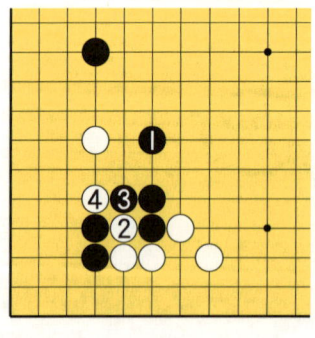

2도

3도

● 제1형 ☞ 자신의 약점부터 먼저 살펴보라

'천원전'(天元戰)에서 흑의 고바야시 고이치(小林光一) 천원과 백의 소노다 유이치(苑田勇一)의 대국이다.

우상귀는 '고목 정석'의 변화이다.

흑이 세 귀의 실리를 차지한 데 대해, 백은 중앙 및 좌변의 세력으로 대항했는데, 여기서 백이 세력 작전을 보다 유리하게 발전시키기 위해서는 어떻게 두어야 할까?

세력 바둑은 중앙으로 전개하여 모양을 키우는 데 좋은 수가 많지만, 백도 약점은 없는지, 있다면 미리 대비해야 할 곳은 없는지를 묻고 있다.

문제집이 아니므로, 반드시 정답을 요구하는 것은 아니다.

전체 형세를 잘 살펴보고, 여러분이라면 어떻게 둘지 연구해 보는 일이야말로 여기서는 '제일감'(第一感)으로서 좋다.

(백 차례)

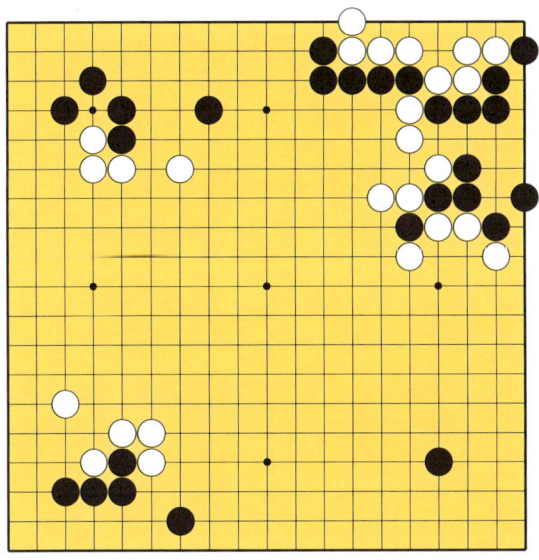

기본형

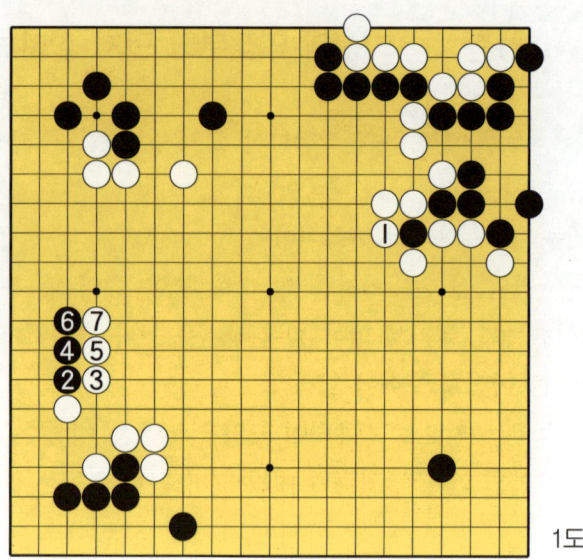

1도

1도 (기본수) 우선 백1로 흑 한점을 따냈는데, 이 수가 기본이라고 생각한다.

현재 '축'은 백이 유리하므로 흑1로 달아나는 수는 성립되지 않지만, 닥쳐 올 중반전 및 중앙의 싸움에서 이런 대비 없이는 충분하지 않다. 흑1로 달아나는 맛이 남은 만큼 중앙 싸움에서의 제약 요인으로 불리해질 가능성이 농후하다.

"축은 일찌감치 따내어 해소한다", 이런 기본이 혼전(混戰)에 대한 준비에 반드시 명심해야 할 마음가짐이다.

흑은 2의 '붙임'으로 강력하게 좌변을 침략했지만, 백3 이하 7로 밀어 붙인 백은 중앙의 넓은 폭을 형성하여 균형이 잡힌 형세가 되었다. 백1의 '빵때림'은 우변이나 좌변에도 그 힘을 발휘한다. 그야말로 모든 화근을 끊고 후환을 남기지 않는 '기본수'라고 느끼지 않을 수 없다.

'빵때림은 30집'이라는 격언도 있듯이, 한 점을 잃은 흑은 중앙을 향한 활동이 차단되고, 좌변에서도 백의 세력이 힘을 발휘한다.

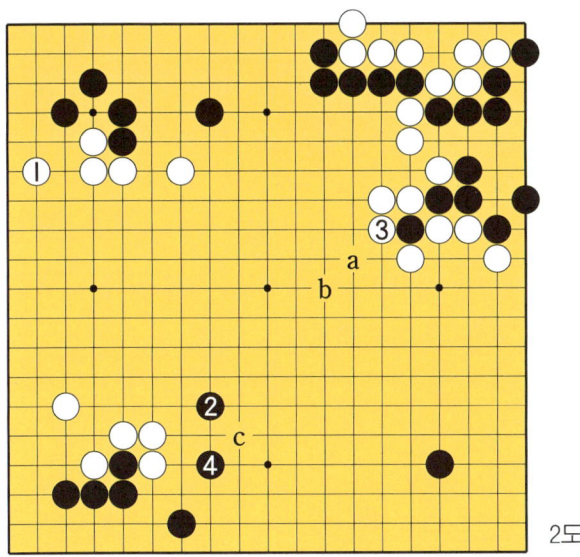

2도

2도 (수가 되돌아간다) 백1은 자신의 열려 있는 '밑자락'을 봉하고 좌변을 확정지로 하려는 큰 수이지만, 가령 흑2와 4로 연타하면 중앙의 세력이 엷어지고 만다.

흑2뿐 아니라도 백의 한수는 반드시 3의 따냄으로 되돌아가야 하므로, 이런 제약이 손실을 초래한다.

한편 이 그림의 백3을 백a 또는 b로 두어 '활동'이라고 생각하는 것도 큰 잘못이므로, 축은 반드시 해소해야 한다.

백1로 4 또는 c 언저리에 둠으로써 미연에 '축머리'의 차단과 더불어, 축의 연장선상을 강화하여 세력이 더욱 좋아진다고 생각하는 여러분도 있을지 모르지만, 이는 결코 득책이 아니다.

"축은 유리한 동안에 해소해 버린다"는 신념은 유단자의 마음가짐의 하나로서 기억해 두기 바란다.

제2형 ☞ 싸움이냐 지킴이냐

'본인방전'(本因坊戰)에서 흑의 시로이시 유타가(白石裕)와 백의 다케미야 마사키(武宮正樹)의 대국이다.

백Ⓐ의 육박은 다케미야다운 일착으로, 일단의 흑에 대한 공격을 노리면서 좌상변에서부터 상변에 걸친 형세 구축을 목적으로 한다.

이에 대해 흑은 어떻게 대처해야 할까?

좌변의 흑은 당장 잡힐 리는 없는 모양인데다, '눈목자'의 사이가 약점이지만 함부로 끊을 수도 없는 묘한 곳이라 생각되는데…….

흑의 우변 포석도 상당한 진영인데, 이를 토대로 곧바로 싸움을 유발할 것인가, 또는 약한 모양에 대해 한 단계 힘을 저축할 것인가 하는 점이 중반전 돌입의 갈림길이기도 하다.

가령 힘을 저축하거나 약점에 대비한다고 하면 어느 곳이 알맞을까? 전체적인 사고력과 판단력이 요구되는 중대한 국면이므로, 반상(盤上)에서의 가장 절대수를 발견해야 한다.

(흑 차례)

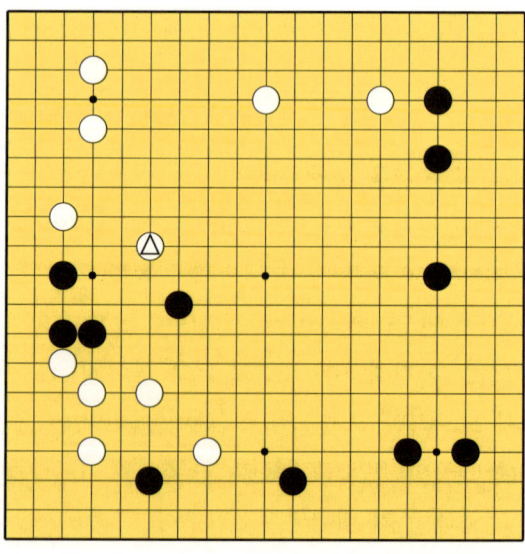

기본형

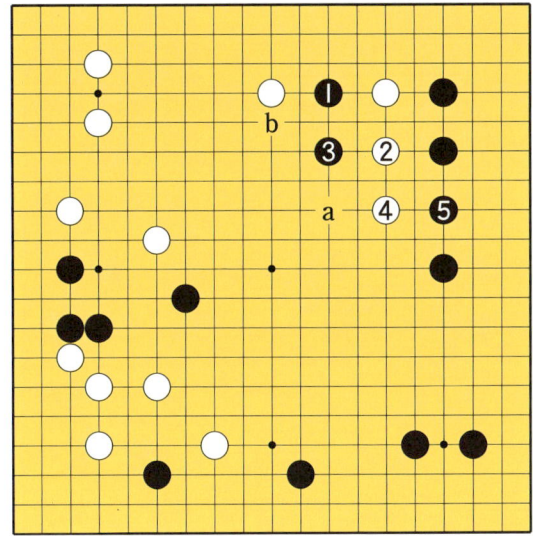

1도

1도 (흑의 호조) 시로이시 9단은 흑1에 뛰어들어 싸움을 유발했다. 상대의 약점인 이곳을 추궁하여 전국의 주도권을 빼앗으려는 사고방식은 충분히 예상 가능하다.

부분적으로는 백이 피고의 입장이 되어 그대로 백2로 달아나고 싶지만, 이러면 흑이 의도하는 수순이다. 흑5까지 우변에서 확정지를 만들며 공격은 계속된다.

이어서 백a에는 흑b의 리듬으로 자연스럽게 좌상 방면으로 진입함으로써, 흑의 속셈대로 되리라.

시로이시 9단도 이렇게 전개될 걸로 생각하고 흑1로 개전(開戰)했을 테지만, 다케미야 9단의 대답은 백2가 아니었다.

이런 장면에서 돌의 운용 및 판단력은, 다케미야 9단이 가장 장기(長技)로 여기는 분야이다.

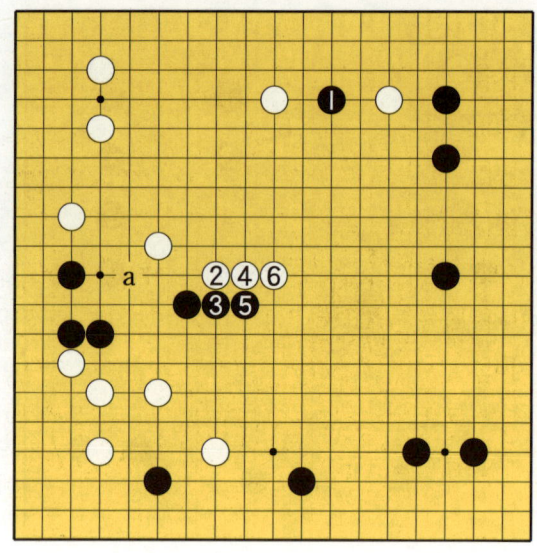

2도

2도 (중원 제압) 여기서 다케미야 9단이 둔 수는 의외로 백2의 '씌움'이었다.

약돌인 좌측의 흑에 기대면서 자연스럽게 중앙의 주도권을 확립하겠다는 의도였다.

흑3과 5의 '밀어붙임'이라면, 백6까지 이상적인 전개가 이루어진다. 백2, 4, 6이 가치 있는 중앙 방향으로 나가고 있는 데 대해, 흑3과 5는 실속이 없다. 아직 완전한 안정도 얻지 못한 것도 불만이다.

실전에서는 흑3으로써 a로 굳혀서 일찌감치 살고자 했지만, 역시 백의 세력을 굳혀 주어 본의는 아니었다.

백2의 호수(好手)로 말미암아, 흑1의 개전은 결국 실패로 돌아갔다. 상변에서의 싸움도 이제와서는 중앙의 백이 두터워진 만큼 반드시 흑이 유리할 수도 없다(앞 그림과 비교해 볼 것).

그렇다면 흑1로는 어떻게 두어야 했을까?

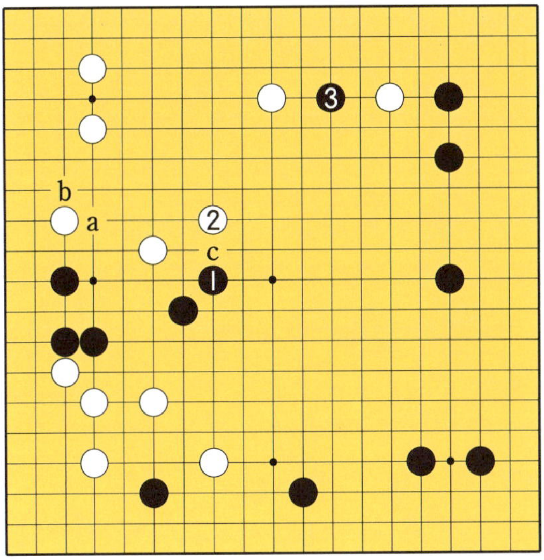

3도

3도 (유연한 대비) 흑1로 중앙의 세력에 대비하는 수가 좋다고 여겨진다. 약돌의 보강과 더불어 우변 흑의 형세 확장에도 도움을 주므로, 그야말로 천하를 내려다보는 느낌이다.

백2로 상변을 강화하면, 이번에야말로 흑3의 싸움 유발이다. 흑1과 백2의 교환으로 중앙 제압이 이루어지고 있음을 감각적으로도 알 수 있으리라.

좌변의 흑이 공격받을 걱정도 없으므로, 가령 흑a 또는 b로써 좌상변 백에 대한 삭감(削減)의 실마리도 잡을 수 있을 듯하다.

자기의 약점을 알고 한 단계 힘을 저축하며 정비한다. 기억해 둘 만한 원칙이다.

조심할 점은 흑1로 c까지 나가려는 욕심이다. 이는 오히려 연결의 약함을 문책받을 수 있는 과욕의 수이다.

● 제3형 ☞ 약점을 보강하여 간접 공격하라

'십단전'(十段戰)에서 흑의 가토 마사오(加藤正夫)와 백의 린하이펑(林海峰)의 대국이다. 5번기 승부에서 2승 2패, 이 한 판으로 가토 마사오는 처음으로 십단위에 오르는 감격적인 대국이다.

중국식의 포진에 백이 △로 돌입해 온 국면인데, 흑에게도 약점이 있으므로 이 백을 쉽게 잡을 수는 없다. 공격의 태세를 어떻게 갖추느냐의 문제이다.

먼저 자신의 결함이 어디에 있는가, 백이 무엇을 노리느냐, 나아가서는 그것을 어떻게 정비하느냐 등이 중요 과제이다.

앞선 문제들과는 맛은 다르지만, 자신을 먼저 살펴보고 호흡 하나를 비축한다는 의미에서는 비슷한 과제이다.

바둑의 중반전에서는 쌍방에게 보통 약점이 남아 있으므로, 이 약점에 대한 보강 및 공격이 매우 유효하다.

(흑 차례)

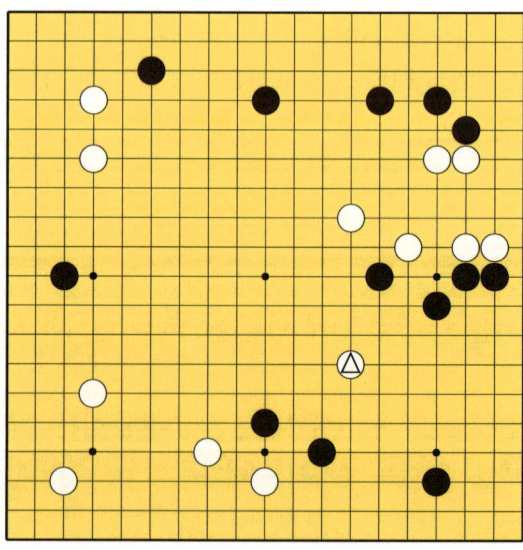

기본형

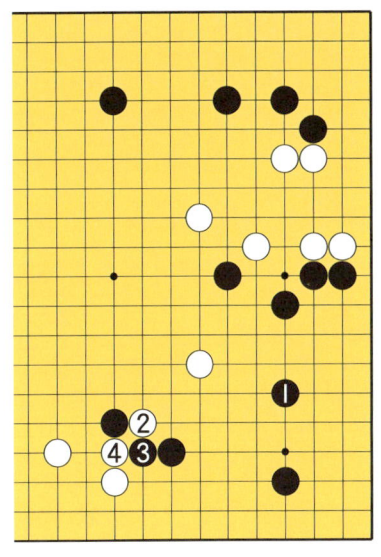

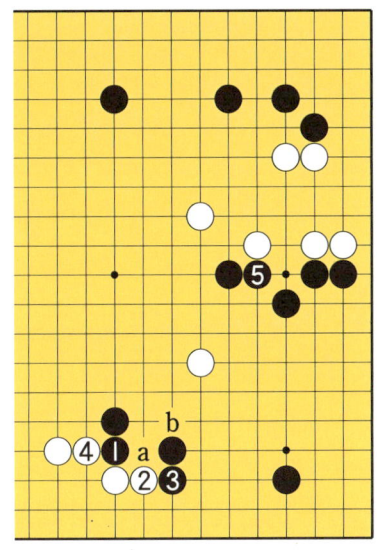

1도   2도

1도 (백의 노림수) 백의 노림수는 2의 '건너붙임'에 의한 절단이다. 여기서 끊긴다면 좌측의 백이 폭넓기 때문에 흑의 고전이 예상된다.

그러므로 흑1과 같은 따위는 자신의 약점을 고려하지 않은 완착(緩着)이다.

2도 (간접 공격) 우선 건너붙임을 막는 흑1이 급선무이다. 백4까지 선수로 교환한 다음, 이번에는 흑5 쪽을 대비했다.

이처럼 주변의 백에 붙이면서 보강해 놓는 방법도 간접적 공격이다. 이런 다음 백a로 끊으려 하면 흑b로 물러나도 충분하다.

● 제4형 ☞ 자기 진영부터 강화하고 크게 공격하라

자신의 진영을 강화하는 일은 이에 따라 상대를 강화시키는 결과도 되지만, 여기서는 그런 호흡을 배운다.

이 국면에서 한눈에 공격 목표는 분명한데, 그 공격법이 문제이다.

백은 중앙에서는 고독한 모양이지만, 세 곳의 귀에서는 튼튼하게 실리를 차지하고 있다.

여기서 경우에 따라서는 꼬리 정도는 떼어 주어도 상관없다고 생각되므로, 귀와 중앙의 양쪽을 모두 욕심낼 필요는 없다.

즉 흑은 작은 이익에 만족해서는 안 된다는 뜻이다.

백돌 전부를 잡아야 한다고 주장하지는 않지만, 가급적 크게 손실을 입혀서 백이 귀에서 얻은 이득에 이자를 붙여 되돌려 받고 싶다.

그러자면 백 전체를 크게 공격하고 싶어진다.

(흑 차례)

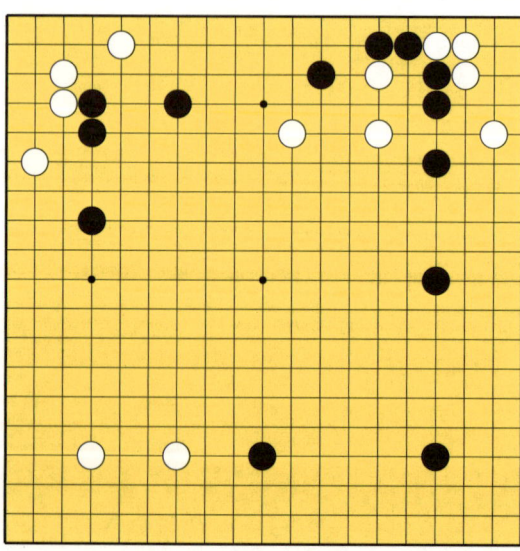

기본형

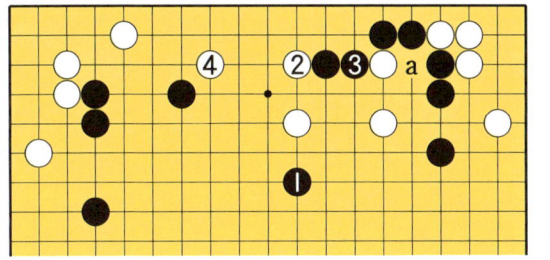

1도

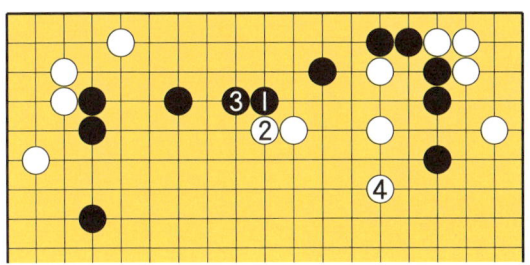

2도

1도 (성급한 공격) 언뜻 보아 흑1로 덤벼들고 싶지 않을까? 공격하는 모양은 좋지만, 백2로 수단을 부릴 때 다음이 이어지지 않는다.

백a로 끊기는 약점이 있으므로 흑3으로 지켜야 할 국면인데, 백4로 거의 연결하면 흑은 더 이상 추격하기가 어렵다.

그렇다고 해서…….

2도 (공배화) 흑1과 3으로 백의 연결을 방해해도, 백4의 '한칸 뜀'이면 흑의 매서운 공격은 이미 계속할 수 없으리라.

그러면 백은 상당히 좋은 모양인 반면, 흑1과 3으로 둘러싼 흑의 중앙은 '밑자락'이 열려 있는 모양이라 불만이다. 밑자락을 남기면 이후에 상대의 공격에 따라 공배화되는 경우가 많으므로, 결코 집모양이 형성되지 않는다. 이처럼 흑은 '공배'만 두는 느낌이라 백이 기쁘지만, 상대를 기쁘게 하고서 이기지 못함은 자명하다.

현재의 국면에서는 백이 밑자락의 곳을 바로 공략하지는 않겠지만, 기회상 활동을 전개할 노림수로 남는다.

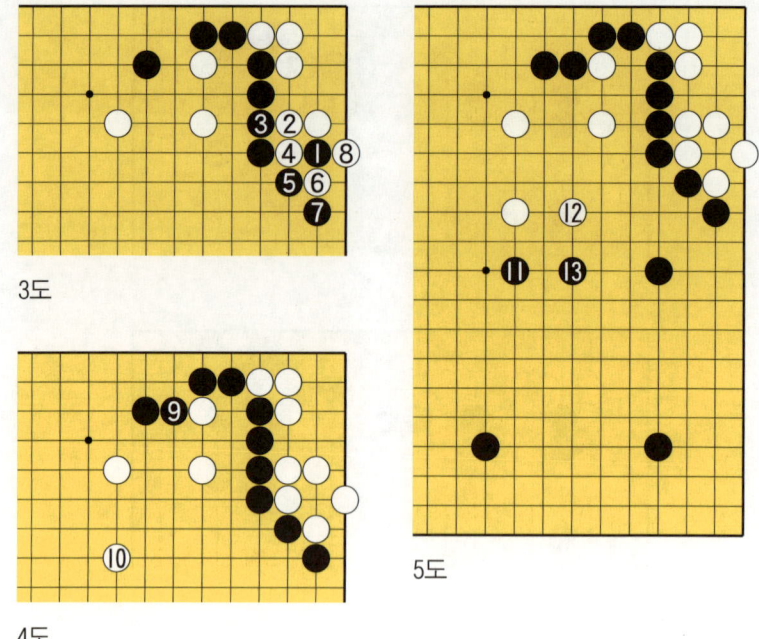

3도

4도

5도

3도 (고급 붙임) 흑은 먼저 1로 우상귀의 흑을 건드렸는데, 이런 '붙임'이 고급 수법이다. 물론 우측에 돌을 놓으면서도 항상 좌측을 의식해야 한다.

흑7까지 두고 나서…….

4도 (약점 보강부터) 흑9로써 자신의 약점을 보강했지만, 여기가 이 모양의 최대 요점이다.

이로써 백 세점이 순식간에 공중에 뜬 사실에 유의하기 바란다.

백10에 이어…….

5도 (드디어 공격) 흑11과 13으로 백 전체를 공격하는데, 이 백이 필사적으로 사는 동안에 우하 방면 흑의 실리가 굳어지면 그 규모는 우상귀와 좌상변 백의 실리를 크게 상회하리라.

● 제5형 ☞ 뒤탈없이 선수를 잡아라

손해를 보면 선수를 잡아도 별것 없는 경우가 많으므로, 올바른 수순으로 선수를 잡는 일이 무엇보다 중요하다.

지금 백이 하변에서 △로 젖혀 왔는데, 이 '젖힘'에는 깊은 노림수가 숨어 있으므로 방심할 수 없다.

흑은 하변의 흑돌로부터 중앙의 a로 '한칸 뜀'하고 싶으며, 손발이 맞으면 좌우의 백을 갈라쳐서 공격할 수가 있을지도 모른다. 지금은 흑 자체가 약돌이므로, 도저히 상대를 공격할 수 있는 태평스런 입장은 아니다.

그래서 중앙으로 뛰어 나가기 전에 좌하귀에서 수단을 만들어 후환을 없애고 싶은데, 그러자면 좌변의 흑돌까지 영향을 받는다. 이처럼 여러 곳에서 주의해야 하므로 신경은 쓰이지만, 이것이 '바둑'이라는 게임의 묘미이다.

(흑 차례)

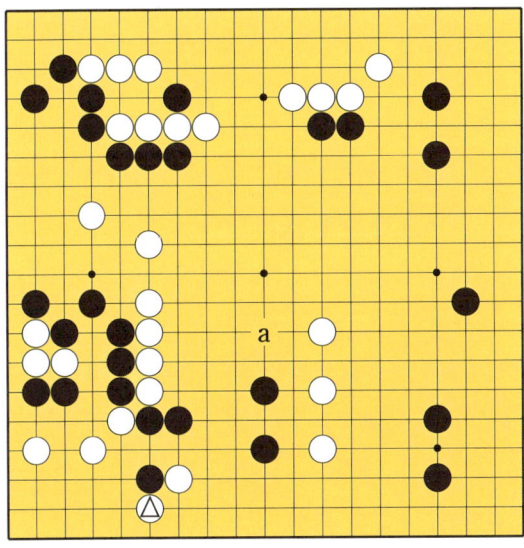

기본형

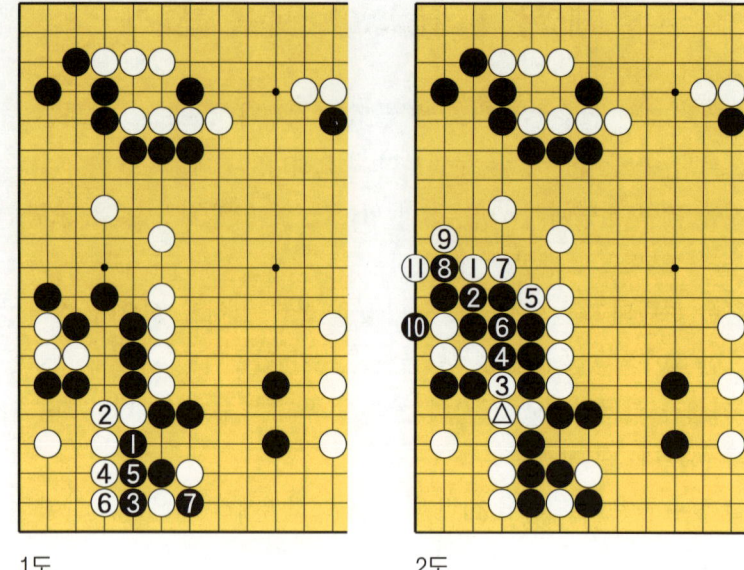

1도   2도

1도 (함정) 하변만 놓고 보면 흑1의 단수가 효과가 있으므로, 흑3 부터 7까지의 좋은 모양으로 하변을 안정시킬 수가 있다.

마치 꿈과 같은 수순의 전개가 아닐 수 없다.

아까와 같은 위태로운 모양에서는 상상도 못할 근거가 생기고, 집의 크기도 무시할 수 없을 정도이다. 백은 하자는 대로 묵묵히 응수하여 의아스럽지만, 이것이 백의 차원 높은 함정이었다.

2도 (전멸) 계속해서 백1과 3이 교묘한 수순이며, 백11까지로 좌변의 흑 대마가 허무하게 전멸하고 만다.

즉 백 세점을 따내도, 따낸 다음 집모양의 중심에 흑이 치중하면 한 눈뿐이다.

△의 한 점이 이처럼 중요한 활동을 한다. 이와 같은 수순은 수읽기 능력만 있다면 쉽게 예측할 수 있을 것이며, 따라서 흑의 집모양이 옹색해 보이는 점도 간파할 수 있으리라.

그럼 다른 변화를 예상해 보면⋯⋯.

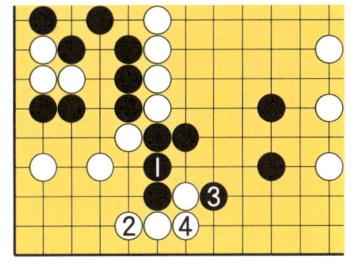

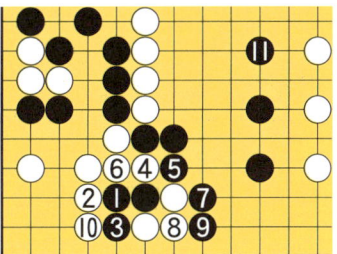

3도   4도

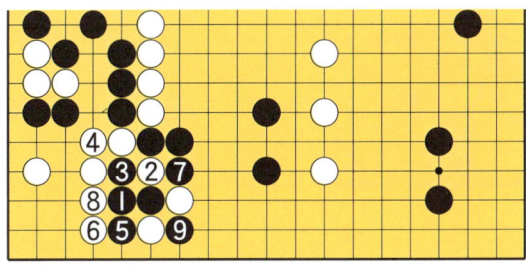

5도

3도 (모양 불완전) 함정에 빠지지 않도록 주의하면서 흑1로 꽉 이으면 백2가 좋은 모양이므로, 흑3에 대해 백4로 흑은 모양이 갖추어지지 않는다.

4도 (대응책) 흑1이 애써 준비한 대응책이다. 백2라면 흑3으로 좌변의 흑에 영향을 주지 않고 모양을 마련할 수 있을 듯하다.

즉 백4라면 흑5부터 9까지의 '누름'을 선수로 두며 흑의 모양도 잘 잡힌다.

5도 (부활) 백2의 끼움은 한편으로는 흑3을 유도한 셈인데, 백4의 곳에 돌이 오면 2도가 부활하고 만다.

그러므로 실전에서는…

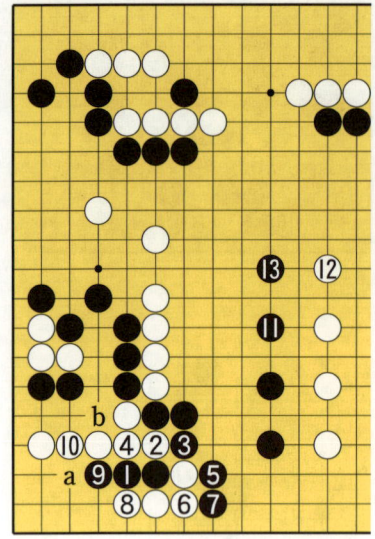

6도

6도 (모양 갖추기) 흑3으로 백 한점을 단수한 다음 5와 7의 선수로 안정하면서 흑 모양을 갖추는 목적을 달성했다.

흑9는 과민한 수이지만 백10으로 a라면 흑b까지 두고자 하는 의미이다.

어차피 귀의 흑 세점은 이미 활로가 막혀 있으므로, 이와 같은 돌은 일찌감치 버려도 좋다는 생각이다.

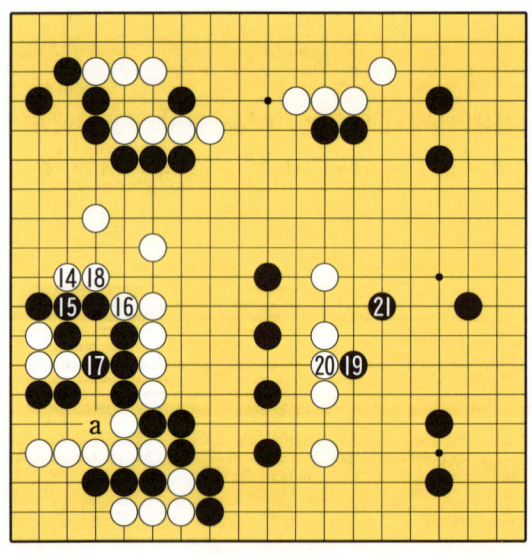

7도

7도 (결실) 좌하변에 흑a가 놓여져 있다면, 백16의 효력이 없음을 주목해야 한다.

아무튼 이제 귀중한 선수를 잡은 흑은 19와 21의 공격으로써 결실을 맺었다.

2. 상대의 약점 포착

자신의 약점을 미리 살펴보는 것과 상대의 약점을 미리 탐지하는 것은, 동전의 앞뒷면처럼 표리(表裏) 관계에 있는 셈이다.

1도 흑백 쌍방이 마주 끊은 모양인데, 흑은 어떻게 싸움을 걸어야 하는가? 백의 약점을 매섭게 질책하는 수를 발견해 내야 한다.

2도 흑1의 '내려섬'을 선수하는 것이 좋을 것 같지만, 흑3으로 소심하게 공격해야 하고 무엇보다 백4를 남겨서 흑은 뒷맛이 나쁘다.

3도 단호히 흑1로 끊는 수가 매우 통렬하다. 백2와 4라면, 흑5까지로 이 자체만으로도 흑이 절대적으로 유리하다.

4도 따라서 백2와 4를 먼저 두면 흑1의 돌은 잡을 수 있지만, 흑은 자동적으로 귀의 모양이 안정되어 흑11로써 백을 제압하겠다는 속셈이다. 이로써 백의 약점을 포착한 흑1의 효과는 충분하다.

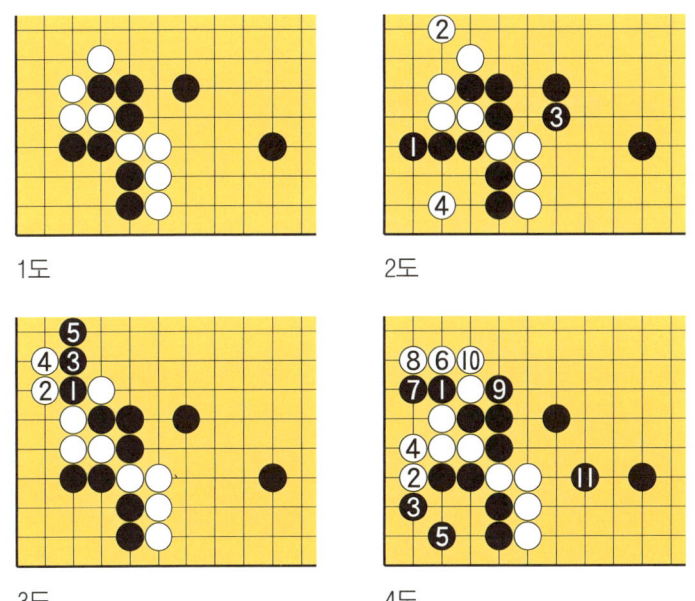

1도

2도

3도

4도

제1형 ☞ 주위의 강세를 이용한 약점 강타하기

'십단전'(十段戰)에서 흑의 이시다 아키라(石田章)와 백의 후지사와 슈코(藤澤秀行) 천원의 대국이다. 중앙에서의 다툼인데, 흑1은 백의 활용을 막고 눈모양을 빼앗는 동시에, 수상전이 벌어질 경우 자신의 수수(手數)를 늘리는 급소의 일착이다.

이때 백은 2로부터 '처리'의 리듬을 구한다.

여기서 과연 백10의 붙임에 대해 흑은 어떻게 응수하는가?

보통 흑a의 바깥 젖힘으로 백b가 된다면 이미 백에 대한 공격은 바랄 수 없으므로, 바둑의 모양은 안정권이 되고 만다.

흑은 주위가 강세인 만큼, 백의 약점을 찔러 단숨에 우위를 구축할 절호의 기회이다.

1도 (강타) 흑1의 '안쪽 젖힘'부터 5까지 이어지는 단숨의 강타가 절대수이다. 백a의 축이 성립하지 않기 때문에 흑의 절대 우세가 예상된다.

(흑 차례)

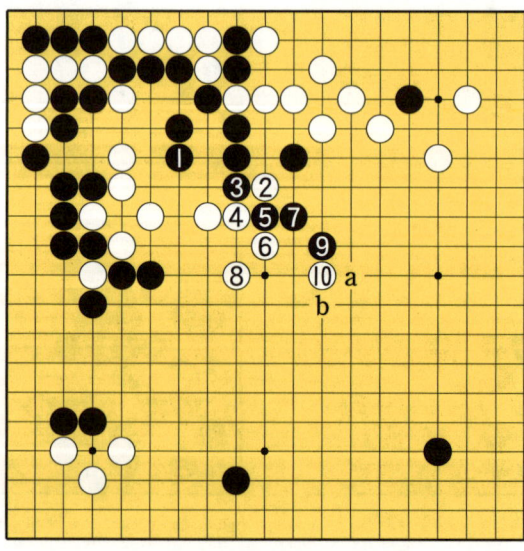

기본형

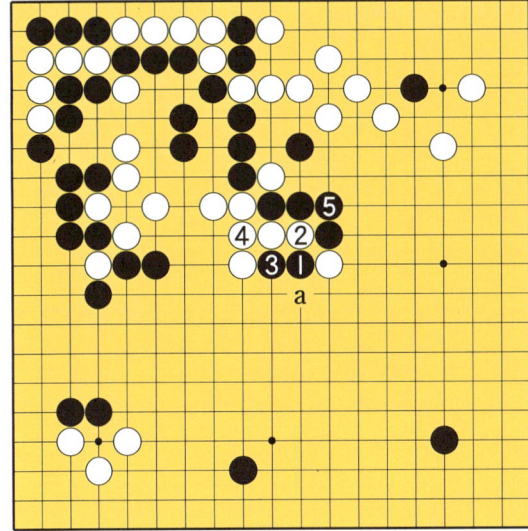

1도

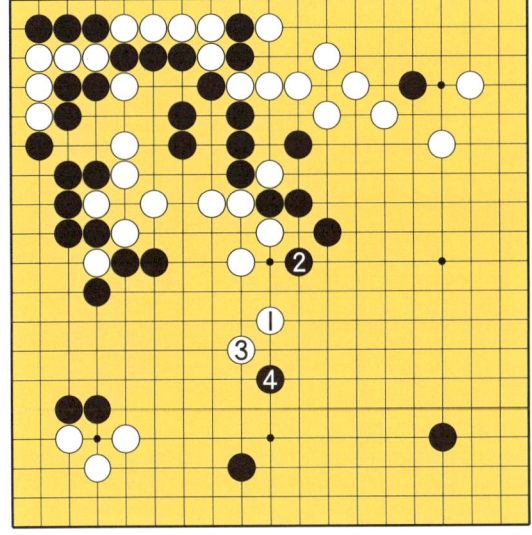

2도

2도 (흑의 호조) 실전에서는 앞 그림을 피하여, 백1의 '날일자' 행마였다. 흑2와 4가 늦추지 않는 집요한 공격법으로, 백이 불리한 진행이다.

제2형 ☞ 직접 분리시켜 이익을 추구하라

'십단전'에서 흑의 이시다 요시오(石田芳夫)와 백의 고야마 야스오(小山靖男)의 대국이다. 우상귀의 변화는 '대사 정석'(大斜定石)의 일종인데, 보통 흑의 약간 손해이다.

이시다 9단이 굳이 불리한 '씌움'의 진행을 선택한 데는 이유가 있었다. 즉 우변에서 흑 세력을 얻음으로써, 다음에 하변의 백 대마에 대한 강습을 노리고 있었던 것이다.

그렇다면 우하쪽 백의 약점은 어디이며, 가슴을 섬뜩하게 만들 일격은 무엇인가?

상변에서는 상당한 백집이 예상되며, 좌변의 백도 견고한 편이다.

공격 대상의 전체 폭이 넓으므로, 우선 가능하면 어딘가 분리시키고 싶다. 즉 직접적인 이익을 챙기고 싶은 곳이다.

흑의 효과적인 맥점이 필요한 국면이다.

(흑 차례)

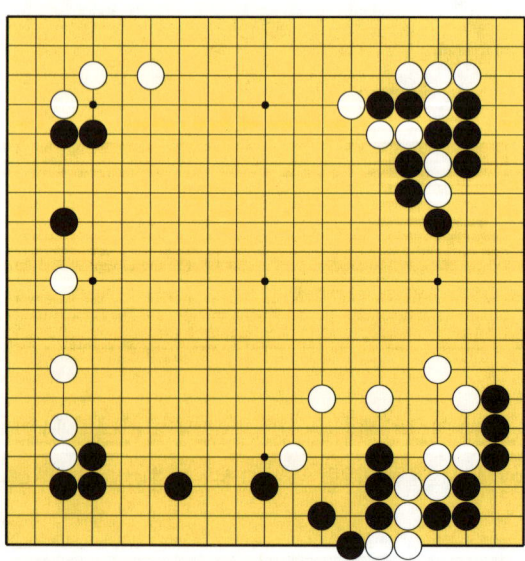

기본형

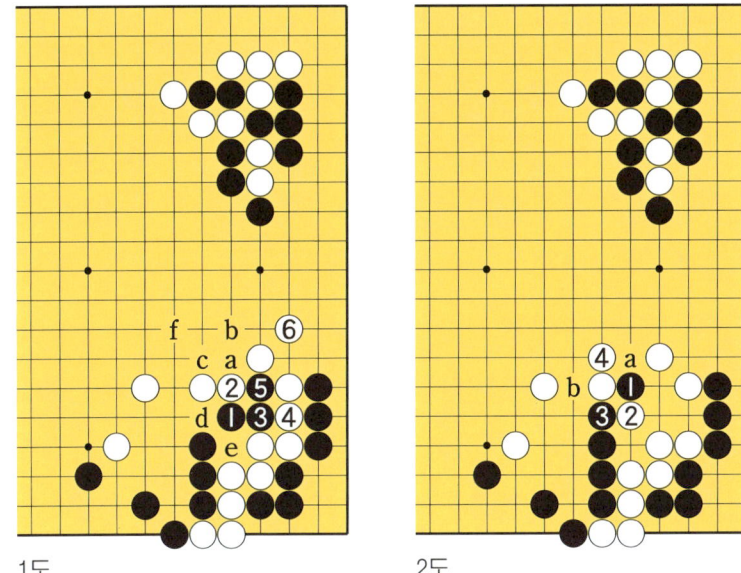

1도   2도

1도 (불발) 흑1의 '마늘모' 공격으로는 잘 끊기지 않는다. 백2면 훌륭히 연결된다.

백6까지 된 다음, 흑a의 '끊음'은 백b, 흑c, 백d, 흑e, 백f의 수순으로 '장문'(藏門)이 성립하므로 흑의 실패이다.

여기까지의 수읽기를 실패하면 결코 바둑을 유리하게 이끌 수가 없음을 알아야 한다.

2도 (좋았다가 만다) 흑1의 '붙임'이 급소에 대한 대단히 매서운 일격이다. 다만 백2에 대해 흑3으로 끊으면 백4까지 아무 일도 없으므로, 이 그림은 흑이 좋았다가 마는 셈이다.

백4로 a에 두기를 기대한 다음, 흑b의 단수(單手)로 돌파하려 했다면, 이는 결국 '혼자만의 수읽기'에 불과하다.

바둑은 선수(先手) 싸움이라 하지만, 상대가 필연적으로 응수해야 하는 곳을 찾지 못하면, 이와 같은 수읽기 실수를 초래하여 백이 유리한 결과가 되고 만다.

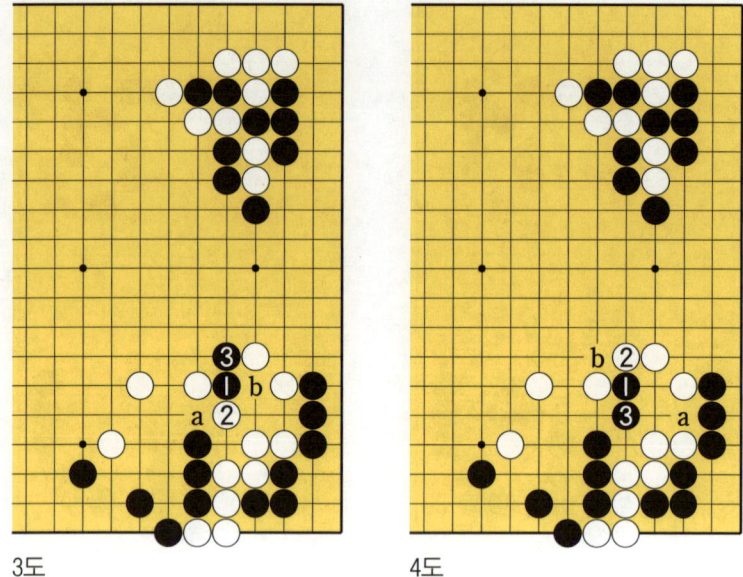

3도   4도

3도 (산산조각) 백2에 대해서는 흑3으로 나가는 수가 상당히 매섭다. 백돌은 끊길 곳이 많아서 산산조각이 나게 됨을 알 수 있다(백a에는 흑b의 요령).

이 그림이 백으로서 전혀 좋지 않은 것은, 위쪽 백 두점을 '안은' 우상변 흑의 세력이 빛을 보기 때문이다.

4도 (실전) 따라서 부득이 백2의 '누름'이 실전(實戰)이지만, 흑3 다음에 a 및 b의 끊기는 매듭 두 곳을 함께 막을 도리가 없으므로, 백의 명백한 불리가 예상된다.

흑1부터의 추궁은 매서운 수단이었으며, 결국 흑a의 '관통'을 허용하는 진행으로 이어졌다.

제3형 ☞ 불완전한 모양을 공략하라

　1959년 가토 마사오가 상경하기 전에, 큐슈(九州)에서 스승이었던 이케우치 히사요(池內久代) 6단의 지도를 받은 3점 '접바둑'이다. 당시의 가토는 11세였다.

　3점 접바둑이므로 현재의 국면은 아직 흑이 우세를 유지하고 있다. 백1의 '젖힘'에 대한 흑2의 '한칸 뜀'은 속수(俗手)였다. 여기에서 흑 모양의 약점을 찌른 백의 강타가 나타난다.

　흑2에 이어서 백a면 흑b를 기대한 가토는 너무도 어리석었는데, 흑2로는 c에 붙여야 했던 것이다.

　그렇다면 흑 모양의 약점을 어떻게 질책해야 하는가?

　상대의 약점을 철저하게 공략하기 위해서는, 수읽기의 능력이 절대적으로 필요하다. 몇 수 앞을 내다볼 수 있는지의 능력이 바둑의 실력이기 때문에, 수읽기에 대한 깊은 사고력과 훈련이 필요하다.

(백 차례)

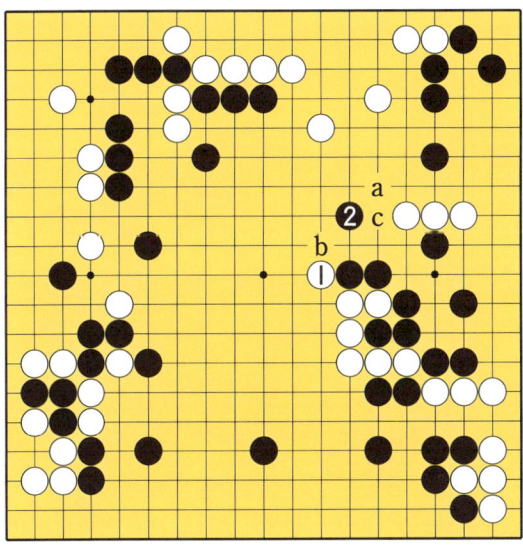

기본형

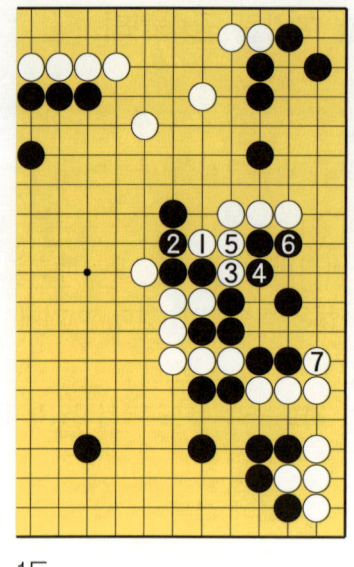 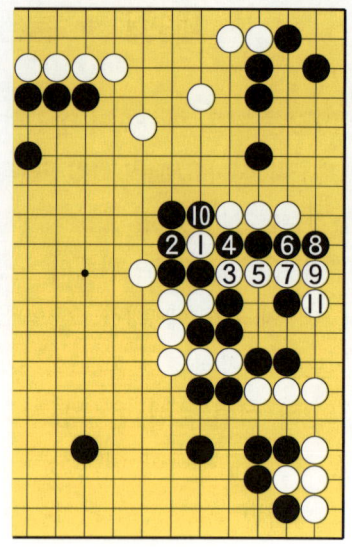

1도   2도

1도 (절단) 백1의 '마늘모 붙임'이 놀라운 강수이다. 흑2 때 백3이
면 끊기는 모양이다.

흑4와 6으로 간신히 '눈'(집)은 마련되어 있지만, 급소인 백7부터 괴
롭힘을 당하면 우상귀의 흑에도 악영향을 미쳐, 이 그림은 흑이 대
단히 불리하다.

이처럼 삶에 쫓기면서 겨우 두 집을 마련하더라도, 이로 인해 주
변의 형세가 매우 불리하다면 무의미한 삶이 되리라.

여기서 백1은 단순히 3의 '끊음'부터 두는 것도 성립된다.

2도 (실전) 따라서 부득이 흑4 이하 백11까지의 '바꿔치기'가 실전
의 진행이다.

흑도 그런대로의 성과이지만, 중앙의 백이 강해져서는 역시 흑이
불리하다.

11세의 가토에게는 이런 백1과 3의 '맥'(脈)이 보이지 않았던 셈이다.

● 제4형 ☞ 자충을 이용하여 모양을 공략하라

'십단전'에서 흑의 가토 마사오와 백의 린하이펑의 대국이다.

흑의 큰 세력 속에 백의 약돌이 있다.

여기서 백은 한 수로써 흑 모양의 약점을 찔러서 승세로 이끄는 수단이 있다.

중앙에 펼쳐져 있는 흑의 세력은 아직 완벽한 모양이 아니므로, 이처럼 큰 세력을 어떻게 공략해야 하는가?

이 대국은 아무튼 어설픈 일국이라 흑의 완패였다.

돌 모양의 불완전함이 바로 공방(攻防)의 급소이므로, 날카로운 관찰력이 요구된다.

돌의 수가 많아질수록 약점 또한 생기게 마련이므로, 이와 같은 절대점을 발견하기 위한 '장고'(長考)는 반드시 필요하다.

(백 차례)

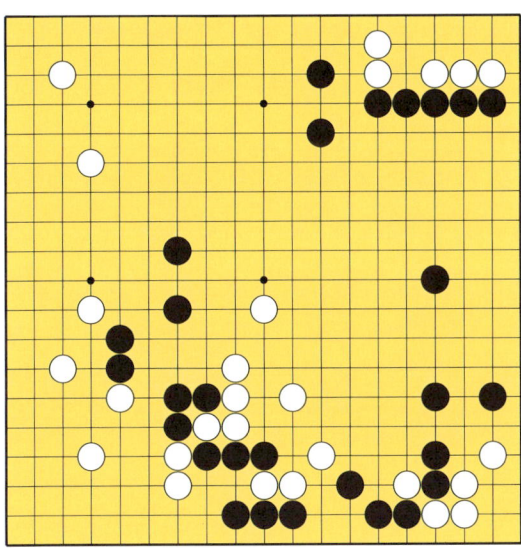

기본형

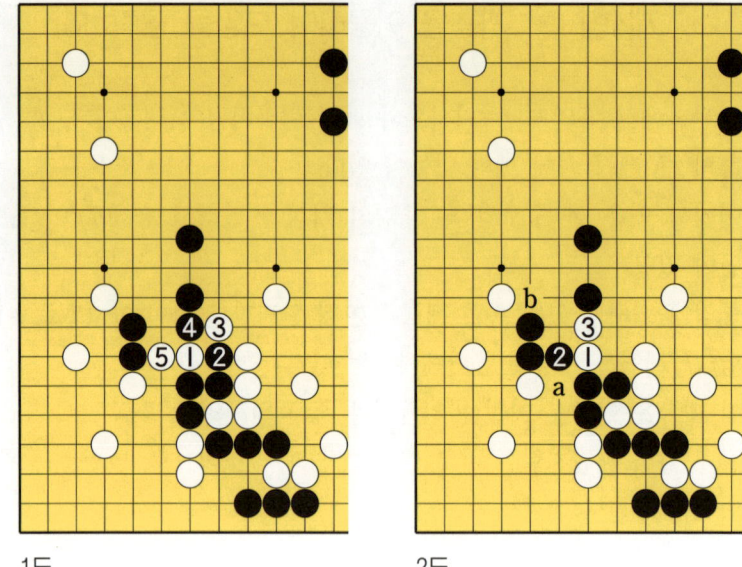

1도					2도

1도 (자충)　백1의 '붙임'이 흑의 '자충'을 찌른 급소의 일격이다. 흑
2와 4에서 백5까지 어쩔 도리가 없는 진행이었다.

그야말로 모양의 결함을 질책하는 백1의 붙임은 절대적인 호수(好手)임에 틀림없다.

이런 수단을 깨달았을 때에는 이미 시기가 늦어 경악하고 말았다.

2도 (괴멸)　백1에 대해 흑2로 두어도, 백3 다음 a와 b가 '맞보기'가 되므로 흑은 속수무책이다.

이런 백1을 강타당하는 순간, 이 대국의 패배는 확정되었다.

자충의 무서움, 그것은 '맥점'(脈點)의 위력으로 증명된다.

3. 쌍방 힘의 관계 파악

중반전을 싸우기 위한 준비를 위해서는 쌍방 힘의 관계, 즉 어느 쪽의 세력이 강한지 잘 파악해 두어야 한다. 서로의 돌수 및 주위 힘의 차이에 따라 포석법(布石法)의 선택도 결정된다.

1도 자세히 보면 백1의 '3·삼 뛰어들기'가 돋보인다. 이런 뛰어들기에 대해 흑은 어떻게 응수해야 할까?

응수 전에 주위 힘의 관계는 어느 쪽이 센가?

2도 흑2는 느슨한 응수이다. 백3의 '젖힘'부터 7까지 오히려 백은 크게 뽐내면서 안정한다. 이렇다면 백의 활동이 편하다.

바둑에서는 흔히 4선을 세력선, 3선을 실리선, 2선을 열등선이라고 부르는데, 3·삼 뛰어들기는 최소한의 삶이 가능한 중요한 호점(好點)으로 사용된다.

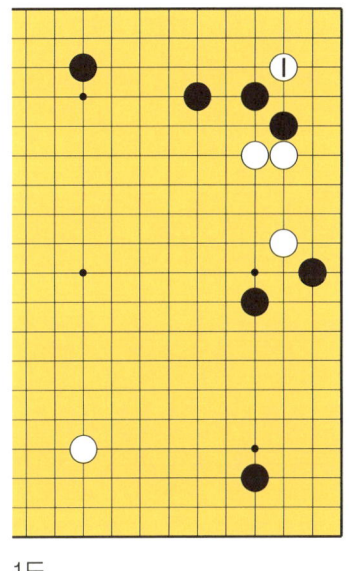

1도

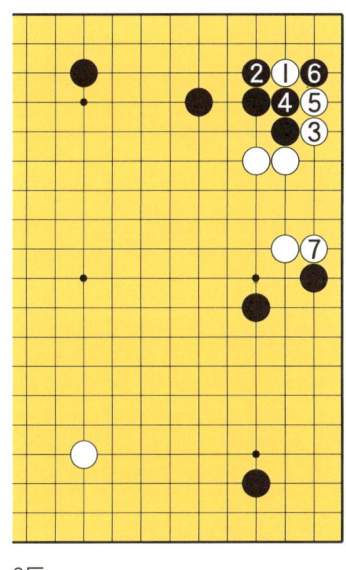

2도

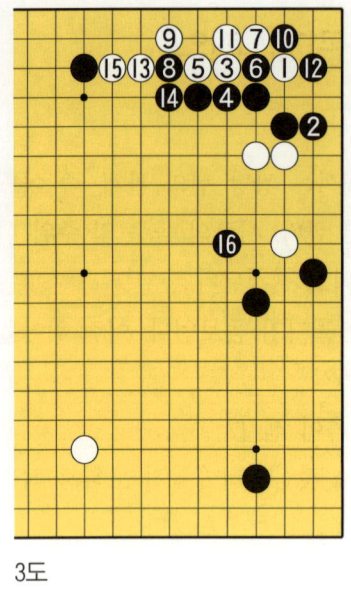

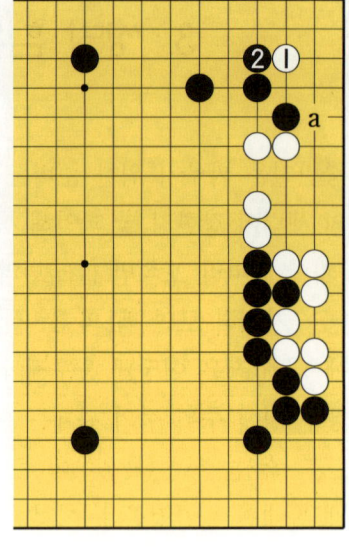

3도   4도

　3도　백1에는 단호히 흑2로 차단할 곳이다. 백3 이하로 귀에서 살려 주어도, 흑16으로 공격하면 백은 생존마저 위태롭다.

　애당초 흑이 강한 곳이므로, 타협은 절대 불가능하다.

　매서운 흑2의 절대수가 통렬했다. 그러므로 백1의 3·삼 뛰어들기는 조금 무리였다.

　4도　1도와는 배경이 매우 다르다.

　우변의 백은 완전한 삶의 모양이므로, 여기서 흑a로 몸부림쳐 보았자 하등 좋은 일이 없다.

　이때는 흑2의 누름으로써 실리 확보를 서둘러야 한다.

　이렇듯 주위 힘의 관계에 따라서 포석법도 달라진다.

　'3·삼'이 삶을 위한 호점이므로, 이와 같은 백의 세력이 강한 국면에서 흑a 따위의 차단은 무의미하며, 차라리 우상변에서의 실리 차지가 더욱 유효하리라.

　주변 정세 파악이 싸움의 최우선 과제임에 틀림없다.

●제1형 ☞ 부분보다 전체 형세를 따져라

'천원전'(天元戰)에서 흑의 가타오카 사토루(片岡聰)와 백의 가토 마사오의 대국이다.

이때 가토가 천원 타이틀을 빼앗긴 추억의 5번 승부였다.

백1의 '걸침'은 우하변의 세력으로부터 폭이 넓어 호점이며, 흑4까지 진행된 다음 백이 두고 싶은 착점은 어느 곳인가?

흑은 실리를, 백은 두터움을 취한 포석이다. 우하변의 백은 상당한 세력이며, 전국적으로 백은 두려운 곳이 별로 없다.

남아 있는 큰 곳이 어딘가 하는 점에도 유의해야 하는 지금이 바로 중반전의 입구이다.

(백 차례)

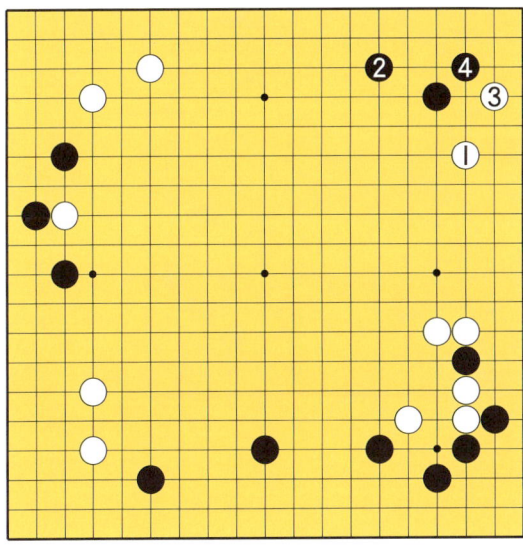

기본형

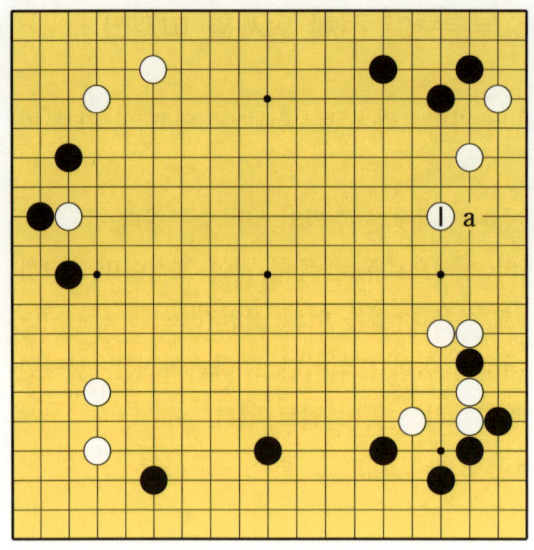

1도

1도 (완착) 부분적 상식은 백1이지만, 이 장면에서는 느슨하다. 우하변 백의 세력을 생각하면, 흑a의 협공 등이 위력이 없기 때문이다.

1도 (완착) 부분적 상식은 백1이지만, 이 장면에서는 느슨하다. 우하변 백의 세력을 생각하면, 흑a의 협공 등이 위력이 없기 때문이다.

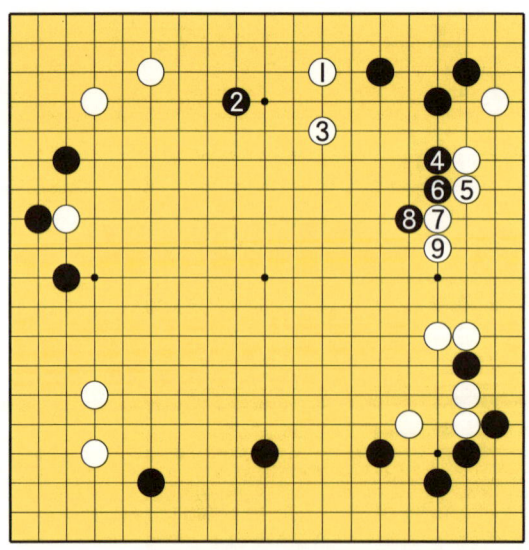

2도

2도 (실전) 백1로써 다가서며 우상귀의 흑을 압박했다. 백9까지 자연히 집이 확보되면, 이로써 백은 만족스럽다.

● 제2형 ☞ 상대의 세력이 강한 곳에서 싸우지 마라

'명인전'(名人戰)에서 흑의 가토 마사오와 백의 조치훈(趙治勳) 명인의 대국이다.

백1의 '어깨짚음'부터 착수한 것은, 이곳에 세력을 구축하여 우변의 흑을 통째로 삼키려는 작전이었으리라. 흑은 여기서 힘의 관계를 무시한 수를 두어 고전을 자초했다. 즉 흑a로 진출해 나갔던 것이다.

백이 1 이하로 세력을 유지하는 데도 불구하고 일부러 흑a로 움직였다면, 상대의 주문대로이므로 공격 목표만 줄 뿐이다.

결국 도발에 넘어갔거나 또는 고집을 부렸거나, 어쨌든 칭찬받을 일은 못 된다. 흑으로서 힘의 관계를 인식한다면, 어떻게 응수하는 게 적당한가?

1도 (실전) 흑1에는 백2와 4의 추격이 시급하며, 이것으로 흑은 몹시 괴롭다.

(흑 차례)

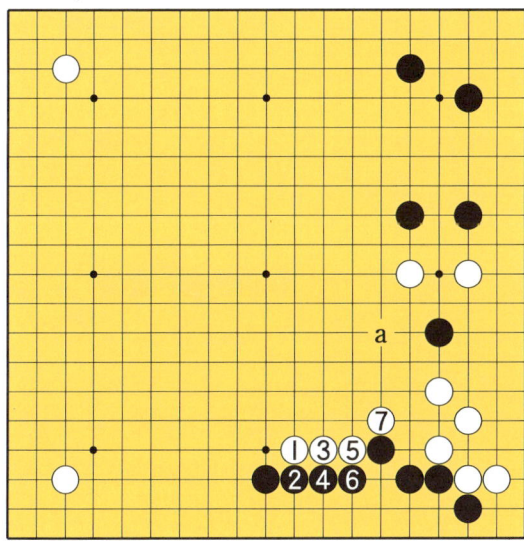

기본형

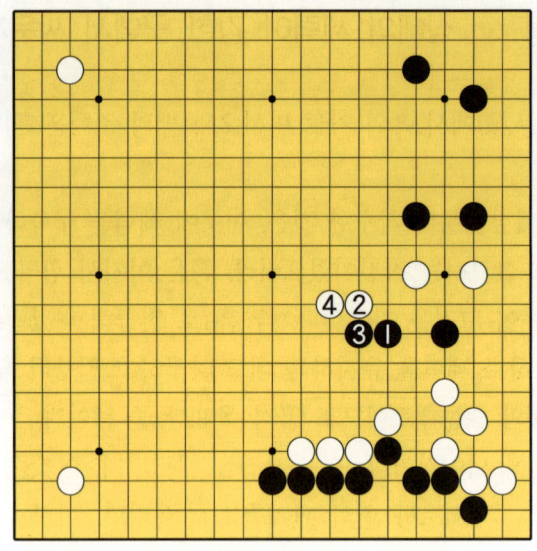

1도

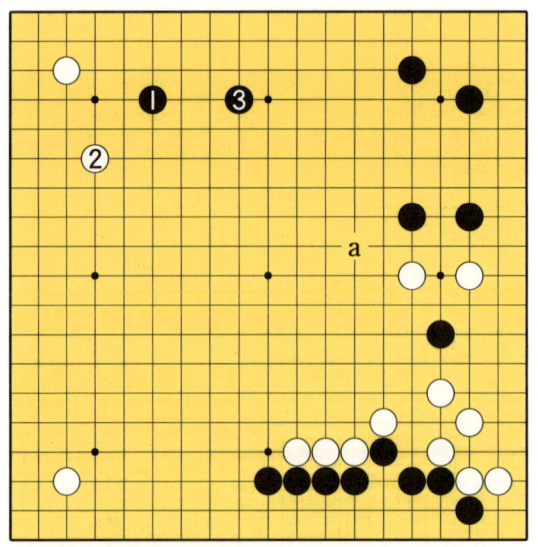

2도

2도 (균형) 상변에서 흑1과 3으로 모양을 갖추어 놓을 정도의 형
세였고, 이를 바탕으로 우하변의 백에 대해서는 흑a 언저리로부터 활
용처를 찾을 정도였다.

🟡 제3형 ☞ 공격으로 허술한 모양을 무너뜨려라

'천원전'에서 흑의 가토 마사오와 백의 고바야시 고이치(小林光一) 도전자의 대국이다. 이 해는 가을에 조치훈 명인에게 도전하여 4연패(四連敗)했고, '왕좌'(王座) 타이틀도 하시모토 쇼지(橋本昌二) 9단에게 빼앗겨, 이 천원위(天元位)만은 어떻게든지 지키고자 고심하는 가토는 필사적이었다.

다케미야(武宮)식의 3연성(三連星)에서부터 출발하여, 방금 백1로 둔 시점에서 흑은 공격 준비를 마친 국면이다.

흑은 여기서 일단락하고 다른 큰 곳을 목표로 한다면, 공격 기풍(棋風)에 어긋난다. 여기서는 한번 우상 백의 약점을 탐지하여 문책하고 싶은 장면이다.

서로의 힘 관계를 위해서도 험난하지만 엄격하게 임하고 싶은데, 여기서 시작해서 자연스럽게 좌변에도 흑의 힘이 파급된다면 이상적이다.

(흑 차례)

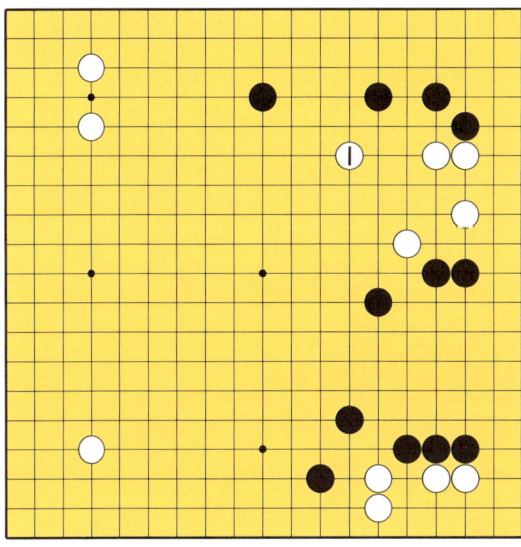

기본형

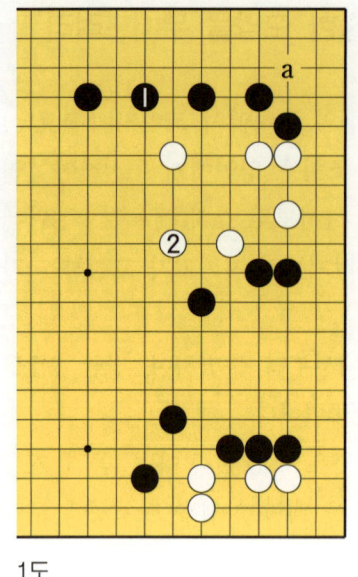

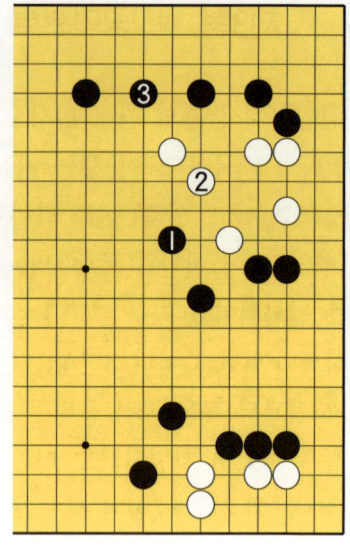

1도   2도

1도 (백 충분) 흑1은 온건한 수이며, 백도 2로 깃대를 꽂아 충분
하다. 이 백만 안정되면 백a도 노림수가 되어 만족스럽다.

흑1로는 공격이나 문책한다고는 도저히 말할 수 없고, 다만 연약
하다는 한 마디가 적당하리라.

이처럼 소극적인 방어 수단은 무미 건조한 포석이라 할 수 있으
며, 바둑의 흥미나 발전에 있어서 그다지 바람직스럽지 않다.

2도 (아직 불만) 상변을 지킨다면 흑1부터 두는 수가 요령으로, 백
2로 모양을 일그러지게 하고 나서 흑3의 안정이 리듬이다.

이렇게 두어도 흑은 나쁘지 않을 테지만, 가토는 아직도 파고드는
정도가 부족하다는 느낌이 든다.

사실 이 정도로도 백은 제법 눈모양이 넓어 보인다.

결과적으로는 비슷한 득실(得失)이라도 진행되는 수순에 따라서 돌
의 모양이나 효용 가치는 달라짐에 유의해야 한다.

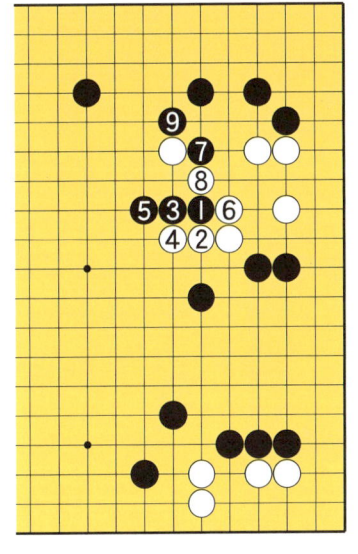

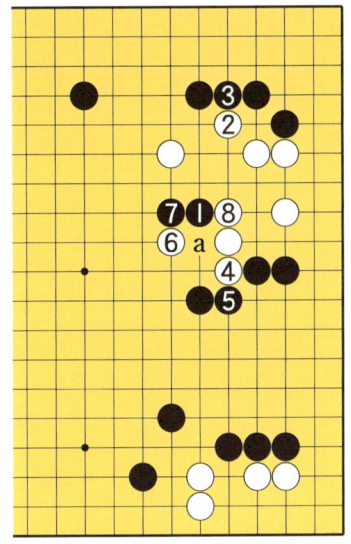

3도   4도

3도 (교묘한 봉쇄) 실전은 흑1로 파고들어 백2를 유인한다.

이하 백6까지는 필연이며, 여기서 흑7과 9가 교묘한 리듬인데, 이 것으로 위쪽 백의 진출은 즉시 차단된다. 아직 백의 눈모양도 확정되지 않아, 흑의 주문대로 전개된 그림이다.

이처럼 상대의 의도대로 응수하면, 후수로 불리한 모양만을 감당해야 하므로 결코 승리할 수 없다.

4도 (실진) 흑1에 대해 백2로써 응급 처치하고, 백4 이하 8이 실전의 진행이다. 과연 백은 최선의 활로를 확보한 것 같았다.

백6으로 한 칸 뛴 다음 8로 되돌아오는 것이 정착이며, 더불어 흑 a의 결행도 막고 있다.

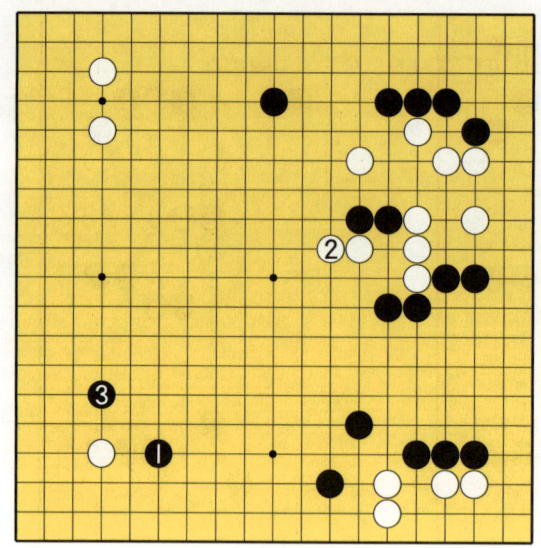

5도

5도 (새로운 국면) 흑1과 3의 연타로 새로운 국면이 시작되었다.

　여기까지 한판의 바둑, 우상변의 공방은 쌍방이 그런 정도이리라.

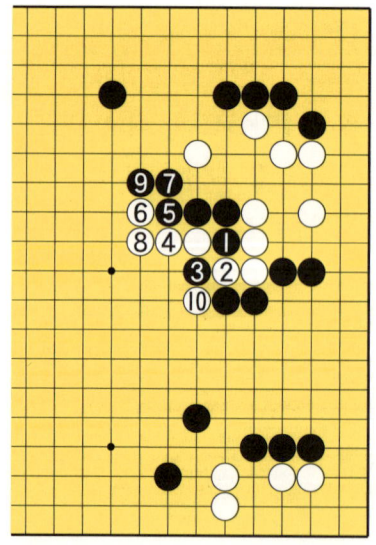

6도

6도 (축머리 수단) 앞 그림의 흑1은, 이 그림의 흑1을 결행했을 때 백10의 '축'을 대비한 축머리 수단이었다. 따라서 앞 그림 백2의 수비는 부득이하다.

4. 세력과 공방의 요점

1도 흑1의 '꼬부림'은 공방(攻防)의 절대적 요점이다.

흑은 계속 중앙을 제압해 가고, 백은 당장의 위기 모면에 쫓기는 입장이 전개되는 것은 당연하다.

2도 가령 흑이 이곳을 방치하면, 백1의 '날일자'로부터 3으로써 중앙으로 먼저 가게 되어, 공방의 관계는 단숨에 역전되는 상황이 벌어진다. 그러면 하변 방향에도 어느덧 백의 세력이 형성된다.

1도의 흑1이야말로 천금(千金)의 꼬부림이며, 놓칠 수 없는 공방의 요점이다.

이처럼 바둑에서는 호수(好手) 한 방이 형세의 승패를 판가름하기도 하므로, 침착한 사고력이 절대 필요하다.

장고(長考)하는 보람은 1도와 같은 착수에서 맛볼 수 있다.

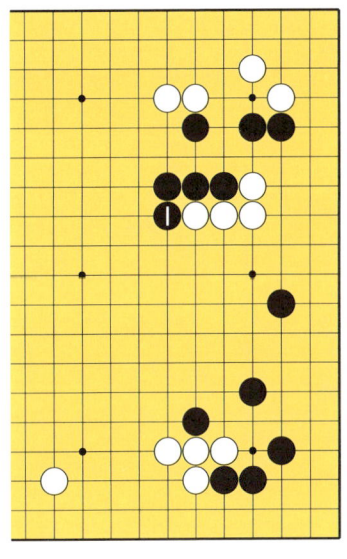

1도

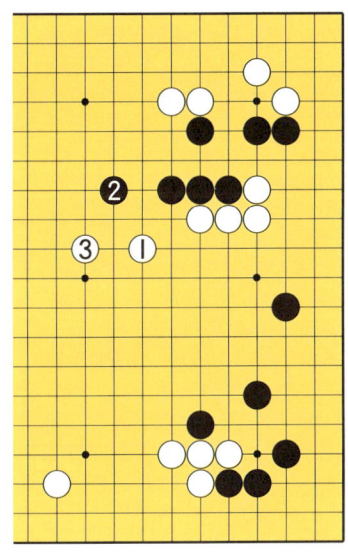

2도

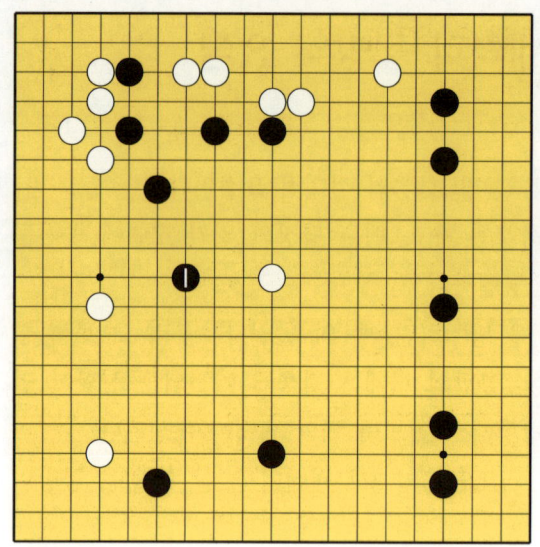

3도

3도 흑1의 '눈목자'는, '천원'(天元)의 백을 고립시키면서 상변의 흩어진 흑의 약돌에게 여유를 주는 세력 및 공방의 요점이다.

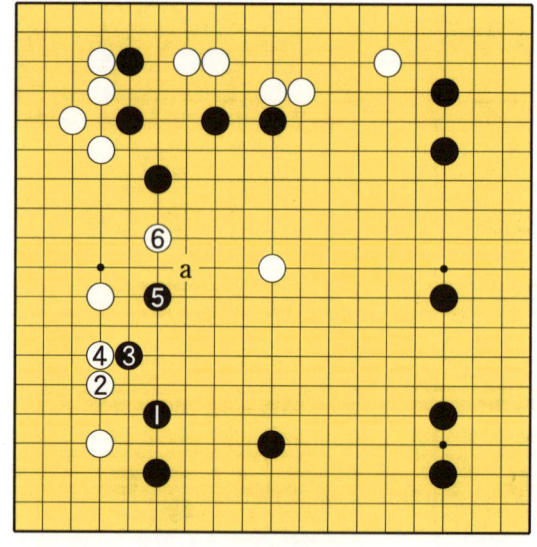

4도

4도 실전은 흑1 이하 5까지 두었는데, 백6으로 흑이 분단되어 앞그림만은 못하리라.

따라서 흑5보다는 a가 좋았을 것이고, 백도 역시 2 또는 4로써 분명하게 a가 아니었을까?

● 제1형 ☞ 일석이조의 공격 수단을 찾아라

'기성전'(棋聖戰)에서 후지사와 슈코(藤澤秀行) 기성과 가토 마사오의 대국이다.

우상변으로부터 우하변에 이르기까지 흑의 세력은 너무도 막강하다. 탈출이 다급해진 백은 1과 3으로써 중앙으로 진출했고, 흑은 조심스럽게 2의 곳을 지키면서 공격에서 무리하지 않는다.

백3에 이어서 흑은 어떻게 둘 것인가?

1도 (평범한 수) 이 그림에서 평범하게 한 칸 뛰는 백1은 흑2로 더욱 난처해진다. 다음에 흑a를 노리는 흑2가 이 모양에서 급소이다.

2도 (평범한 공격) 흑1로 추격하는 따위는 백2로써 자연스러운 탈출을 허용하며, 더군다나 우측 흑의 형세가 흐릿해진다.

(흑 차례)

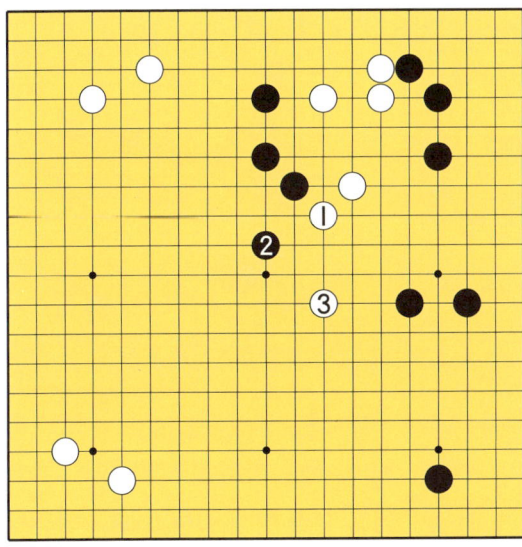

기본형

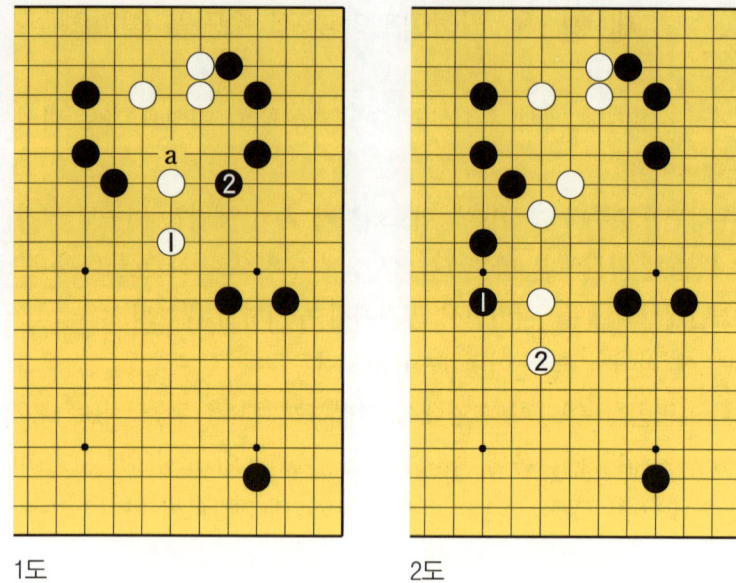

1도   2도

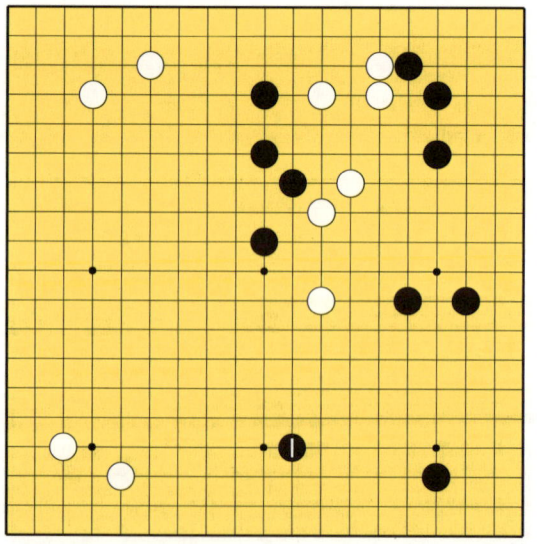

3도

3도 (실속 있는 공격) 공격을 서두르지 않고 요점을 확보하는 흑1
이 요령이었다. 흑1은 위쪽 백의 약돌을 노려보는 세력상의 요점이
라고 생각한다. 이로써 백은 우변 및 우하변 쪽에는 손을 대기 힘들다.

● 제2형 ☞ 양면 공격의 효과로 주도권을 확립하라

'명인전'(名人戰)에서 흑의 가토 마사오와 백의 야마베(山部)의 대국이다. 특이하게도 흑돌과 백돌의 무리가 서로 뒤엉켜 있으므로, 공방에 대한 이해가 다소 어려운 상황이다.

국면은 하변에서의 경합인데, 여기서 흑은 어떻게 두어야 하는가? 흑a 등의 큰 곳을 지향하는 것은 싸움터를 이탈한 느낌도 드는데, 그렇다면 세력상 공방의 요점은 어느 곳인가?

좌하변의 백은 눈모양이 엷은 반면, 하변의 흑은 b의 붙임이나 좌측으로의 건너감을 노릴 수 있으므로 보기보다는 눈모양이 두텁다.

이런 상호 힘의 관계에도 유의하면서 대세를 제압하려면, 흑은 어떻게 착수해야 하는가?

이와 같은 쌍방 돌의 혼전 상황에서는, 잠시 형세 판단을 위한 '장고'(長考)가 필요한 시기이다.

(흑 차례)

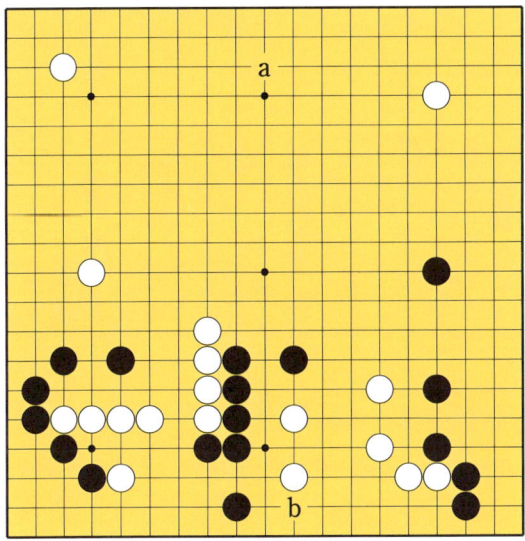

기본형

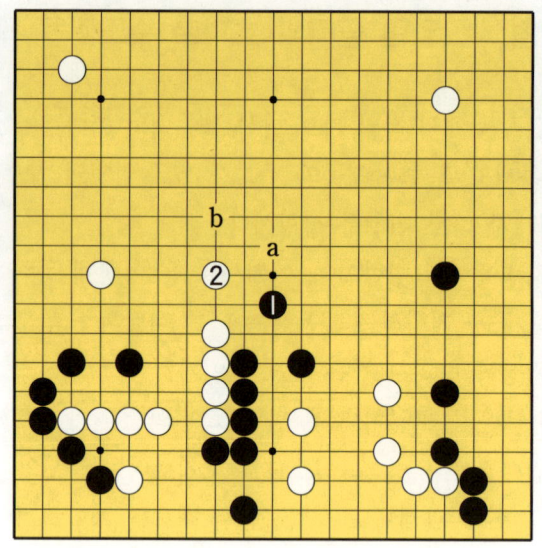

1도

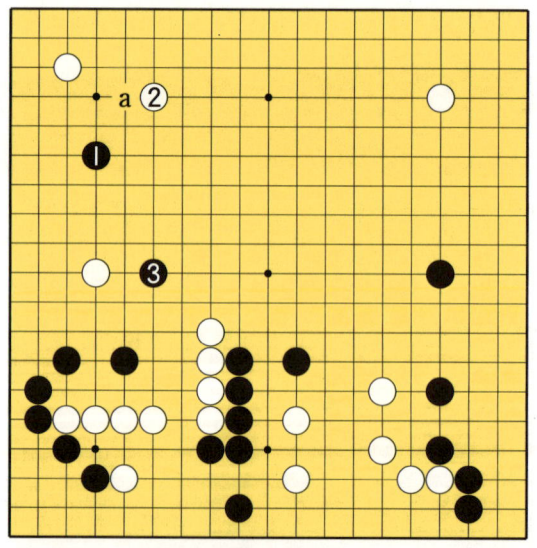

2도

1도 (이적 행위)　첫눈에 흑1로 시선이 가는 사람도 많겠지만, 이
수는 백2와 교환되어 백을 편하게 만들어 준다. 이어서 흑a에는 백
b로 좌변의 백이 두터워진다.

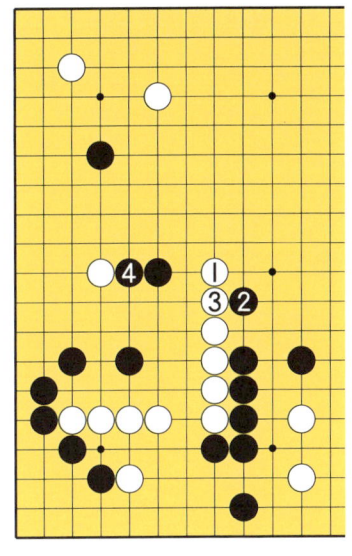

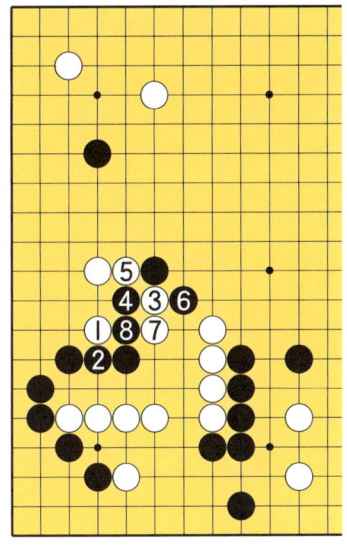

3도   4도

2도 (양면 공격) 흑1과 3으로 좌변과 좌상귀의 백을 양면 공격의
상태로 운용하는 수법이 매서운데, 여기서 백의 연결고리를 끊는 흑
3이 요점이다. 백2로 3의 '한칸 뜀'이라면, 이번에는 좌상귀를 흑a로
선제 공격한다.

3도 (공격 효과) 만일 좌변의 백을 움직이면, 흑2로 씌워 아래쪽
백의 약돌이 위태롭다. 그 이유는 양면 공격하는 흑의 세력 속에 들
어가 있기 때문이다.

실선에서는 약돌을 보깅하는 백1이지만, 흑2로 들여다보고 나서 4
로 흑의 세력을 굳힌다.

이로써 흑은 공격이 효과를 보며 주도권을 확립해 나간다.

4도 (난전은 환영) 백1과 3 등으로 움직이면, 주위 힘의 관계로 판
단하더라도 난전 난투(亂戰亂鬪)는 흑이 환영할 국면이다.

흑8까지로 좌우 어느 쪽이든 백은 도저히 지탱할 수 없으리라.

2도의 흑1과 3으로 이미 바둑의 대세를 제압했기 때문이다.

● 제3형 ☞ 공방전의 주도권을 확보하라

'십단전'에서 흑의 린하이펑과 백의 가토 마사오의 대국이다.

형세는 흑백 모두 두 귀씩 확보한 가운데, 좌상귀 백의 세력이 만만치 않다. 그러나 좌변의 백 한점이 자칫 고립될 위기에 처해 있다.

방금 좌하변의 경합(競合)에서, 흑은 ▲로 자신의 약점을 보강했다.

현재 시점에서 백이 우선 착수해야 할 곳은 어디인가?

(백 차례)

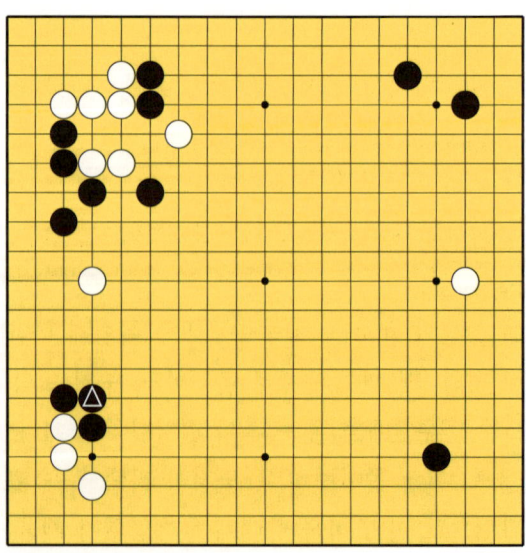

기본형

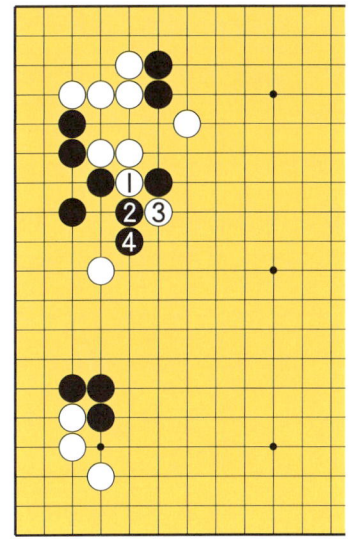

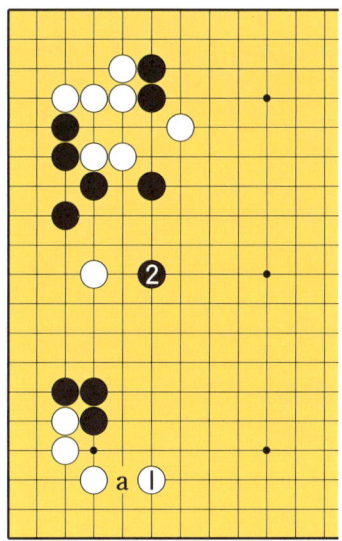

1도   2도

1도 (악수) 가장 나쁜 포석법을 소개하면 백1과 3이며, 흑4까지로 좌변의 백은 자연스럽게 약해진다.

즉 흑2로 '호구 이음'이라는 좋은 모양을 허용하므로, 백1은 이적 행위의 악수임에 틀림없다.

2도 (정석이지만) 정석은 백1의 '한칸 벌림'이지만, 지금은 흑2의 '모자 씌움'이 눈에 띄는 공방의 요점이다.

그러면 흑 세력 속의 백이 움직일수록 흑의 유리한 바둑이 진행되리라.

한편 백1로써 2의 '한칸 뜀'하여 중앙으로 진출하면 흑a의 붙임이 크므로, 이것 또한 백이 매우 괴롭다.

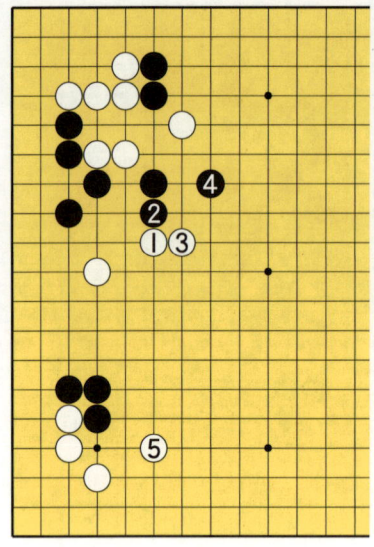

3도 (주도권 확보) 이곳은 재빨리 백1로 육박하고 싶은 국면이다.

백3까지 선수로 교환한 다음 좌하귀의 백5라면, 좌변의 공방에서 백이 주도권을 잡는 인상적인 모습이리라. 앞 그림의 흑 a를 허용하는 것과는 너무도 큰 차이가 있다. 여기서 백1과 3은 임기 응변이었다.

이처럼 주도권을 행사해 나간다면, 백의 유리는 확실하다.

3도

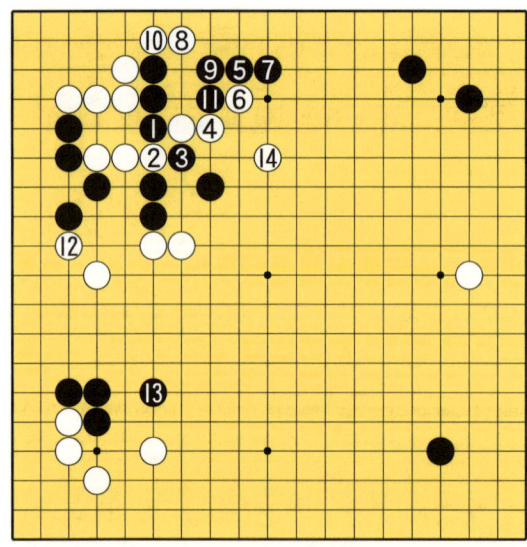

4도 (이후의 진행) 백6의 '마늘모 붙임'이 좋은 수이며, 백8과 10의 선수로 집을 벌고 있다. 백14까지 전투 상태는 계속되고 있지만, 공방의 주도권은 백에게 있으리라.

역시 앞 그림 백 1과 3의 성과이다.

4도

● 제4형 ☞ 세력을 이용하여 상대 돌을 고립시켜라

상대방의 지원군이 오는 길을 모두 봉쇄할 수만 있다면, 바둑에서 그보다 좋은 전략은 없다.

흑1로 세 칸 벌린 '다가섬'은 좋은 착점이며, 다음에 백2로 굳히는 수단도 상식적인 구도로, 이처럼 두지 말라는 법은 없다.

쌍방 모두 위험한 돌이 없어서 자못 느긋한 형세이지만, 기본적으로 '덤'이 있는 백에게 이점이 있다.

이 구도에서는 우하변의 강력한 흑 진영이 활용되지 못하므로, 그렇다면 흑1과 백2를 교환하기 전에 어디선가 싸움을 일으켜야 한다.

보통은 약간 무리한 사고방식이지만, 그 수법은 충분히 여러분에게 참고가 되리라고 생각한다.

가장 먼저 시선이 가는 곳은 좌변인데…….

(흑 차례)

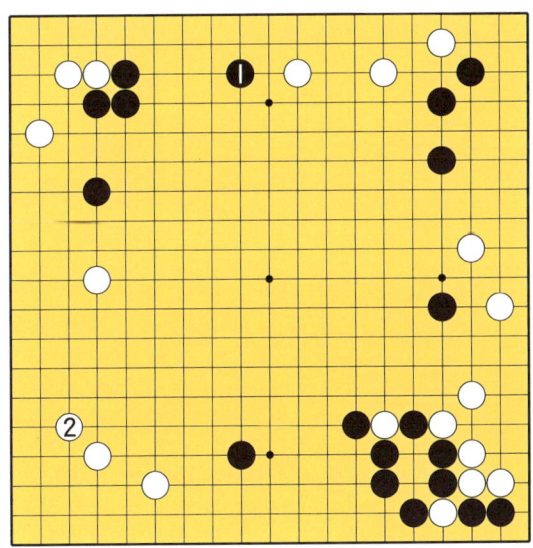

기본형

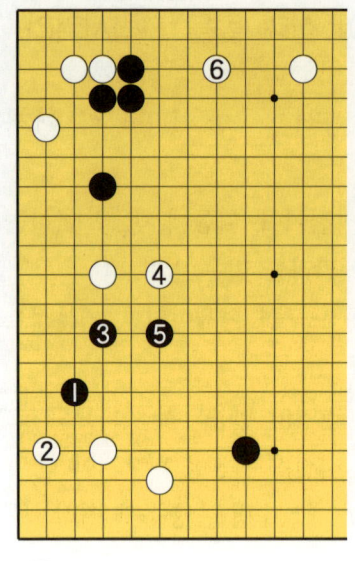

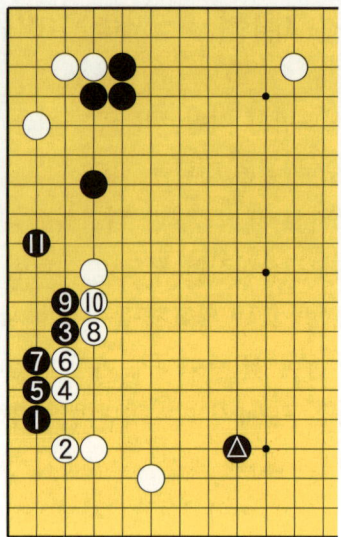

1도   2도

1도 (평범은 불리) 흑1로 걸치면, 백2는 쌍방의 근거에 관계되는 요점이다. 흑3과 5로 진출할 때 백6의 두칸 벌림이 좋은 수이다.

이 결과로 백은 약돌이 하나인 반면 흑은 약돌이 두 개나 생겨 불리하므로, 평범한 흑1로는 안 된다는 사실이다.

2도 (2선 걸침) 앞 그림과는 달리, 흑이 선택한 수단은 흑1의 '2선 걸침'이었다. 이에 대해서는 백2의 '쌍점'이 정수인데, 다음에 흑3으로 안정하려는 작전이었다.

백4로써 위로부터 씌워 압박해도, 흑▲의 존재가 백의 '두터움'을 삭감하고 있다.

결국 백 세력의 모양이 그다지 좋지 않으므로 흑의 유리한 국면이다. 이와 같은 백의 봉쇄 작전은 흑▲의 요석에 의해 그 세력이 무의미해지고 만다.

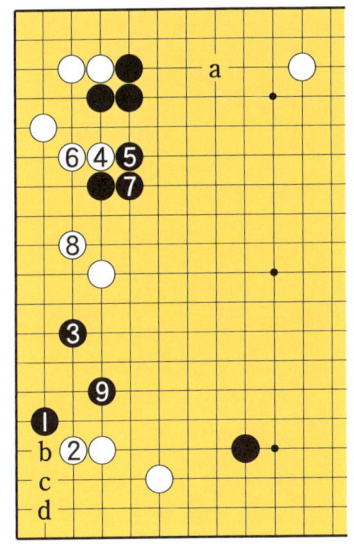

3도

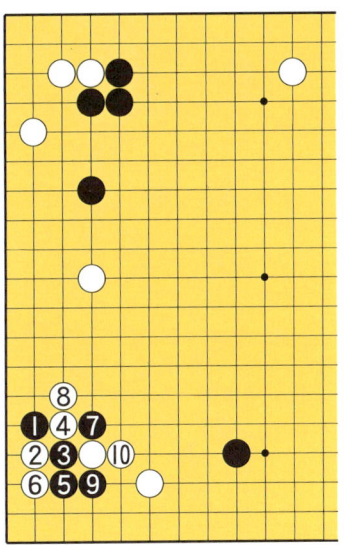

4도

3도 (호각) 백4부터 8로 귀와 연결하는 것도 견실한 수법이지만, 흑9로 자세를 잡아 이미 걱정되는 돌은 아니다. 다음에 백a도 크지만 흑b, 백c, 흑d의 '노림수'가 있으므로 득실은 비슷하리라.

이 국면은 쌍방 모두 보기 좋게 돌의 모양을 갖추고 있으므로, 현재로서는 서로 불만이 없다.

4도 (백2의 의미)) 흑1에 대해 백은 2로 응수해 왔는데, 2도라면 불만이고 3도라면 우측 흑의 두터움이 활용된다고 보았으리라.

흑3 이하는 정석이라고 해도 좋은 모양이다.

귀에서의 공방에는 정석이라고 해도 무방할 정도의 몇 가지 유형이 있으므로, 그 같은 공방의 수순을 암기해 두는 일도 바둑의 능력을 향상시키는 요령이다.

이 그림 다음의 수순에 대해 설명을 보지 않고 예상할 수 있다면, 정석에 대한 조예가 깊다고 해도 좋으리라. 이런 수준에 오르려면 반상의 흐름을 읽는 대국적인 시야가 필요하다.

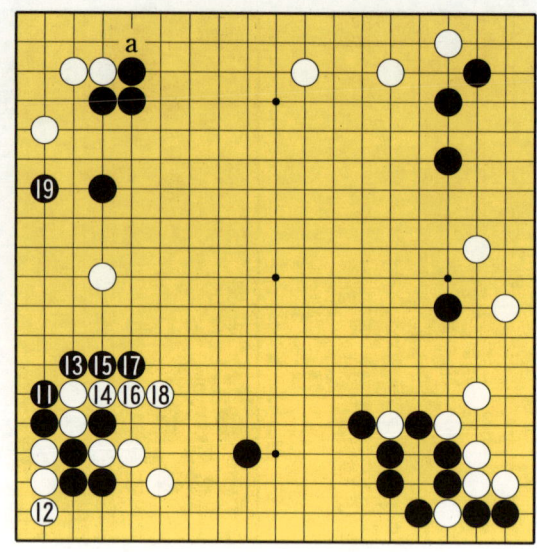

5도

5도 (차단에 성공) 흑11부터 18까지는 샛길이 없는 외길의 진행이다. 선수로 아래쪽과의 연결을 차단하고 나서, 흑19로 위쪽과의 연결도 끊어 버렸다.

나머지는 '힘'이며, 좌변의 백 한점을 추격하여 중앙으로 향하게 되는데, 우하변 흑의 튼튼한 진영이 언젠가 반드시 쓸모가 있으리라.

더불어 좌상귀에서 흑a의 효력도 좋은 프리미엄의 하나이다.

2

중반
싸움의 기술

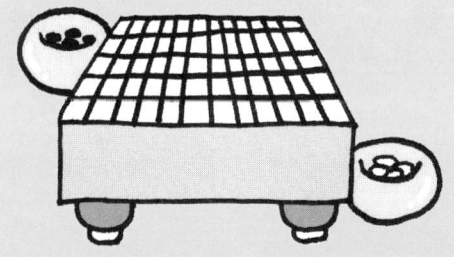

1. 정석 후의 정석

바둑에서 정석 후에 이어지는 정형(定型)을 소개하는 코너이다. 다만 중반의 상식으로서 알아 둘 내용 중에 활용도가 높은 모양으로 국한한다. 즉 '중반의 정석'이라 할 수 있는 요점을 정리한다.

1도 바둑에서 흔히 나타나는 유형이다. 흑▲를 이용한 노림수인 흑1의 붙임 이후에 주변의 변화를 검토해 보자.

2도 흑1의 붙임에 대한 백2의 응수는 흔히 범하기 쉬운 속수로, 흑5까지로 백돌이 들떠서 흑의 성공이다.

3도 백2의 '아래 젖힘'이면 흑3으로 맞끊는 맥점이 효과적이다. 흑7까지로 우측의 백돌 한 점을 분리시켜서 대단한 성과를 올린다.

4도 흑3의 '맞끊음' 다음에 백4의 단수라면, 흑5와 7로 귀의 백돌한 점을 고립시켜서 만족스럽다.

2도~4도는 어느 그림이나 흑이 유리하다.

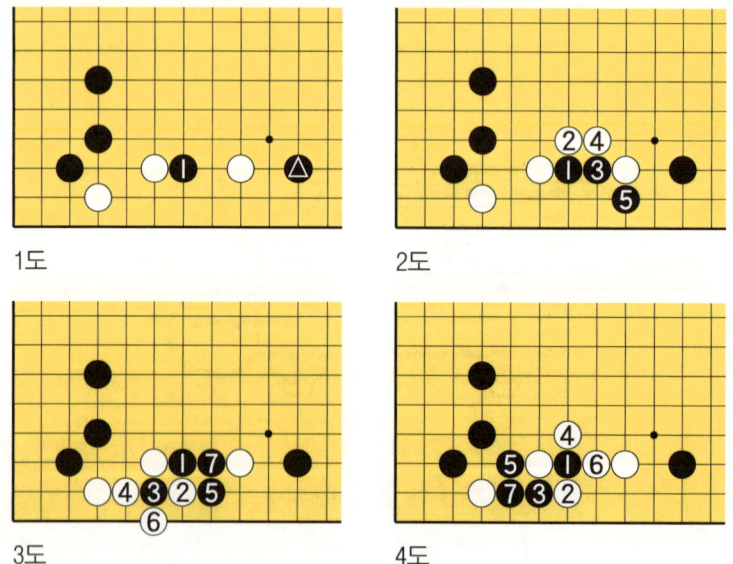

1도   2도

3도   4도

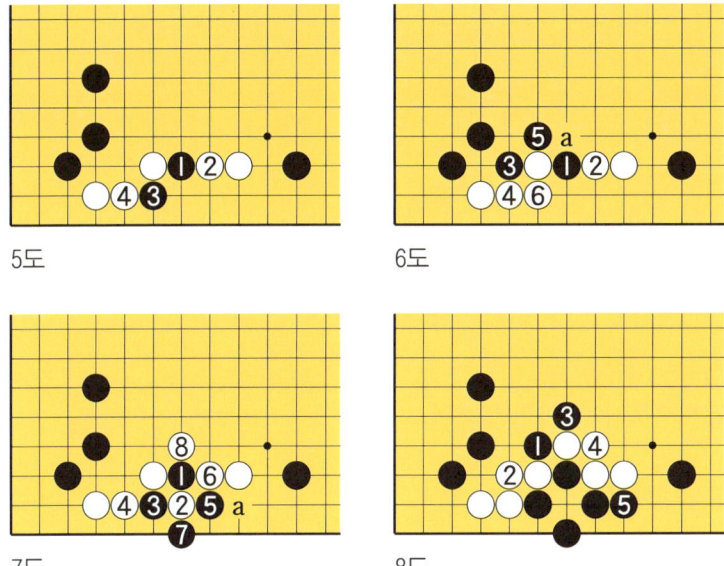

5도

6도

7도

8도

5도　흑1에 대해서는 백2의 '치받음'이 좋은 수라고 교재에서 가르치는데, 과연 어떤가? 흑3에는 백4로써 반발하지만…….

6도　백2의 치받음에 대해 흑3과 5로 몰아붙이는 형세이므로, 흑은 대단히 만족스럽다. 흑a는 아직 착수하지 않았지만, 흑1과 백2인 채 방치되어 있더라도 백은 매우 기분 나쁘다.

7도　흑이 주의할 점은, 백2의 '젓힘'으로부터 백6과 8의 반격이다. 백8 다음 흑9로써 2의 곳 이음은, 백a로써 수상전에서 흑의 패배가 분명하다.

8도　앞 그림 2의 곳을 잇지 않고 둔 흑1은, 이후의 '패'를 위한 필연적인 수단이다.

결론으로서 1도 흑1의 붙임은, 전국적인 팻감 유무가 그 성공 여부를 결정하는 셈이다.

제1형 ☞ 치받는 응수의 효과

백1의 2선 '미끄러짐'은 흔히 보는 정석으로, 흑집의 삭감과 백의 눈(집)모양 만들기 및 백 세력의 안정 등을 목적으로 한다. 백의 '미끄러짐 정석'에 대한 흑의 효과적인 응수는 무엇인가?

1도 (진행도) 이 그림은 지금까지의 수순을 재현시킨 것이다. 흑이 이미 좌상귀 및 좌하귀의 화점 두 곳을 차지하고 있는 국면이다.

백1의 '날일자' 걸침에 대해, 흑2로써 좌변 화점에 포석함으로써 좌하변에서부터 공방이 시작되었다.

(흑 차례)

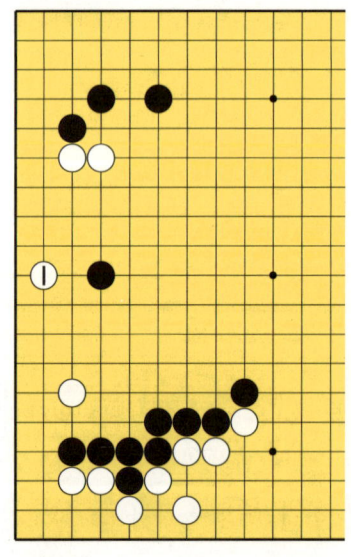

기본형

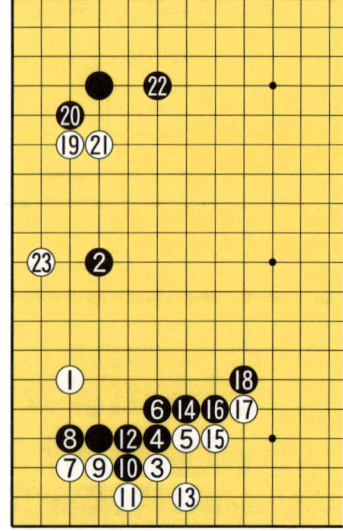

1도

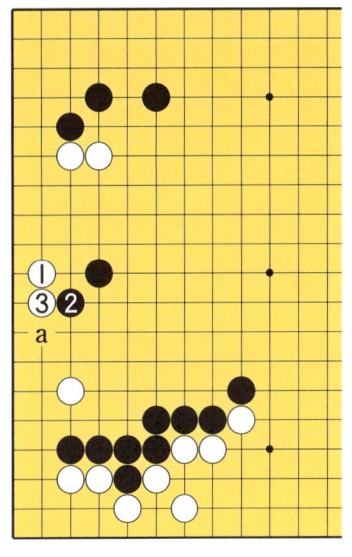

2도

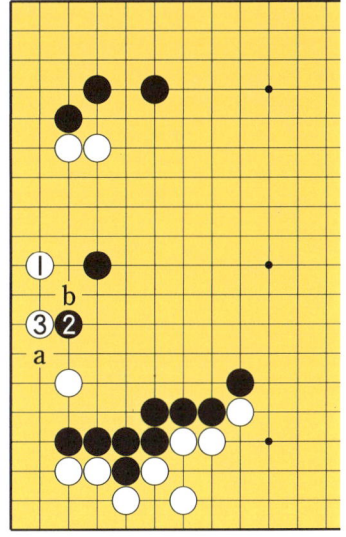

3도

2도 (약간 느슨하다) 백1의 미끄러짐이 흑집에 대한 침입을 노리는 수이므로, 흑2로써 어중간하게 막는 사람이 많다.

이 이상 들어올 수 없도록 철저하게 막겠다는 의도이지만, 이 응수는 약간 느슨하다.

다음에 백3으로 밀면 흑a로 막지만, 흑돌이 끊기는 맛을 남겨 기분이 나쁘다.

3도 (마찬가지) 흑2의 날일자 행마도 앞 그림과 비슷하며, 백3에 붙이고 나서 흑a에는 백b로 매우 성가시다.

이런 곳에서 급격히 파탄을 가져오는 바둑의 예는 의외로 많은데, 2도와 3도 모두 일방적인 방어 의식만 강한 예이다.

공격을 위한 방어 수단이 필수적이다.

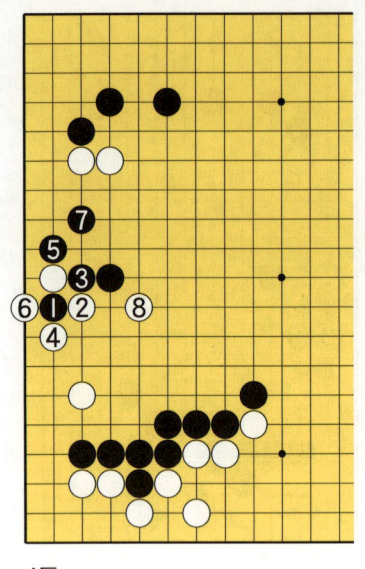

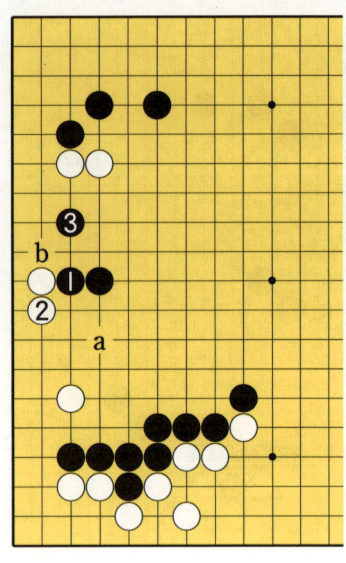

4도   5도

4도 (붙임은 성급) 흑1의 '붙임'으로 백의 침입을 저지시키려고 하면, 백은 당연히 2의 '젖힘'으로 반발한다.

이하 백을 위아래로 떼어 놓는 데는 성공했지만, 백8로써 아래쪽의 흑돌이 공격 목표가 될 염려가 있다.

이러한 응수라면 공수(攻守)가 뒤바뀌어 흑의 실패가 자명해진다.

언뜻 보면 흑과 백은 대등한 교환이 이루어진 듯하지만, 흑1을 '빵때림'한 모양이 좋아서 백이 우세하다.

5도 (강한 응수) 흑1의 '치받음'이 대단히 강한 호수(好手)였다.

백2의 '뻗음'에 대해서는, 흑3으로 한 칸 뛰면서 백을 위아래로 분할하는 효과가 있다.

이 그림은 앞 그림과 비교하여 백의 모양이 약하므로, 흑 만족의 싸움이라고 생각한다.

다음에 백a라면 흑b이므로, 앞 그림과는 너무나 큰 차이이다.

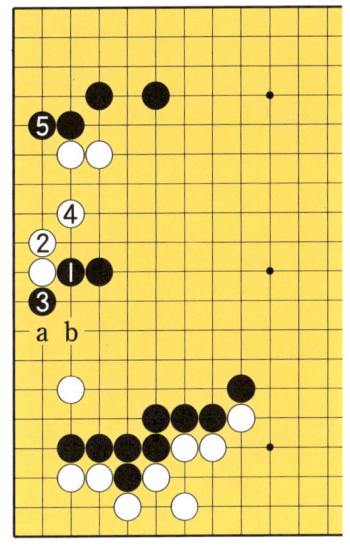

6도

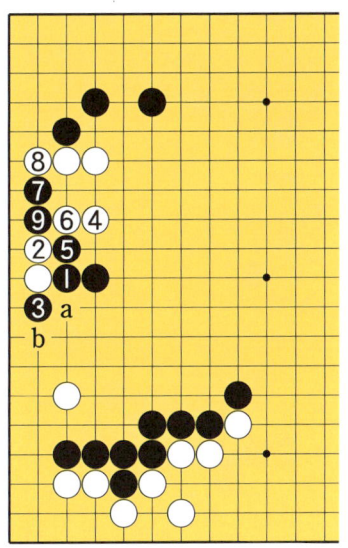

7도

6도 (진출 차단) 백2의 뻗음이라면 흑3의 '누름'에 의해, 아래쪽으로 백의 진출이 완전히 막혀서 통쾌하다.

흑5는 손빼도 좋은데, 역시 흑1이 상하 맞보기로 한 간명하고도 힘찬 응수였다.

백a의 수단에는 흑b로서, 대단한 우려는 없다.

7도 (응징 수단) 백은 4로 높게 진출하고 싶지만, 즉각적인 흑5와 7의 강력한 추궁이 매섭다.

흑9까지 백 두점을 잡으면, 백a나 b의 맛을 제거하므로 부가 가치는 매우 크며, 백의 눈모양도 빼앗고 있다.

한편 백8로 9의 '이음'이라면, 흑8로 건너가 이것 또한 만족이다.

이 그림의 흑5와 7은 알아 두어야 할 응징 수단이다.

치받는 수단에 대한 응수의 곤란을 보여 주는 이 그림에서는, 백의 열세를 분명히 알 수 있다.

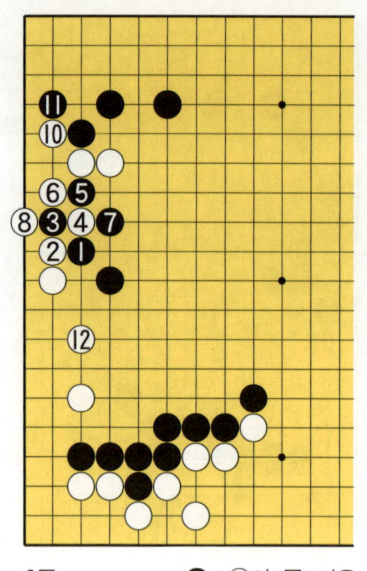

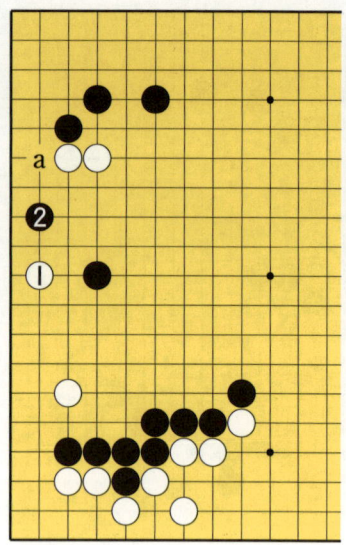

8도　　　　❾‥④의 곳 이음　　9도

8도 (분발 요구)　흑1과 3의 반격도 생각되지만, 백에게도 충분한 대책은 있다.

백12까지의 결과는 백의 자세가 좋으므로, 흑으로서 좀 더 분발이 필요하다.

흑1과 3으로는 결정타가 되지 않는다. 이곳을 정작 두려면……

9도 (유력한 치중)　흑2의 '치중'으로써 다음에 a의 건너감을 노리는 수가 좋다.

이것은 효과적인 수법이지만, 갖가지로 변화되는 백의 수단도 예상되므로, 5도와 6도 흑1의 간명한 '치받음'보다 낫다고는 말하기 힘들다.

5도와 6도로써 흑의 응수는 대만족이리라.

🟡 **제2형** ☞ 귀의 2선 치중에 대한 응수

귀의 모양에서, 백1의 2선 치중은 흑의 실리에 대한 삭감의 맥점이다. 백1의 치중 이후의 주변 변화를 예상해 보자.

1도 (3선) 백1의 3선 '뛰어들기'는 흑2로 차단되어 흑집이 별로 줄어들지 않는다.

즉 백의 3선 치중에는 흑2가 좋은 수이다.

2도 (이적 행위) 흑2로 위에서 누르는 것은, 오히려 상대의 침공을 돕는 결과이다.

즉 백3의 리듬을 제공하여, 더욱 크게 침략당할 모양이다.

3도 (치중과 연결) 본래의 주제로 돌아가서, 2선의 백1에 대해 흑2로 귀를 지키면, 백은 3의 '붙임'으로써 아래쪽으로의 연결이 가능해진다.

(흑 차례)

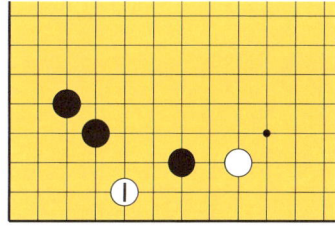

기본형

1도

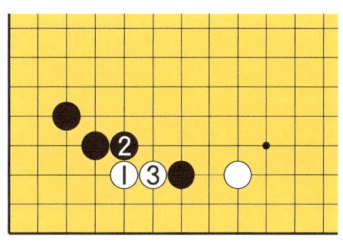

2도

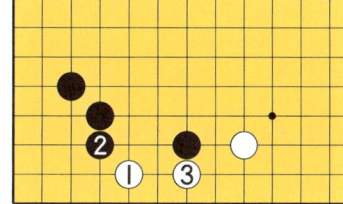

3도

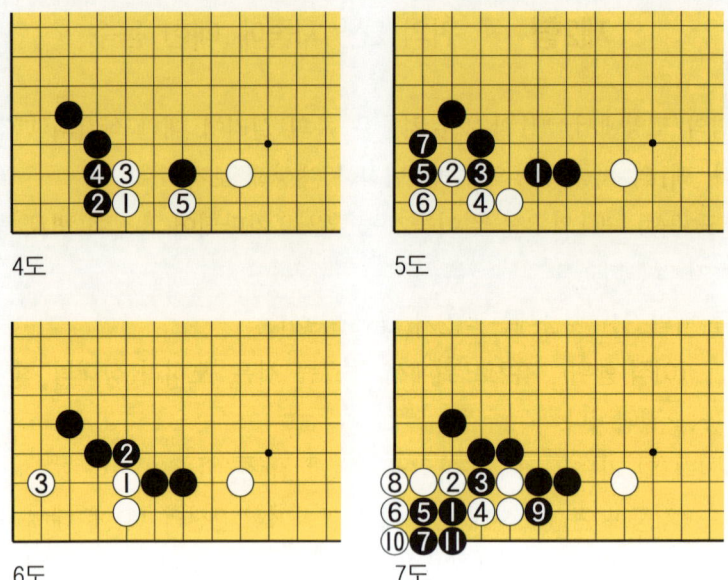

4도

5도

6도

7도

4도 (대동소이) 흑2의 2선 붙임도 백3과 5로 연결되므로, 이 경우도 앞 그림과 비슷한 결과이다.

5도 (연결 저지) 흑1로 백돌의 건너감을 저지하고 나서, 오히려 백 한점을 잡으려고 한다면 어떻게 될까?

이때 백2의 3·삼은 악수로, 흑3 이하 7까지로 백은 눈모양의 공간이 약간 부족하다. 즉 백의 죽음이다.

6도 (공간 확보) 백은 1의 '나옴'을 선수한 다음에 3까지 발을 넓게 뻗는 수가 좋다. 흑도 이어서…….

7도 (수상전 불가) 2선의 흑1부터 5가 백을 공격하는 결정적인 맥점이다.

이때 백8로 수상전에서 이기려는 것은, 흑11의 좋은 수가 있으므로 결국 외눈(눈모양 하나)인 채 백의 죽음이다. 즉 백8이 악수이다.

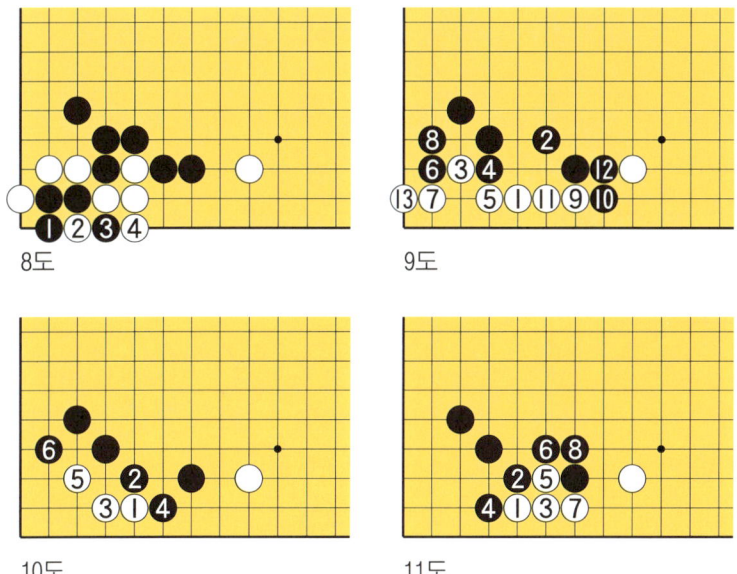

8도

9도

10도

11도

8도 (패싸움) 귀에서 흑1일 때 백은 2와 4로 패를 만든다.

패가 성립되면 일단 백의 성공이므로, 앞 그림의 흑1을 잡는 데는 치밀한 작전과 용기가 필요하다.

9도 (마늘모 차단) 2선 백1의 치중에 대해 흑2의 '마늘모'로 차단하면, 백은 3 이하 13까지 귀를 침략하며 크게 산다. 결국 백1은 잡을 수 없을 것 같다.

10도 (마늘모 붙임) 백1에는 흑2의 '마늘모 붙임'이 무난한 응수였다. 백3과 5로 귀에 들어오면 흑4와 6으로 몰아서, 결국 '외눈'으로 백의 전멸이 예상된다.

11도 (철수가 적당) 백은 3부터 7로 백1의 치중수를 철수하는 것이 적당한 선이다. 흑8의 '이음'은 약점을 보강하는 절대수이다.

역시 2선 치중의 백1은 훌륭한 노림수였으며, 흑2 이하 8까지도 부득이한 최선의 방어 수단이었다.

● 제3형 ☞ 귀의 들여다보기에 의한 공방

백1의 2선 뻗음 이후에, 백3의 상대 약점 들여다보기가 상용의 노림수이다. 백3의 들여다보기 이후의 주변 변화를 예상해 보자.

1도 (눈모양 공격) 백1의 '들여다보기'에 대한 흑2의 '이음'에는 백3과 5로 좌변으로 연결하여, 흑의 눈(집)을 빼앗으며 공격하는 수가 백의 의도이다.

2도 (수상전) 백1에 대해 흑2의 '마늘모 붙임'이 일반적인 바둑 교재에서 가르치는 공통된 맥점이다. 흑4의 내려섬은 수상전의 맥점인데, 흑10까지면 알기 쉽게 흑의 올가미에 걸린다.

3도 (교환) 앞 그림의 백7로써 백3으로 젖히면 흑6까지로 교환이 이루어지지만, 흑이 유리하다. 이것은 어느 교재에서나 가르치는 수단이지만, 이 그림의 주변에는 다양한 변화도 많다.

(흑 차례)

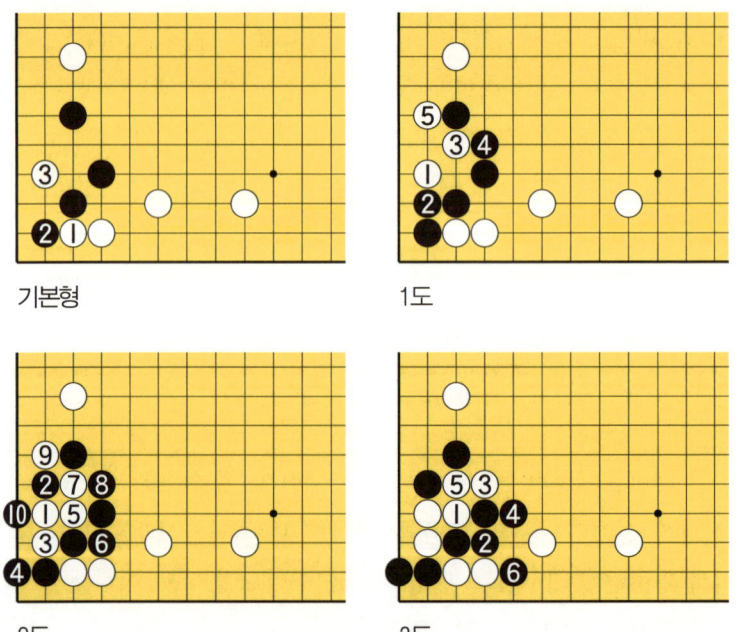

기본형

1도

2도

3도

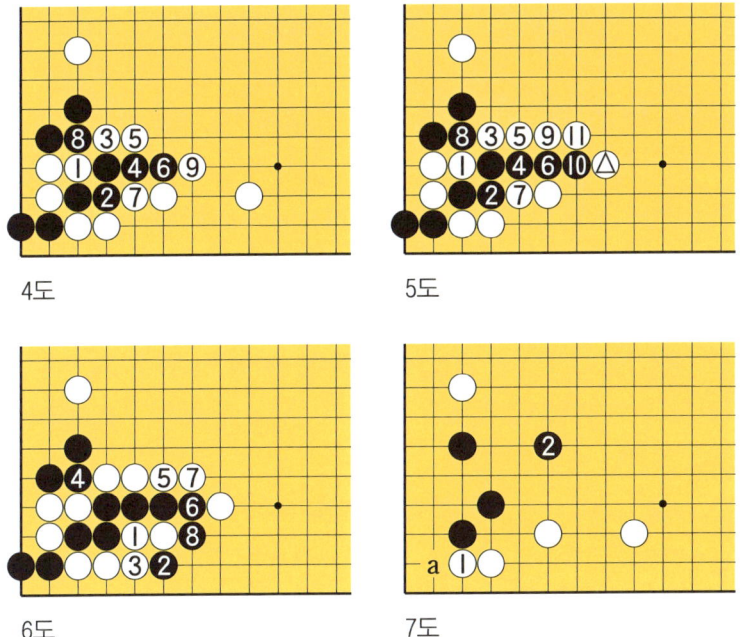

4도   5도

6도   7도

4도 (축 관계) 우선 주의할 점은 축 관계이다. 즉 백의 축이 유리
하면 백5와 7이 성립되어, 흑은 마침내 괴멸된다.

가령 현재 축이 누구에게 유리해도, 주변의 모양이 달라지면 축머
리의 공작이 있다.

5도 (놓인 돌의 차이) 예컨대 △에 백돌이 놓인 모양이라면, 대각
선상의 축이 흑이 유리해도 백9와 11 방향의 축도 가능할 것이다. 그
런데…….

6도 (축머리 묘수) 백1에는 흑2의 축머리 묘수가 있다. 따라서 흑
8까지 흑의 미생마는 아슬아슬한 생존이 마련되어 있다.

7도 (중앙 진출) 이상의 까다로운 변화는 모두 무시한 채, 백1의
2선 뻗음에 대해서는 흑a가 아닌 2로써 중앙으로 진출하는 수가 때
로는 현명하다. 2도 흑2의 마늘모 붙임은 뒷맛이 고약하여 잘못의 원
인이 되는 수가 있기 때문이다.

제4형 ☞ 씌움을 둘러싼 공방

흑1부터 백6까지는 흔히 볼 수 있는 정석형이다. 백6 이후 흑의 노림수, 즉 절대점을 연구해 보자.

1도 (일반적인 대비) 흑1의 다가섬 다음에 흑a의 '뛰어들기'를 노리는 것도 효과적이다. 흑1에 대해 백은 b로 대비하거나, 2와 4로 응수하는 것이 일반적이다.

2도 (중앙 중시) 한편 중앙 세력을 중시하려는 흑1의 '씌움'도 효과적인 노림수이다. 흑1에 대해 백2라면, 흑3으로 뻗은 다음 흑a라는 절호의 '붙임'이 예상된다.

3도 (세력 확보) 앞 그림의 흑1에 대해 백2로 받으면, 흑3의 붙임을 활용하면서 9까지로 엄청난 세력을 얻는다. 후수라도 만족스럽다.

(흑 차례)

기본형

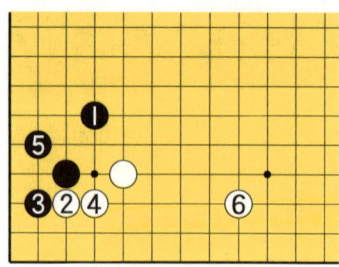

1도

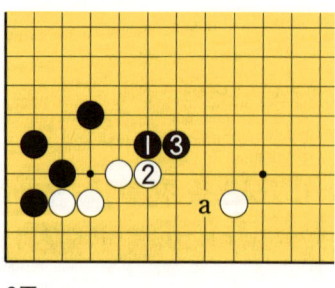

2도

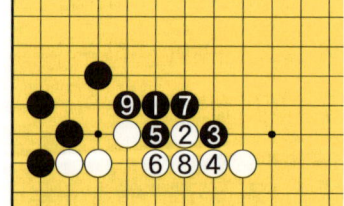

3도

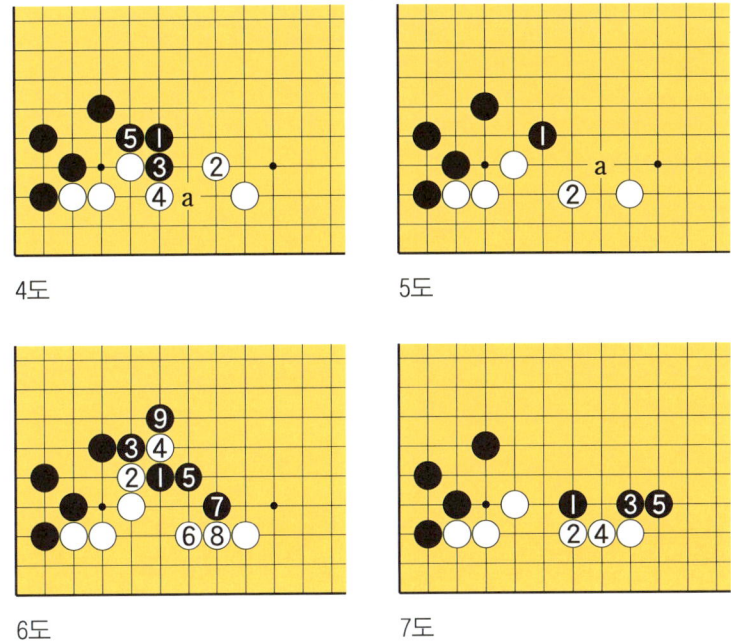

4도

5도

6도

7도

4도 (노림수) 2도의 흑1에 대해 백2로 받으면, 흑3과 5로 두텁게 한 후 a의 '젖혀나감'을 노린다.

5도 (보통) 그러므로 흑1에 대해 백은 2로 받는 것이 보통이다.

다음에 흑a도 선수를 잡는 맥점이지만, 이 정석은 이 흑1에 의한 압박이 흑의 권리임을 알아 둘 필요가 있다.

6도 (선수 **잡는 방법**) 백이 선수를 잡는 수단으로서, 백2와 4로 '끊음'을 시도한 후에 6으로 되돌아오는 포석법도 있다.

그러면 흑도 9까지로 두터운 모양이 형성된다.

7도 (예외) 이 그림은, 우하변 방면에 세력을 갖고 싶은 경우의 특별 수단이다. 흑1로부터 3과 5로 뻗고 있지만, 2도부터 6도까지의 씌움이 많이 사용되는 수단이다.

● 제5형 ☞ 변의 붙임을 둘러싼 공방

흑1의 협공으로 백2를 유도한 다음 흑5의 '굳힘'까지의 수순은 일반적인 유형이다.

여기에서 백6의 '붙임'은 모양의 안정을 추구하는 수단인데, 이 주변의 변화에 관해 연구해 보자.

1도 (무난한 수단) 흑1로 젖히는 유형인데, 백도 2로 맞끊는 수가 대응의 요령이다. 백4의 단수에 대한 흑5의 '이음'은 안전책이며, 백6의 단수까지로써 일단락되었다.

일단은 무난한 '교환'인데, 백의 좌변 안정은 좌상 및 좌하의 약체를 보강하는 의미이기도 하지만, 아무튼 백의 주문이 통한 셈이다.

실리는 약간 부족하더라도, 선수로써 국면을 임의대로 이끌어 나가는 수단은 효과적이다.

(흑 차례)

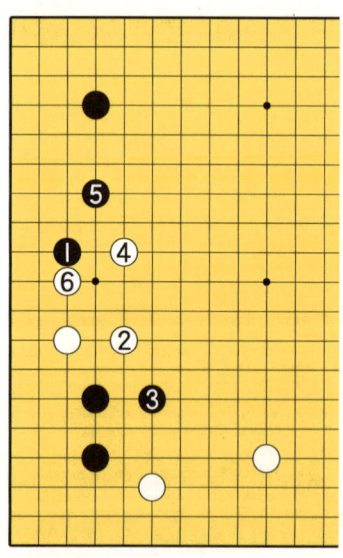

기본형

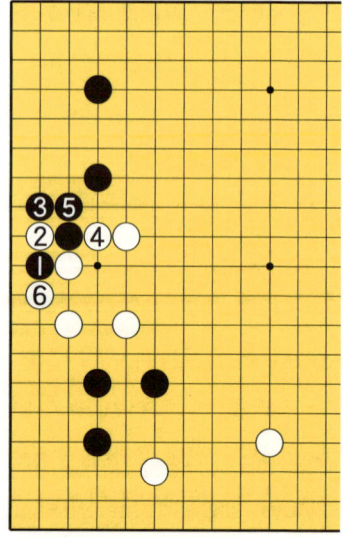

1도

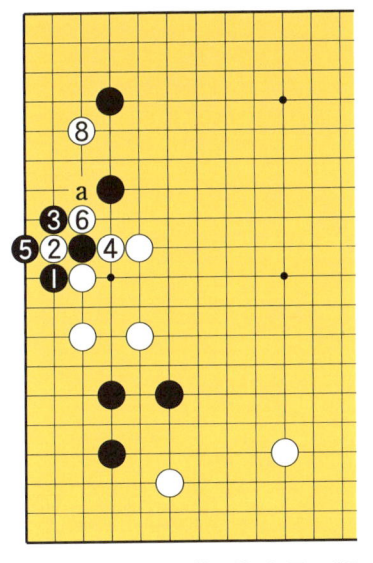

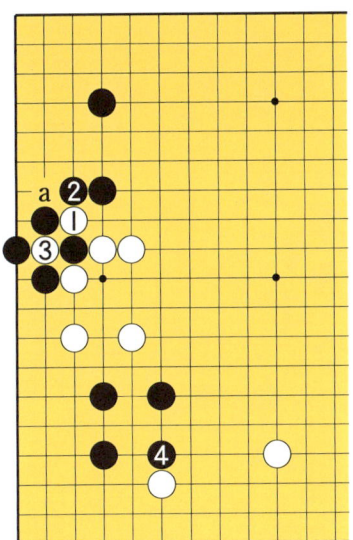

2도 　　　　❼‥②의 곳 이음　　 3도

2도 (나쁜 뒷맛) 양쪽에서의 단수 활용을 기피한 흑5의 '따냄'은 기세가 좋은 수단이다.

그러나 흑7의 이음으로 이루어진 모양은, 백a의 진출을 허용하므로 뒷맛이 나쁘다.

가령 백8로부터 책동해도 쉽게 소란스러워질 것 같다.

3도 (또다른 방법) 백1의 단수일 때 흑2로 차단하고, 백3 다음에 흑4로 좌하귀를 안정시키는 수순도 힌 기지 방법이다.

이 그림은 백a의 패라는 폭탄을 안고 있으므로, 신경은 쓰지 않을 수 없다.

여기서 흑4의 굳힘 방법은 대단히 좋은 수이다.

한편 '패싸움'은 바둑에서 뒷맛으로 흔히 나타나지만, "바둑에서는 지더라도 패싸움에서는 이겨야 한다"는 격언처럼 뒷맛도 중요하다.

그러므로 '팻감'을 확보해 두면 더욱 좋을 것이다.

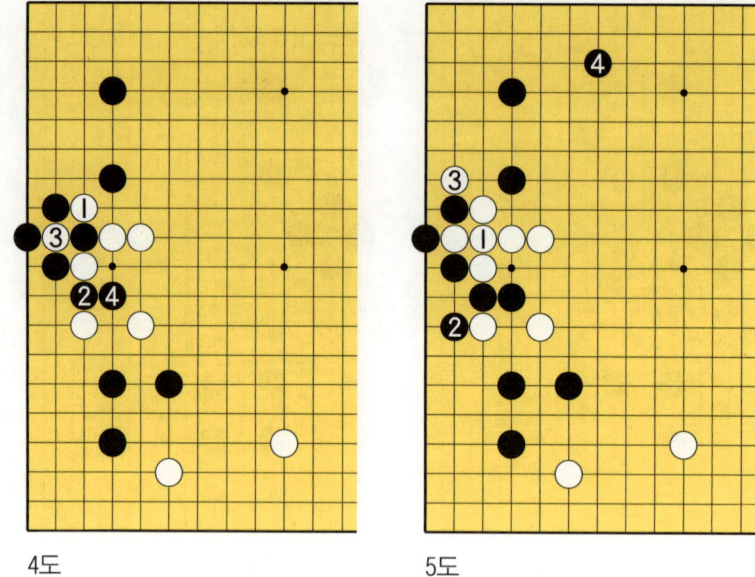

4도　　　　　　　　　　5도

4도 (반격) 앞 그림의 착상을 한 단계 업그레이드하여, 흑2 쪽으로
단수하면 어떤가?

백3으로 패가 생긴 이상 팻감이 있다면 더할 나위 없지만, 여기에
필적하는 팻감은 좀처럼 없다고 본다.

그래서 내친김에 흑4로 뻗는 것이 강수였다. 계속해서……

5도 (흑 유리) 백도 팻감이 없다고 보고, 부득이 1로 잇는 정도이
다. 여기서 모양새 좋게 흑2로 '호구 이음'하고 나면, 무엇보다도 좌
하귀의 안정이 기쁘다.

다음에 백3의 단수에 대해 가볍게 흑4로 '눈목자'로 굳힘하면, 이
그림은 흑의 유리라고·판정된다.

역시 흑2와 4는 매우 훌륭한 착점이었다.

2. 모양의 삭감과 확장

어느 정도에서 상대의 집모양을 삭감하거나 나의 집모양을 확장하는가 하는 결정은 전국적인 형세에 따르지만, 그 타이밍도 문제가 된다. 중반전에서 삭감이나 확장은 판단력이 요구되는 중요한 수단이므로, 실전에서 다양한 삭감과 확장의 실제를 보도록 하자.

1도 이런 국면에서는 흑1의 '뛰어들기'가 적당하지 않다. 백2와 4로써 오히려 좌우측 흑돌이 '양곤마'(兩困馬)가 될 위험 부담이 크기 때문이다.

2도 이와 같은 국면에서는, 흑1의 가벼운 '씌움'이 바람직하리라.

현재 우측에는 완전한 안정을 확보하지 못한 흑돌이 있으므로, 흑의 삭감에는 한계가 있게 마련이다.

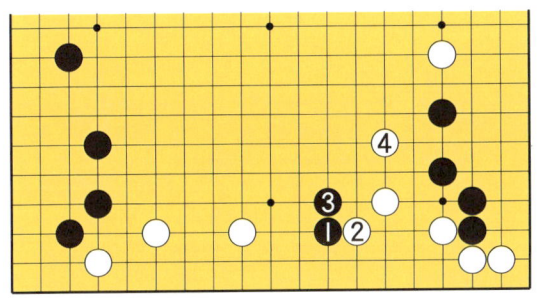

1도

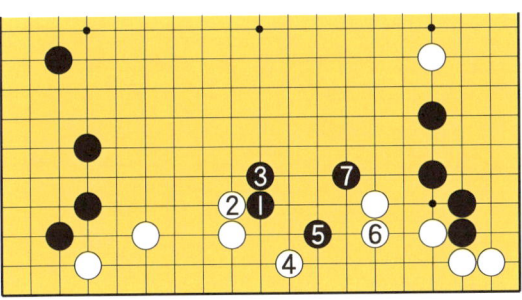

2도

● 제1형 ☞ 삭감의 위치 선정 방법

흑의 가토 마사오와 백의 린하이펑의 대국으로, 흑1로써 약점을 완전히 보강하였다.

이 다음 중앙에 흑돌이 놓여지면, 큰 집이 형성될 것은 분명하다. 백은 어느 쪽에서 삭감을 시도하는 것이 적당할까?

1도 (침투의 한계) 실전에서는 백1로 들어왔는데, 이 수가 가장 좋은 삭감 위치였다.

삭감을 위한 침투 기준의 하나는, 상대가 집으로 변환해도 계산이 넉넉한 지점까지이다. 즉 백1에 대해 흑a라면 백b로써, 우변을 흑집으로 주어도 만족할 수 있는 지점이다.

백1을 기준으로 한 걸음 깊게 들어가면 배후로부터 공격받고, 또한 한 걸음 얕게 움츠리면 삭감 효과가 약해서 불만이다. 백1이 c의 '끊음'이나 d의 '붙임'에 의한 반격을 예상하고 있음도 말할 나위는 없다.

(백 차례)

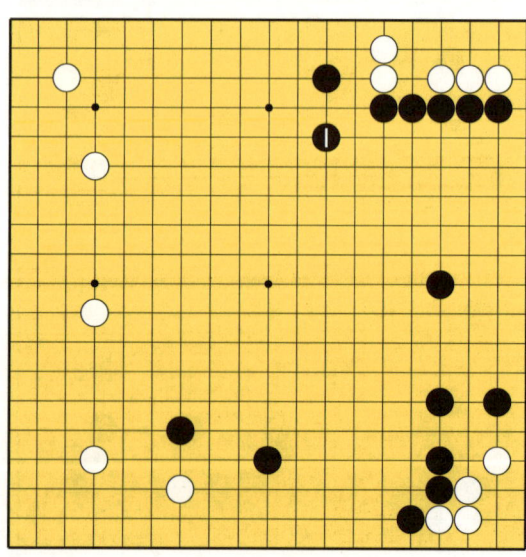

기본형

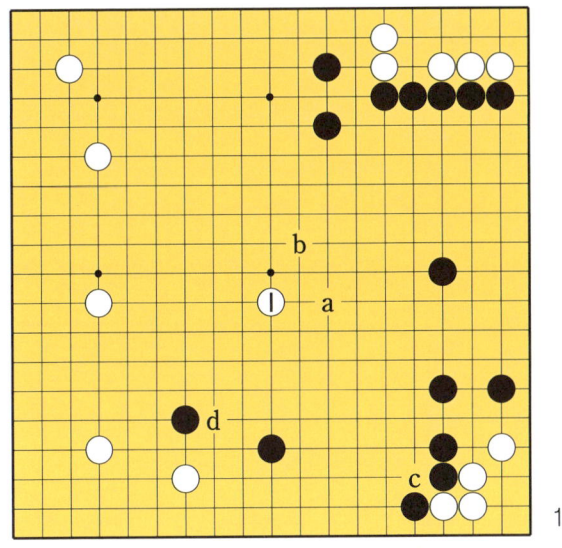

1도

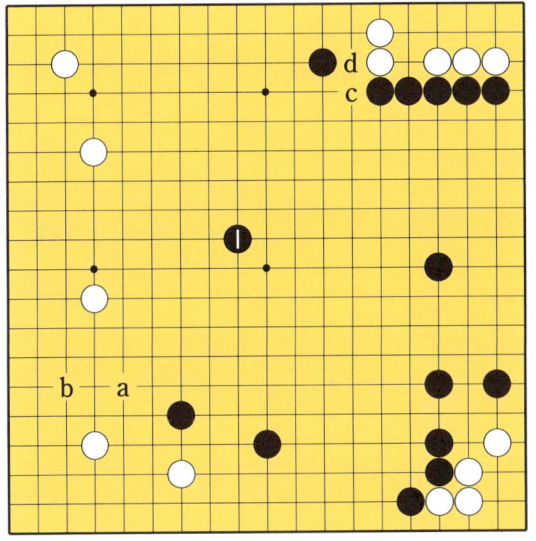

2도

2도 (선점)　기본형의 흑1로는, 먼저 흑1로 선점하여 흑의 영역을 둘러싸는 게 좋았다(또는 흑a, 백b를 교환한 다음 흑1도 있다). 백c로 젖혀 오면 흑d로 끊어 싸운다는 생각이다.

● 제2형 ☞ 삭감 후 즉각 물러나라

이 그림은 흑의 린하이펑과 백의 가토 마사오의 실전이다. 우변 백의 형세가 너무 크기 때문에, 어떻게 삭감해야 하는가?

1도 (과욕) 흑1은 주변이 넓어 가능할 것 같지만, 사실은 과욕이다. 즉 백a와 b가 선수 활용이므로, 백2로 공격받으면 생명까지 위태롭다.

2도 (적당한 위치) 흑1이 알맞은 삭감 장소로, 다음에 흑2로 파고들면 백의 영역은 쉽게 무너져 버린다. 그러므로 백2는 필수적인 지킴이었는데, 다음의 흑3이 뜻밖의 속수였다.

위쪽의 백이 강하게 버티고 있으므로 그쪽으로 진출할 필요가 없었는데, 이렇게 되자 백4와 6으로 허리를 두드리며 공격의 리듬을 포착한다.

3도 (후퇴할 자리) 흑1과 백2 다음, 재빨리 흑3으로 물러서는 수

(흑 차례)

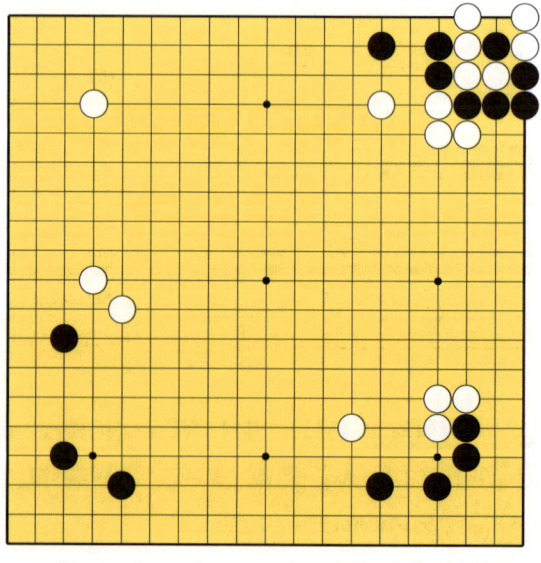

기본형

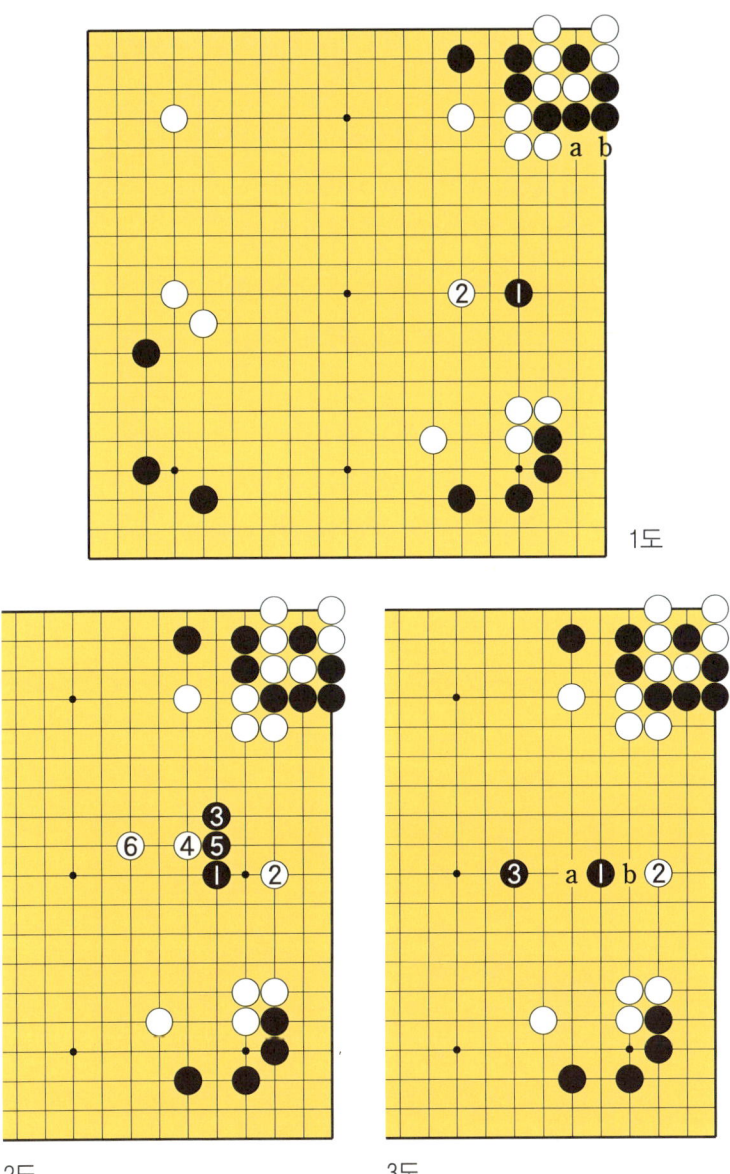

1도

2도

3도

가 좋았다고 생각한다. 그러면 쉽게 공격받을 것 같지 않다.

한편 흑1로써 a는 지나친 사양으로, 다음 백b로 지키면 이 그림보다 명백히 삭감 효과가 뒤진다.

● 제3형 ☞ 모양을 확장하는 방법(1)

마찬가지로 흑의 가토 마사오와 백의 린하이펑의 실전이다. 상변은 흑의 세력이고, 하변은 백의 세력이다. 삭감을 서두를 것인가, 집을 확장할 것인가를 결정해야 할 국면이다.

1도 (절호의 삭감 허용) 상변의 흑 모양과 하변의 백 모양은 규모부터 다르고, 집을 확장하는 데도 형세가 다르므로 삭감을 서두를 필요는 없다.

우선 세력의 급소처럼 보이는 흑1로 밀었는데, 이곳은 너무 넓어서 지나친 속수였다. 그러자 백2라는 절호의 삭감을 허용하고 말았다. 백2의 '모자 씌움'은 모양의 급소이기 때문에, 이후의 처리는 어렵지 않다.

2도 (집을 확장해서 충분) 앞 그림과 달리 흑1의 '한칸 뜀'이 안성맞춤의 국면이었다. 우변과 상변 중앙으로 이어지는 매우 커다란 실

(흑 차례)

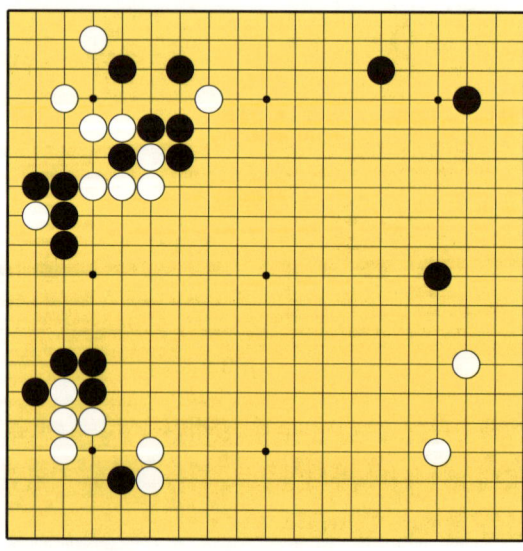

기본형

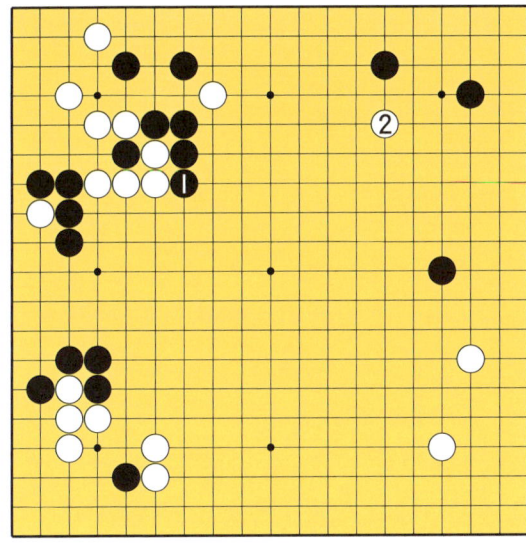

1도

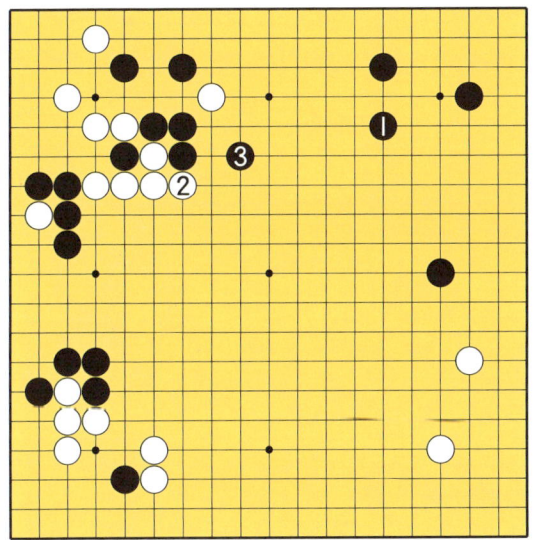

2도

리를 확보함과 동시에, 막강한 세력도 얻고 있다.

　백2에 대해서는 흑3으로써 자연스럽게 굳혀지므로, 앞 그림의 흑1
을 절대 서두를 필요는 없었다.

제4형 ☞ 모양을 확장하는 방법(2)

흑의 다케미야 마사키와 백의 가토 마사오의 실전이다. 가토는 이 장면에서 기세 좋게 백△로 뛰어들었는데, 이는 대세를 보지 못한 속수였다. 다케미야 9단에게서 확실한 판단이 제시되어, 새삼 경의를 나타냈다.

1도 (절호의 확장) 이 국면의 요점은 흑11로 집을 확장하는 것이다. 역시 흑11까지 하변으로부터 중앙, 그리고 다시 위쪽으로 넓혀지는 흑의 모양은 보기에도 규모가 크다.

얼핏 흑3의 '붙임'부터 9까지는 집이 잠식되어 무른 것 같지만, 흑11로써 방향을 전환한다는 판단이 훌륭했던 셈이다.

2도 (삭감 타이밍) 기본형의 백△로는, 백1의 삭감을 서두를 국면이었다. 다음에 흑a로 차단하더라도 백b의 퇴로가 열려 있어 불안은 없을 것이다. 따라서 백1에 대해서는 흑c, 백d, 흑e로써 수비하는 게

(흑 차례)

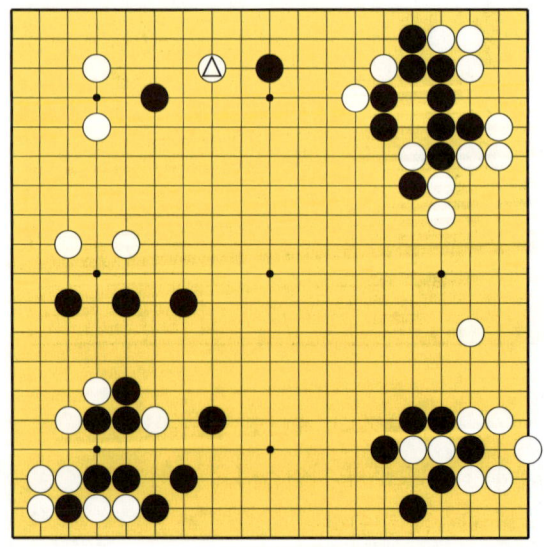

기본형

86 중반 씨움의 기술

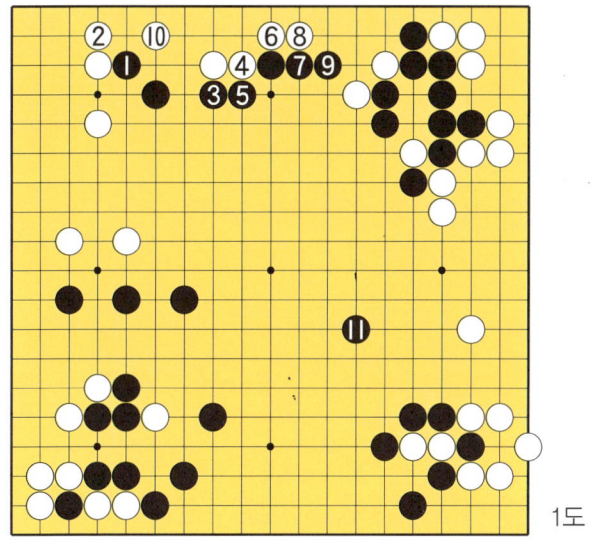

1도

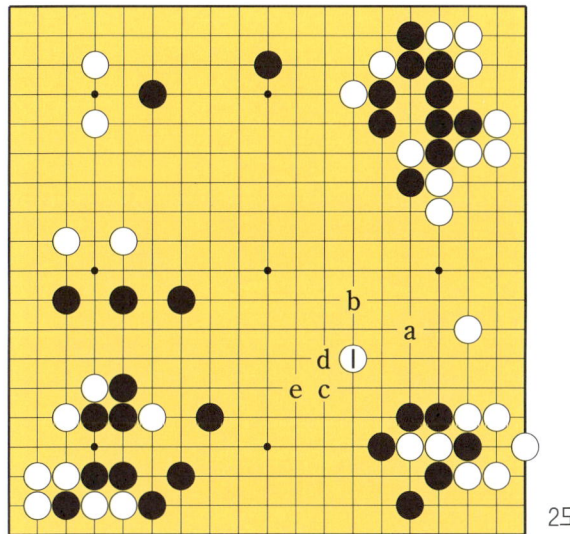

2도

보통이었을 것이다.

　만약 거꾸로 흑1 쪽으로 두게 되면, 오히려 백의 세력이 위축되면서 흑의 중앙 확보가 더욱 확실해지는 매우 긴요한 자리였던 셈이다.

● 제5형 ☞ 삭감의 한계점은 어디인가

흑의 다케미야 마사키와 백의 조치훈의 실전으로, 하중앙 백의 형세가 상당히 크다.

여기서 흑은 삭감을 시도할 시기인데, 어느 지점까지 침입해야 하는가?

흑은 세 귀에 튼튼한 '확정지'를 갖고 있지만, 어느 선까지 백집을 허용해도 좋은지 여부의 판단에서는 계산하기가 망설여진다.

흑a의 '껴붙임'은 하나의 노림이며, 백은 반드시 b로 저항해 온다고 계산해 둔다.

1도 (대감 바둑) 흑1의 착점은 너무 무르기 때문에, 백2와 4로 빈틈없이 둘러싸고 a의 뒷맛도 효력이 사라져서, 큰 차이로 흑의 패배이다.

이처럼 터무니없이 무르고 무책임할 정도로 너그러운 바둑을 '대

(흑 차례)

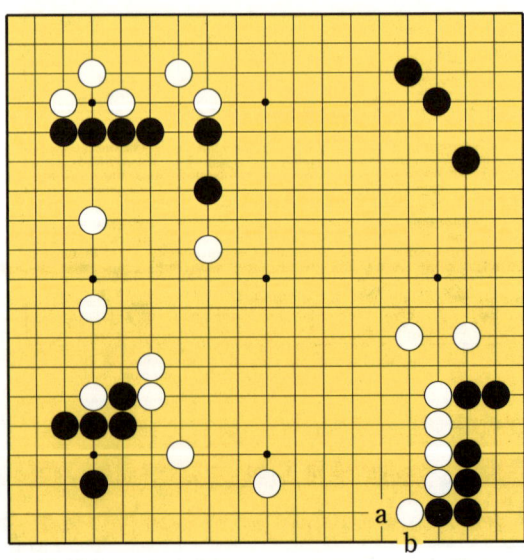

기본형

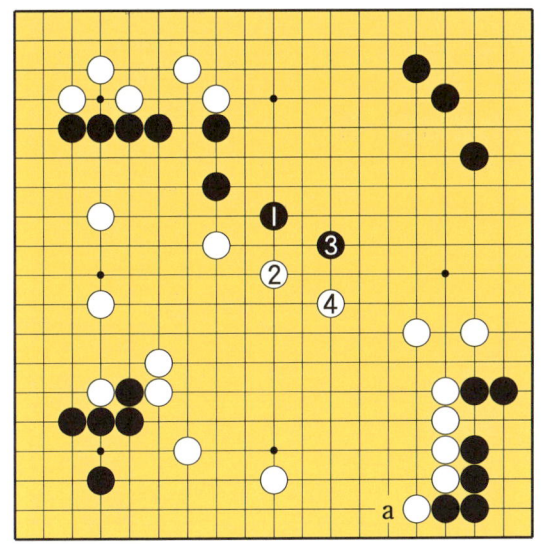

1도

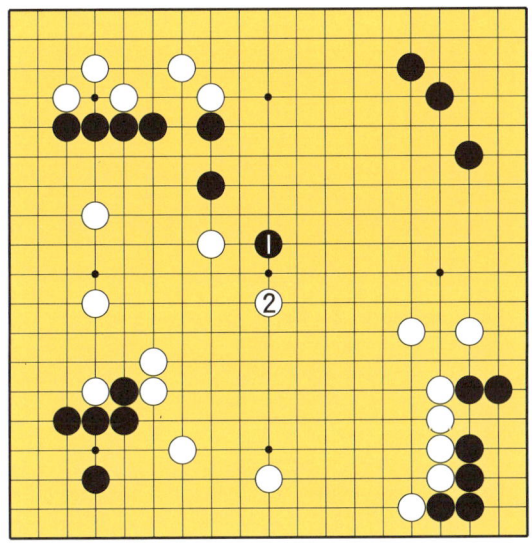

2도

감 바둑'이라고 부른다.

　2도 (백 충분)　앞 그림보다 한 걸음 전진한 흑1이지만 백2 정도로
도 백집이 충분하므로, 1도와 2도는 모두 형세 판단 부족이리라.

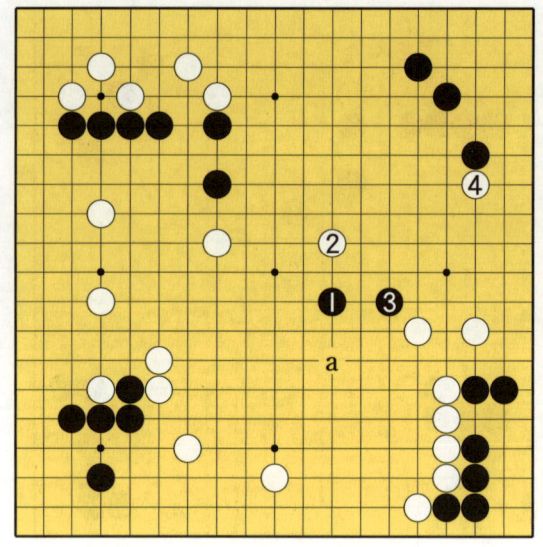

3도

3도 (**난해한 공중전**) 이 그림에서는 대담하게 흑1까지 돌입을 시도하는데, 이에 대해 이번에는 백a로 받을 수는 없다.

백2의 반격에 대한 흑3 다음에는, 백4로 기대는 공격이 예상된다.

이로써 흑1과 3은 어떻게든 생존을 기대할 수 있다고 하더라도, 우상귀 또는 좌상 방면의 흑에까지 악영향을 미칠지도 모르기 때문에 위험한 느낌을 준다.

4도 (**해결책**) 흑1이 멀지도 가깝지도 않은 호점이며, 백2의 반격에는 흑3부터 7까지로(단지 흑7이라도 좋다), 앞 그림에 비해 더욱 효과적인 해결책으로 보인다. 중앙의 흑 세점은 우상귀와의 연결이 가능하기 때문에, 난전이 벌어질 경우 백에 대한 공격도 바라볼 수 있을 듯하다.

5도 (**흑 충분**) 앞 그림의 흑1에 대해 백2로 지키면, 흑3과 5로 두

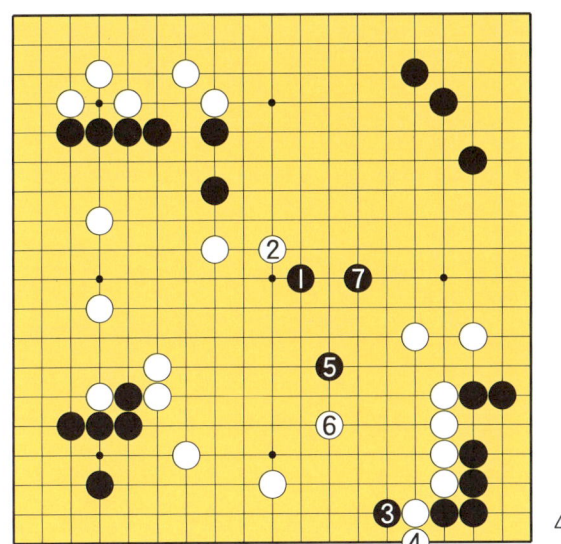

4도

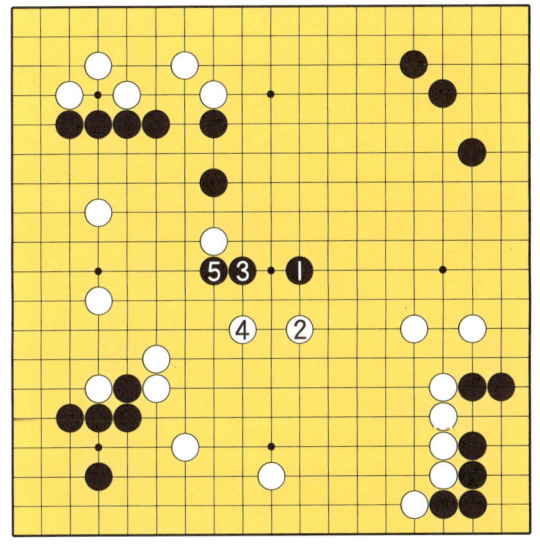

5도

는 수순이 좋은 리듬이다.

상대가 수세냐 공세냐 판단 때문에 최대한 망설이게 되는 지점이
삭감의 한계라고 보면 좋다.

제6형 ☞ 뛰어든 후 상대의 응수를 엿보라

'뛰어들기'인지 '삭감'인지 단정할 수 없이, 언제든 변신 가능한 뛰어들기가 보다 효과적인데, 그 성립 조건은 무엇인지 한번 알아보기로 한다.

좌상변의 싸움이 일단락되고 나서, 흑이 두어야 할 차례가 되었다.

물론 배경은 우변 흑의 모양이지만, 단지 실리 확보를 위한 호점에만 착수하기에는 너무 넓어서 리듬이 붙지 않는다.

우선 흑a도 '큰 곳'이지만, 다음에 백b, 흑c, 백d로 서로 진출하기에는 백이 유리한 것 같다.

우변의 흑은 아직도 미지수의 모양이지만, 좌하 백의 모양은 크게 규모가 결정되는 듯하기 때문이다.

흑e와 백f의 교환도 비슷한 의미이므로, 더욱 백의 모양 속에 깊이 뛰어들어 그곳에서 싸움의 리듬을 구하고자 시도하고 싶다.

(흑 차례)

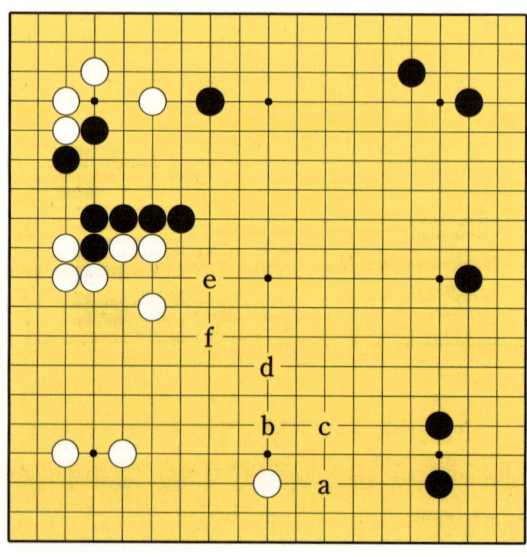

기본형

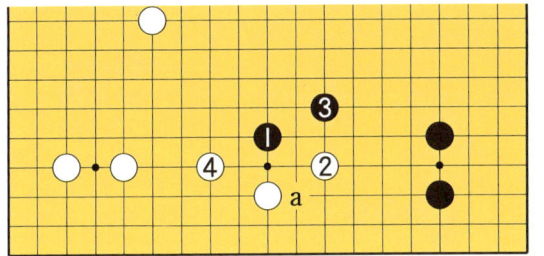

1도

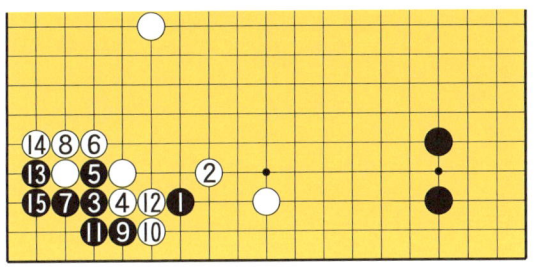

2도

1도 (모자 씌움) 우선 흑1의 '모자 씌움'이 제일감이며, 백4로 받아 주면 흑a의 '붙임'이 좋은 리듬이 된다.

그런데 백은 2와 4로 응수하는 방법이 있으며, 다만 이 결과가 좋은지 나쁜지는 확실하지 않다. 여기서 좀 더 이득이 되는 착점이 없는가 생각해 본 것이 다음 그림이다.

2도 (응수를 묻는 뛰어들기) 흑1로 착수한 것이 '응수를 엿보는 뛰어들기'로, 백의 대응을 묻고 있다.

이때 백2로 씌우면 예상치 못한 변화인데, 흑3 이후의 진행으로 귀를 크게 도려낼 수가 있기 때문이다.

가령 변화의 일례로서 흑15까지 되고 보면, 바깥쪽 백의 두터움은 중복 모양이 되어 있으므로 도저히 귀의 손해를 감당할 수가 없다.

백4로써 5 또는 7로 응수하더라도, 흑의 위험은 생각되지 않는다.

귀에 대한 뛰어들기에서는, 이처럼 최소한의 삶이라도 백에게 막대한 손실을 안겨 주는 결과가 된다.

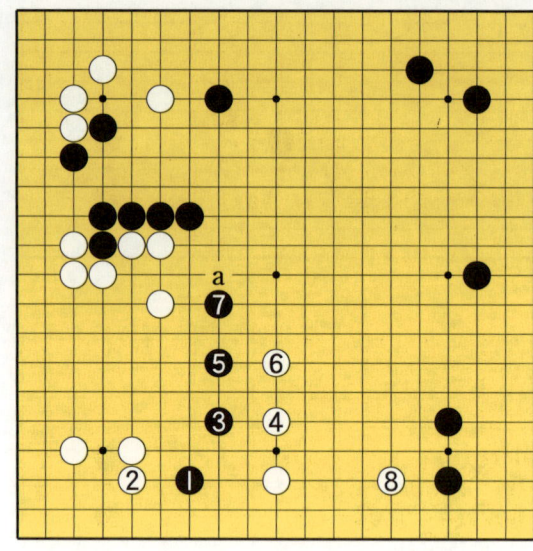

3도

3도 (정형이지만) 흑1이면 백2가 예상되며, 계속해서 흑3이 정형이다. '한칸 뜀'이 아닌 흑3의 '날일자' 행마는, 조금이라도 좌측 백의 두터움에서 멀어진다는 의미에서는 이치에 맞는다.

백4와 6에 대한 흑5와 7도 이 정도라고 생각하는데, 백8이 뿌리를 내리는 좋은 수이므로 이 결과는 어떤가?

백은 언제라도 a로 착수하여 위아래의 흑을 갈라치는 수가 있으므로 흑이 불안하며, 그런 불안이 있는 동안 우변의 세력화 따위는 역시 꿈이다. 따라서 '뛰어들기'가 대실패한 그림이며, 이런 정도라면 차라리 1도를 택하는 편이 훨씬 낫다.

그 원인은 당연하다 싶은 흑3에 있는데, 가볍게 달아날 작정이지만 그래도 무거운 발걸음이었다. 흑1과 백2의 교환을 활용이라고 생각하면, 좀 더 가벼운 돌의 운용이 떠오를 터이다.

현재의 국면에서는 좌변과 하변 백의 실리는 대단한 반면에, 흑은 오로지 활로 찾기에만 바쁘다.

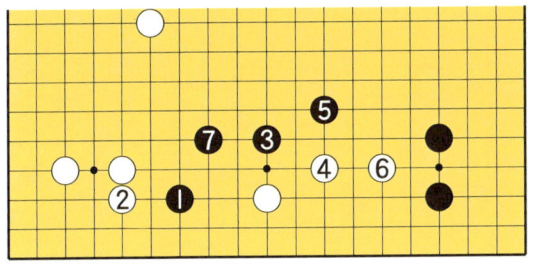

4도

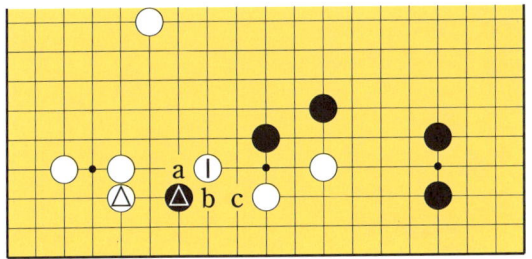

5도

4도 (활용에 이은 고압 전술) 흑1과 백2의 교환을 활용이라 보고 흑3과 5의 고압 전술로 나간 것이 실전이다. 백6에 대해 유유히 흑7로 돌아보며 거듭 진출했는데, 이러면 앞 그림과는 천지 차이이다.

이 대국에서 백은 기합 때문에 패배한 느낌이 들지만, 부득이한 사정도 있었다.

5도 (어색한 모양) 만약 앞 그림의 백6으로써 1로 두면, 1도의 국면에서 흑▲로 뛰어들자 백△로 응수한 수순과 같다.

본래라면 흑▲에 대해 백은 a 또는 b로 누르는 것이 정수이므로, 여기서는 백△가 어울리는 위치가 아니다.

백의 모습은 극히 불안정하고 흑c의 뒷맛 등도 있으므로, 이로써는 백이 견딜 수 없다. 여기서 흑의 뛰어들기를 가능하게 만든 사정이 있는데, 그것은……

아무튼 4도의 시점에서 하변의 백돌 세 점이 봉쇄되어 있는 데 반해, 흑은 중앙 평원을 향해 마음껏 질주하는 호쾌한 모양이다.

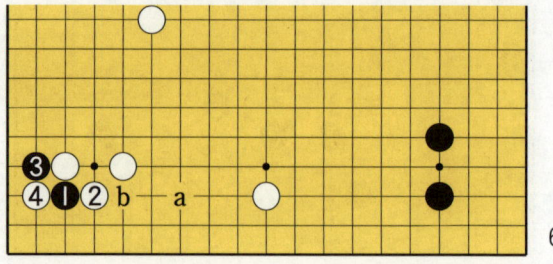

6도

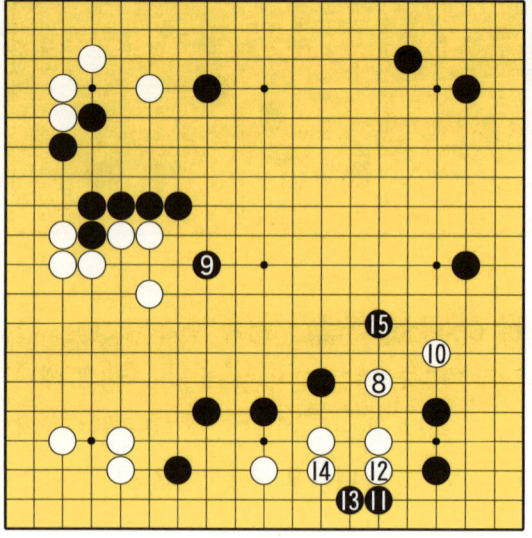

7도

6도 (상투 수단이지만) 이 그림은 '소목'에서의 '한칸 굳힘'에 대한 상투 수단이다. 그런데 이 국면의 경우에는, 백4의 다음에 위쪽의 백이 너무도 견고하므로 흑은 더 이상 움직이지 못한다.

즉 흑a와 백b의 교환으로 흑1의 수단을 잃어도 상관없는 사정이 이 국면의 조건이었다.

7도 (실전 진행) 실전에서는 그림과 같이, 흑이 공격하면서 중앙을 굳히는 이상적 진행이 계속되었다.

● 제7형 ☞ 삭감의 기준

삭감을 위한 착점은 애매한 것 같지만, 상대의 실리에 대한 삭감에는 하나의 원칙이 있다.

좌상귀의 3·삼에 흑이 침입하여, 정형의 진행이 거듭된 다음 백의 차례가 돌아왔다.

이번에는 백이 하변 흑의 집모양을 삭감할 기회이다. 그 밖에 a 또는 b도 눈에 띄지만 어느 것이나 약간 작아 보이고, 흑c로써 중앙을 굳히게 되면 흑돌 모양의 골이 너무 깊어서 집이 부족해진다.

그렇다면 삭감의 위치가 중요한 시점인데, 너무 깊거나 얕아도 안 된다. 예컨대 착점이 너무 깊다면 공격을 당하고, 착점이 너무 얕다면 흑집이 대규모로 확정되기 때문이다.

또한 삭감하면서 상대의 약점을 노릴 수가 있다면 최상인데, 그런 편리한 착점은 어느 곳인가?

(백 차례)

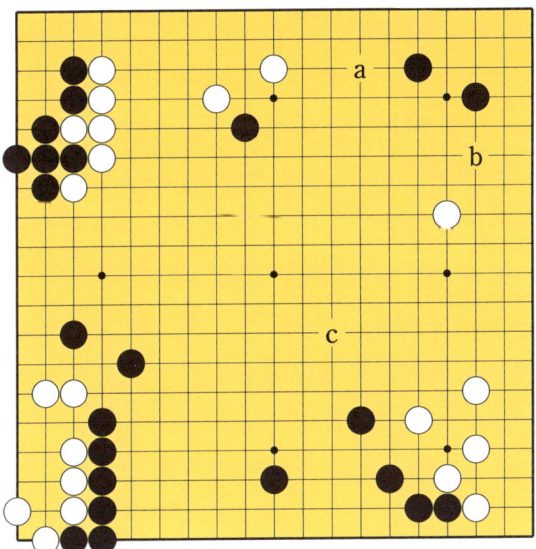

기본형

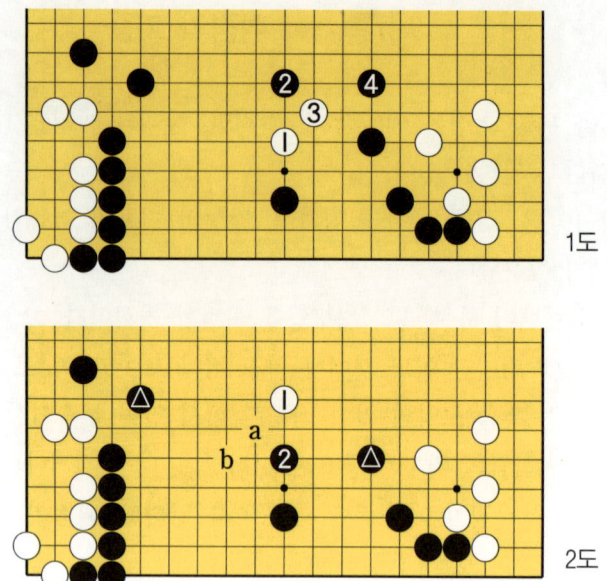

1도

2도

1도 (모자는 깊다) 백1은 흔히 사용하는 '모자 씌움'이다.

모자 씌움은 적절한 경우가 많으므로 '삭감의 명수'라고 할 수도 있겠지만, 이 국면에서는 의문이다. 즉 오히려 흑2의 모자 씌움으로 공격받아 대고전이며, 백3이라면 흑4이다.

역시 백1은 너무 깊은 착점임에 분명하다.

2도 (얕은 삭감) 백1이라면 공격받을 염려는 없지만, 흑2의 좋은 모양으로 포진하면 삭감의 효과가 별로 없다.

이어서 백a라면 흑b이며, 이와 같이 흑집이 확보된다면 백은 대단한 불만이다. 이번에는 백1이 너무 얕은 착점임에 분명하다.

앞에서도 말했지만 삭감의 착점은 모양의 양 극단의 두 점, 즉 이 그림에서 말하면 흑▲의 두 점을 직선으로 연결한 선상에 있다고 생각하면 알기 쉽다.

이것이 대개의 경우에 응용 가능한 편리한 기준인데, 그러면 실전에서는······.

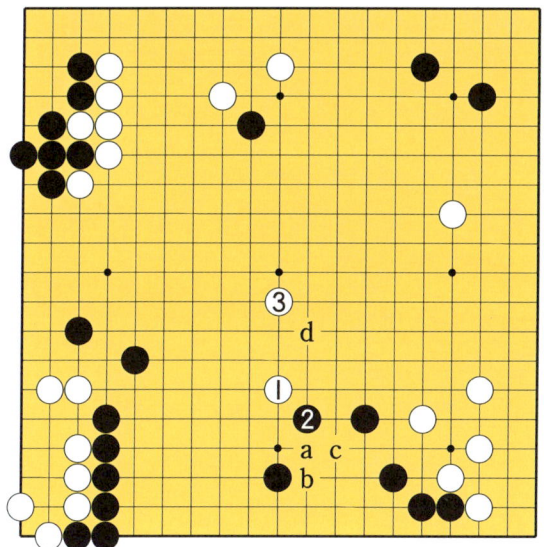

3도

3도 (적당한 삭감) 백1의 삭감으로 흑진을 엿보다가 흑2로 응수하자 백3으로 물러났는데, 백1이 '삭감의 선' 위에 있음을 확인하기 바란다.

여기서 흑2를 게을리하면 백a, 흑b, 백c로써 흑의 약점을 물고 늘어지는 노림을 간직하므로, 흑2의 지킴은 부득이하다.

그와 동시에 흑2는 다음에 흑d의 맹공격을 준비하므로, 백3도 부득이한 착점이었다.

백3은 달아나면서 상중앙의 흑 한점을 노리는 호점이기도 하다. 이 시점에서 백은 약간 착수하기가 쉬워진 국면이라고 생각한다.

● 제8형 ☞ 모자 씌운 후 다음을 결정하라

'모자 씌움'은 상대방의 반응을 묻는 수단이며, 상대의 응수에 따라서 자신의 다음 수를 결정한다.

좌상변을 중심으로 하는 흑의 모양과, 좌하변을 중심으로 하는 백의 모양의 대결이다.

방금 흑▲로 형세를 확대시켜 놓은 국면이며, 계속해서 백a라면 흑b로 더욱 넓힐 것이다.

우상귀의 '화점 포석'이므로 백은 잘해야 작게 사는 정도인데, 흑의 모양은 규모가 너무나 커서 백은 자신이 없다.

이곳은 때늦기 전에 흑의 형세를 삭감하기 위한 좋은 수가 반드시 필요하다고 생각한다.

그 다음의 절충은 극히 복잡하여 자세한 해설은 도저히 어렵지만, 대체적인 진행은 알 수 있으리라 생각한다.

(백 차례)

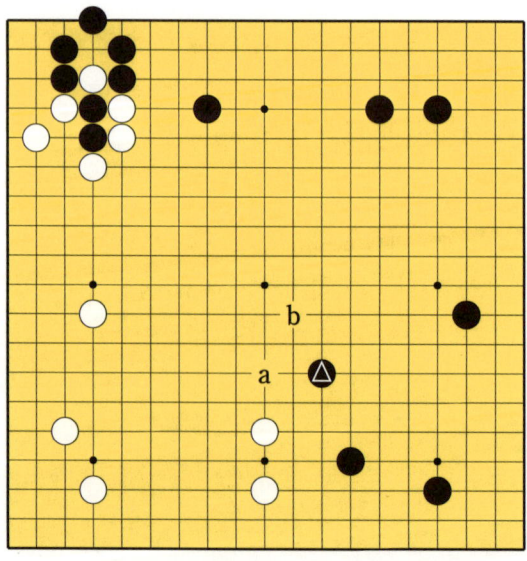

기본형

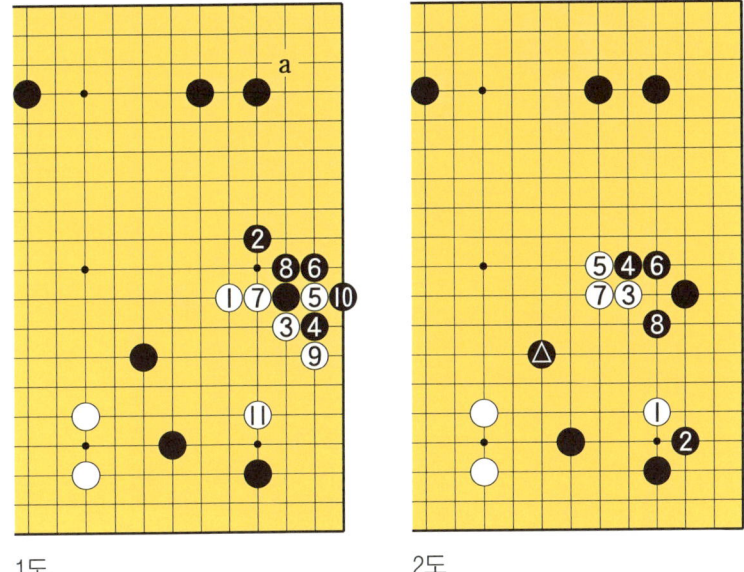

1도   2도

1도 (모양 구축) 백1로 모자 씌움을 시도했는데, 만일 흑2로 위쪽을 응수한다면 백3과 5의 맥점부터 시작해서 11까지로 우하변에서 모양을 구축한다.

이 국면은 더불어 백으로서 우상귀 a의 침입을 노림수로 남기고 있어 즐겁다.

2도 (전력 노출은 금물) 모자 씌움으로 시작하지 않고 백1의 '걸침'이라면, 흑2로 차분히 방어한 다음 백3에는 흑4와 6으로 백을 무력하게 만들 것 같다. 흑▲의 한 점이 백에 대한 공격의 기점 역할도 하므로, 더 이상 백이 싸움을 계속할 수 없으리라.

어떻게 삭감하려는지 의도를 명확히 밝히지 않는 것이 모자 씌움의 이점이지만, 따라서 속셈을 나타내고 난 다음의 모자 씌움은 그 위력이 반감된다.

바둑은 상대의 수단을 간파하고 있는가 여부가 승패의 관건이므로, 자신의 의도를 노출하는 일은 삼가야 한다.

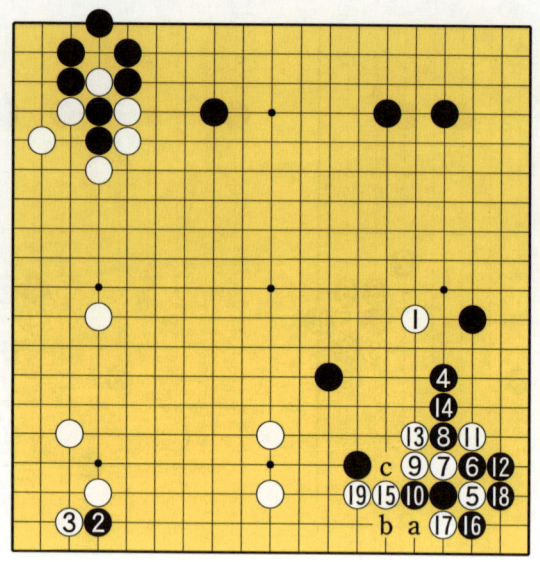

3도

3도 (실전의 경과) 백1에 대해서는 흑2로 응수를 타진하고 나서, 4로써 아래쪽을 응수하였다.

그러면 우하변은 이미 흑의 확정지 비슷한 집모양이 갖추어졌지만, 백5로 침투한 다음 19까지 백도 여기서 상당한 수확이다.

도중 백17은 알아 둘 맥점으로, 흑18로 a라면 백b로 흑18을 받게 한 다음 백c로 이어 위쪽의 세 점을 도와 줄 뿐이다.

그래서 그냥 흑18인데, 만일 나중에 흑c로 끊으면 백a의 단수를 선수로 활용하는 것이 기분 좋은 느낌이다.

3. 뛰어들기의 공방

'뛰어들기'에는 성격에 따라 공격과 타개로 이어지는 뛰어들기와 상대의 집모양을 삭감만 하는 뛰어들기가 있다. 한편 뛰어드는 시기와 장소를 아는 일은 중반전에서의 중요한 테크닉이다.

1도 이 그림은 좌변 흑의 포진이 상당히 훌륭하므로, 이대로 흑집이 보장된다면 매우 크다.

백은 뛰어드는 노림수를 어디에 두어야 하는가? 백a 따위로 뛰어들면, 흑b로써 백돌의 생존이 보장될 것 같지 않다.

2도 이와 같은 국면에서는, '밑자락'을 엿보는 백1이 효과적이다.

'건너감'을 방해하는 흑2라면 백3의 '한칸 뜀'이며, 그러면 그럭저럭 역할을 다할 것 같다. 백1은 a로 깊게 침입하는 노림수를 예비하는

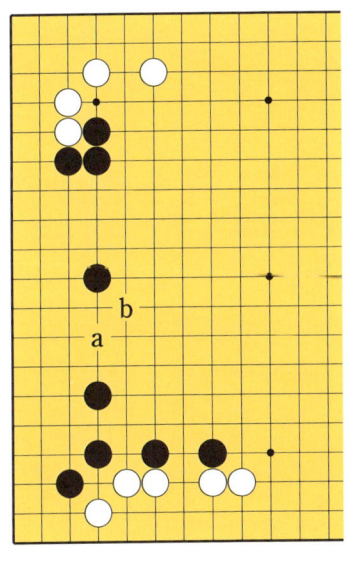

1도

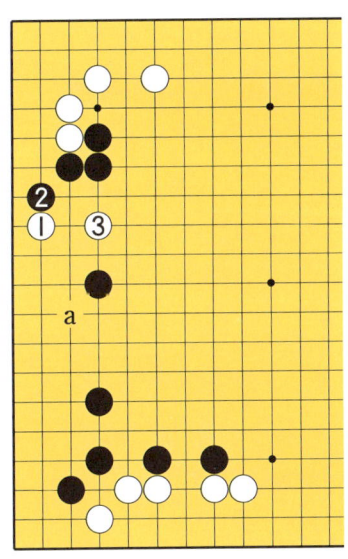

2도

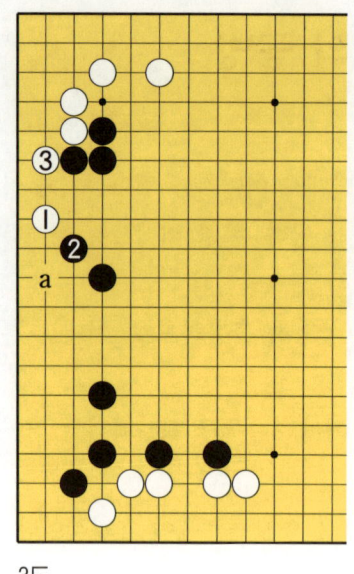

3도

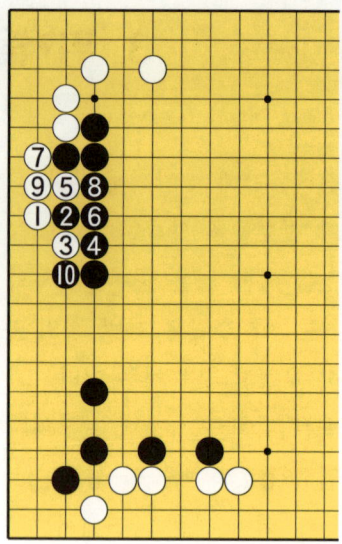

4도

것임은 말할 필요도 없다.

이처럼 다양한 노림수를 내포한 착점이야말로 뛰어들기의 맥점이 아닐 수 없다. 상대의 약점을 포착하여, 뛰어들기의 가치를 극대화시키는 곳이 좋은 수이다.

3도 백1의 뛰어들기에 대해 흑2로써 가로막으면, 곧바로 백3으로 건너가게 되므로 만족스럽다. 또한 백a의 '끝내기' 수순도 남아 있으므로, 흑의 모양은 대폭으로 삭감된다.

이 백1은 이런 포진에서 항상 노림수의 하나로 되어 있다.

4도 흑으로서는, 얄미운 백1에 대해 흑2의 '붙임'으로 응수하는 것도 하나의 요령이다.

이하 흑10까지는 이런 정도의 진행이며, 흑은 '철벽'의 두터움으로 대항하는 셈이다.

아무튼 흑집을 줄인다는 의미로서, 백1은 충분히 성공하고 있다.

● 제1형 ☞ 뛰어들기의 절대점을 찾아라

이제부터는 '뛰어들기'의 여러 실전 예를 살펴보자.

다음은 '제1위전'(第一位戰)에서 흑의 가토 마사오와 백의 오타케 히데오(大竹英雄)의 대국이다.

이 국면에서는 흑1로 뛰어드는 것이 좋은 수라고 믿었다.

다른 방면에 특별히 다급한 곳이 없고 흑에게 별다른 약점도 없으므로, 이렇듯 깊게 침입하여 백집을 삭감하는 수가 크다. 흑이 방치하면 백a, 흑b, 백c 등으로 정리하여, 뛰어드는 기회를 상실한다.

상변에는 백△의 '미끄러짐'이 있으므로, 넓은 의미로서 이 부근은 '공배 지대'이며 따라서 흑d 등으로 세력을 확장해도 별다른 성과가 없다. 흑1은 지금의 위치가 적당하며, 흑e나 f로는 박력이 부족하다.

'뛰어들기 작전'에서는 결코 무리해서는 안 되며, 그 위치가 절대적이어야 가치가 있다.

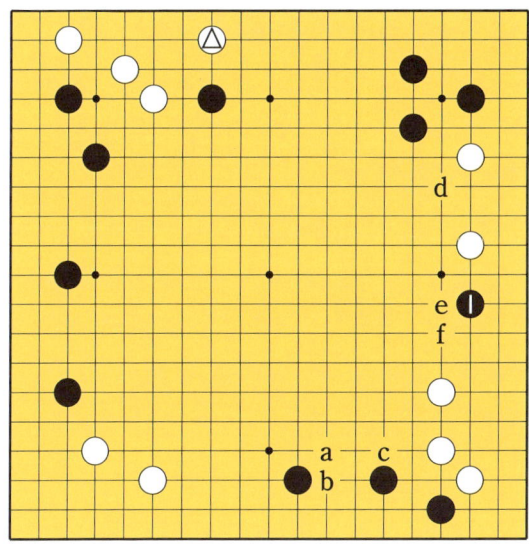

기본형

뛰어들기의 공방 105

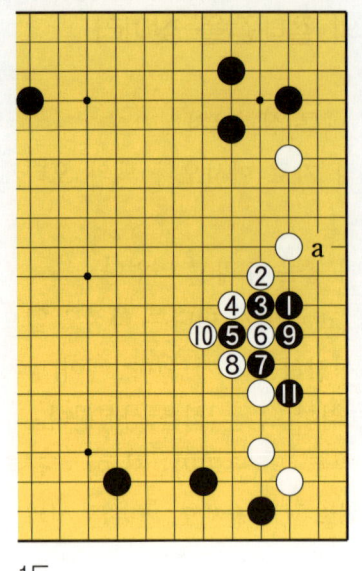

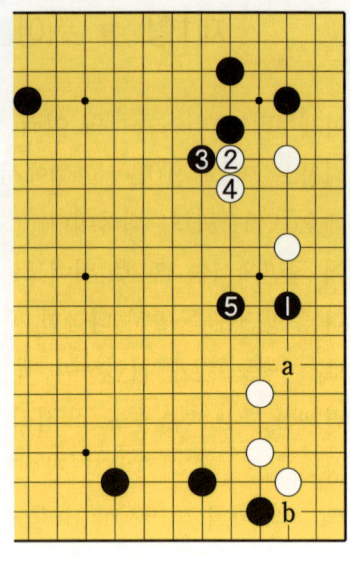

1도   2도

1도 (눈모양) 흑1의 뛰어들기에 대해 백2로 제압하려고 해도, 흑3 이하 11이면 눈모양이 쉽게 만들어진다.

또한 흑1은 이후에 흑a의 '붙임'을 노리고 있음도 사실이다.

이곳에 백의 세력이 형성되었지만 그 활동력이 약간 부족한 것도, 흑1이 좋은 수임을 증명한다.

2도 (실전) 백은 직접적인 공격은 효과가 없다고 판단하여, 백2와 4로써 힘을 저축했다.

그러자 흑5로 뛰어 나가며 우변을 2등분했는데, 이로써 흑1의 뛰어들기는 충분히 그 효과를 발휘했다고 생각한다.

다음에, 흑a 부근이나 b의 곳도 유쾌한 착점이다.

● 제2형 ☞ 약점을 노리며 뛰어들라

'십걸전'(十傑戰)에서 흑의 가토 마사오와 백의 우칭위엔(吳淸原)의 대국이다.

흑은 이 국면에서 1로 뛰어드는 것이 좋은 수라고 생각했다.

흑1은 다음에 a의 끊는 맛을 노리고 있다.

좌하귀의 흑은 확실한 눈모양을 갖고 있어 공격받을 걱정이 없으므로, 좌변 중앙을 얕게 삭감하지 않고 깊게 파고들었다.

이 흑1은 쉽게 잡힐 리가 없고, 이곳 백의 진영을 공략하면 우세하리란 판단이 있었기 때문이다.

상대의 약점을 노림수로 삼으면서 좌하귀 흑의 안정을 활용하는 '뛰어들기'가 호점이었다.

또한 백의 세력을 분할하는 역할로서도 좋은 수이며, 이로써 백은 '양곤마'의 분위기까지 감돈다.

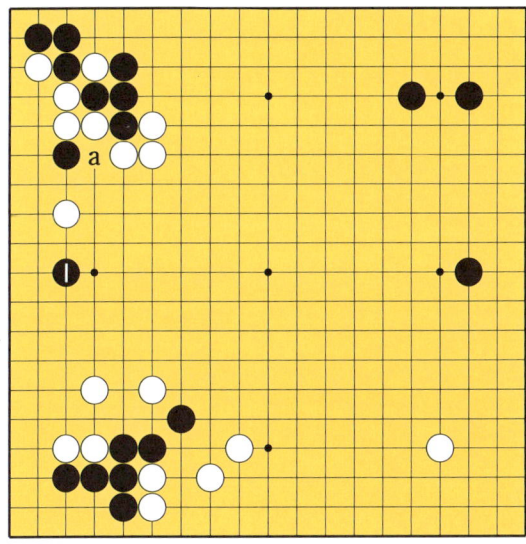

기본형

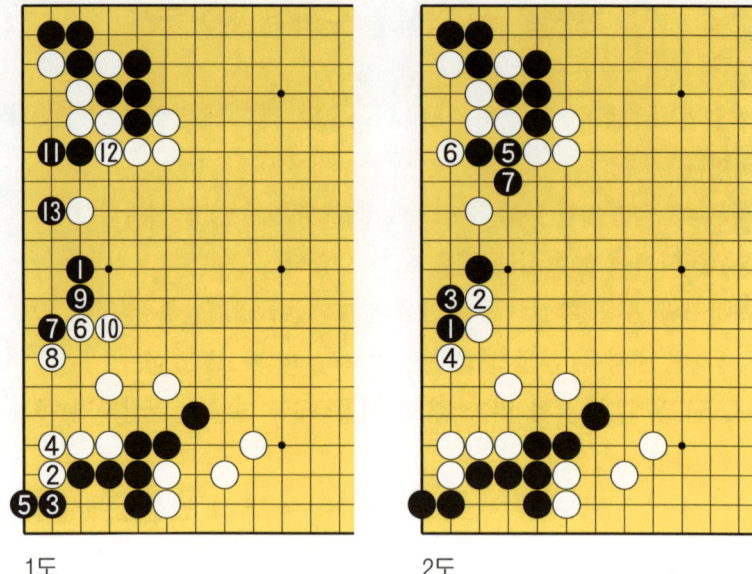

1도   2도

1도 (흑의 주문) 흑1에 대해 백2와 4로 좌하귀를 결정한 다음, 백 6으로 육박하는 착상이 훌륭하다.

반대로 흑6을 허용하면, 공격하기는커녕 백의 눈모양이 약해져서 공수(攻守)가 뒤바뀔 듯하다.

여기는 흑7의 '붙임'과 9의 '치받음'을 선수하고 나서, 13까지가 흑의 주문이기도 하다.

2도 (실전의 진행) 백은 앞 그림의 처리가 불만이므로, 백2와 4였다. 그러면 이번에는 흑5의 '끊음'부터 움직여서, 서로 만만치 않은 국면이 전개된다. 앞으로의 싸움이 관건이다.

제3형 ☞ 뛰어든 수를 활용하라

'기성전'(棋聖戰)에서 흑의 가토 마사오와 백의 후지사와 슈코 기성의 대국이다.

이 국면에서 흑은 장고(長考)하며 1로 뛰어든 것이 회심의 한 수이다. 확실히 첫날의 봉수(封手 : 2일에 걸쳐 대국할 경우에, 첫날의 시간이 마감될 무렵 최종 착점을 반상에 두지 않고, 그 수를 종이에 적어 봉투에 넣은 다음 담당자에게 보관시키는 것)였다고 기억한다.

이 흑1은 이곳에서 모양을 결정하여 우세를 보다 명백히 하겠다는 의미로, 움직여도 좋고 버려도 좋다는 유연하고 수준 높은 '뛰어들기'였다. 백은 이런 의외의 뛰어들기에 대해 장고하고 나서, 최강의 수단으로 응수했다.

이 대국은 여기서 흑이 우위에 섰으나, 후반에 느슨해져서 반 집 패배한 통한의 일국이었다.

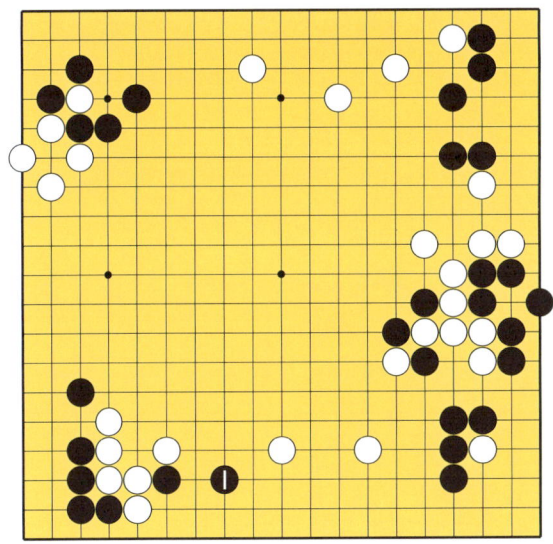

기본형

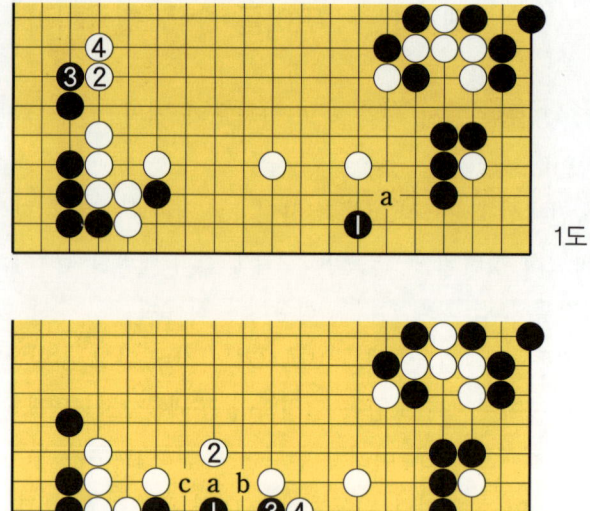

1도

2도

1도 (중앙이 큰 곳) 처음으로 돌아와, 이 시점에서 흑1의 '미끄러짐'이 누구의 눈에도 크게 보인다.

반대로 백a로 지킨다면 하변의 백집은 너무도 흘륭하므로 흑1을 생각하겠지만, 여기에는 당연한 인사도 없이 백2와 4로 넓혀 오리라.

이 그림은 중앙이 백의 일색이므로, 이제부터 중앙을 삭감하려고 한다면 용이하지 않다고 판단했다.

2도 (상용의 수습) 흑1의 뛰어들기에는 백도 매우 곤란을 겪을 듯한 국면이다.

가령 백2로 위쪽을 봉쇄하면, 흑3과 5가 상용의 수습하는 맥이므로 도저히 이 흑을 잡지는 못한다.

백2로써 a로 붙이는 것도 흑b 또는 c의 끼우는 맛이 있으므로, 오히려 백은 뚫리게 마련이다.

이렇게 되면, 중앙 백의 세력에 상응하는 하변 흑의 실리 작전이 주효하며 중앙 진출의 교두보가 마련된다.

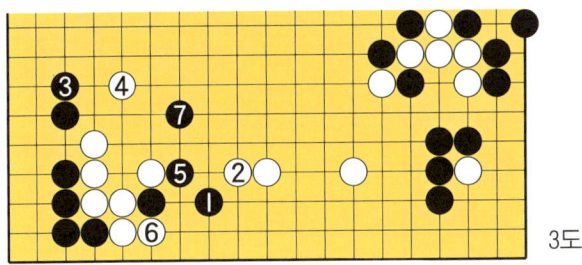

3도

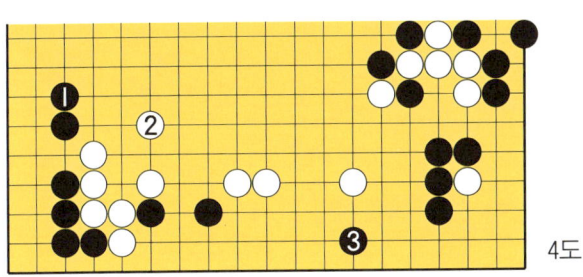

4도

3도 (실전) 흑 한점에 대한 수습을 허용하지 않을 목적으로 응수한 백2가 슈코다운 강수였다.

여기에는 한 호흡 쉬는 흑3의 쌍점이 냉정하고도 결정적인 호점이라고 생각했다.

백4로 넓혀 왔을 때에는, 오히려 흑5와 7로 진출했다.

이 흑돌은 다른 방면에 약점이 없는 일방적 돌이므로 잡힐 염려는 없었다. 이로써 자동적으로 백의 재산인 중앙과 하변을 침략하여 우세를 확립했다.

4도 (충분) 흑1에 대해 백2라면 하변의 흑은 전혀 움직일 수 없지만, 흑3의 미끄러짐으로 충분하다는 계산이다. 흑1로 중앙 세력을 견제하고, 흑3으로 하변 실리를 최소화하는 셈이다.

● 제4형 ☞ 모양의 중심에 뛰어들라

'뛰어들기'는 모양의 중심이 호점인데, 상식적인 수단이므로 그다지 어렵지 않은 장면이다.

상변의 격전은 백△의 '건너감'으로써 일단락되었다.

우중앙의 백 두점은 쉽게 움직일 수 없으므로, 이 국면에서는 흑이 약간 우세라고 예상된다.

흑은 귀중한 선수를 하변에 돌릴 수가 있는데, 착점은 상식적인 곳이므로 특별한 사고력은 필요 없으리라.

상식이라고는 하지만 몇 군데의 착점은 있는 셈이며, 그 중 최선의 수를 찾아야 함은 물론이다.

(흑 차례)

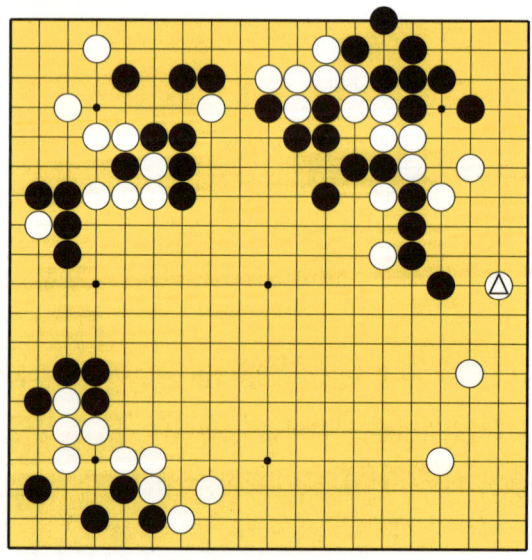

기본형

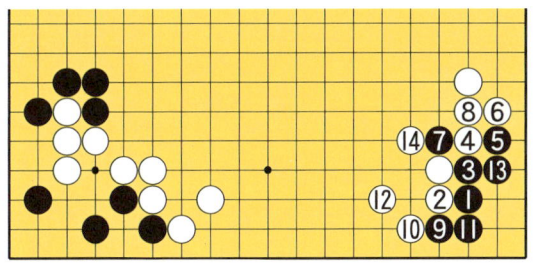

1도

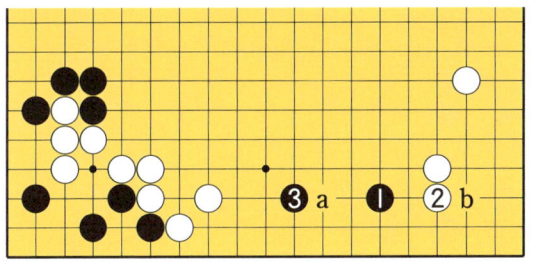

2도

1도 (정석이지만 불만) 우선 흑1로 우하귀에 뛰어드는 수를 생각할 수 있는데, 백2로 누르면 이하는 귀의 정석이므로 특별히 수순을 설명할 일도 없다. 백14까지의 결과는 하중앙 백의 실리가 충분하므로, 흑으로서는 불만이다.

2도 (귀의 실리) 흑1의 '걸침'도 가능한 수단이지만, 백2로 굳히면 귀의 실리가 크고, 흑의 모양도 백의 세력 속에서 약간 엷어 보인다. 이때 백2로 a의 협공이라면 흑b로 3·삼에 들어간 다음 '바꿔치기'하여, 과정은 여기서 제시하지 않았으나 적어도 앞 그림보다는 흑이 좋은 것 같다. 흑집은 별로 변함이 없지만, 백의 두터움이 앞 그림보다는 못하다. 바둑의 싸움에서 뛰어들기는 대단히 과감한 수단이므로, 그 위치 선정이 옳지 못하면 실패의 확률이 매우 높다.

가장 효용 가치가 많은 착점을 찾아내기 위해서는 약간 지루하더라도 심사숙고하는 습관을 들이는 것이 좋으며, 이 같은 사고력을 발휘하는 일이 바둑의 묘미이다.

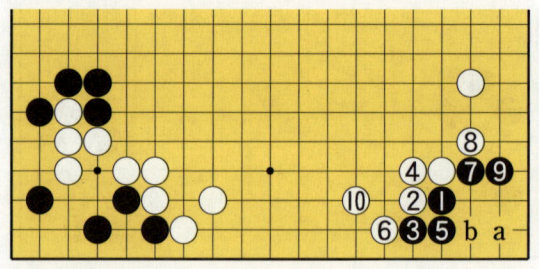

3도

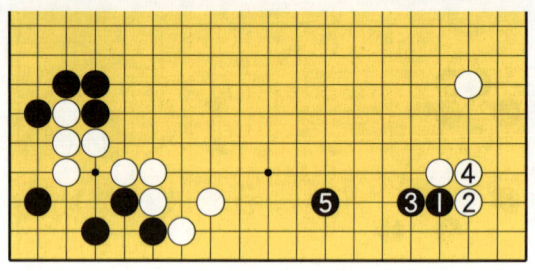

4도

3도 (모양의 중심) 흑1이 백돌 '모양의 중심'이었고, 백2로 바깥에
서 젖히면 흑3 이하가 정형이다.

백10까지로 일단락되어 귀에는 아직 백a로 치중한 다음 흑b 이하
의 '한 수 늘어진 패'가 남아 있기는 하지만, 우하귀의 백집은 크게
잠식된다.

4도 (실전의 진행) 실전에서는 백의 귀가 침식되는 것을 기피하여,
백2로 안쪽에서 젖히며 흑5까지 되었다.

그러면 2도보다 백의 귀가 축소되고, 흑의 모양도 탄력이 생기므
로 불만은 없다. 아무튼 이 국면에서는 이런 정도의 진행이 쌍방 알
맞은 셈이다.

● 제5형 ☞ 뛰어드는 시기를 놓치지 마라

뛰어들지 않으면 안 될 국면이 있다. 이때는 비록 상대가 예상하는 경우라도 '뛰어들기'를 시도해야 대세에 뒤지지 않는다.

백△로 미끄러진 장면인데, 이 모양에서 다음에 두는 수는 정해진 곳이 있다.

프로 기사라면 '노타임'으로 손이 가겠지만, 백△의 '미끄러짐'이 그 수를 더욱 강조한다.

가토 마사오와 이시다 요시오의 대국에 이어서, 가토 마사오와 사카다 에이오의 대국에서도 거의 같은 포석이 되었고, 백은 역시 △에 미끄러져 왔다.

우하귀는 당시의 유행형이므로 이상할 것은 없지만, 좌상귀의 보기 드문 변화까지 고스란히 그대로이므로, 두 대국은 너무나 유사하다. 그럼 이 그림에 이어지는 과정을 소개한다.

(흑 차례)

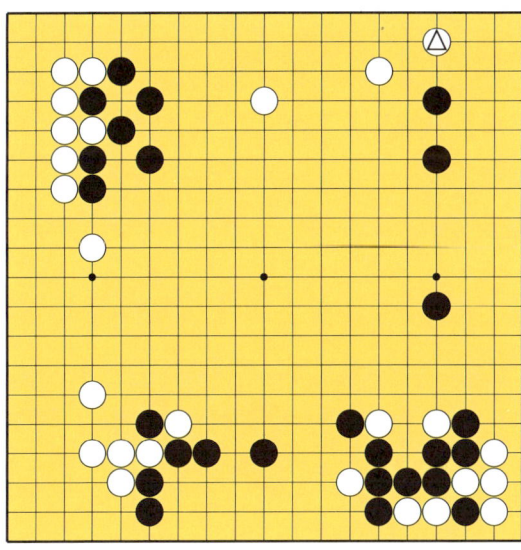

기본형

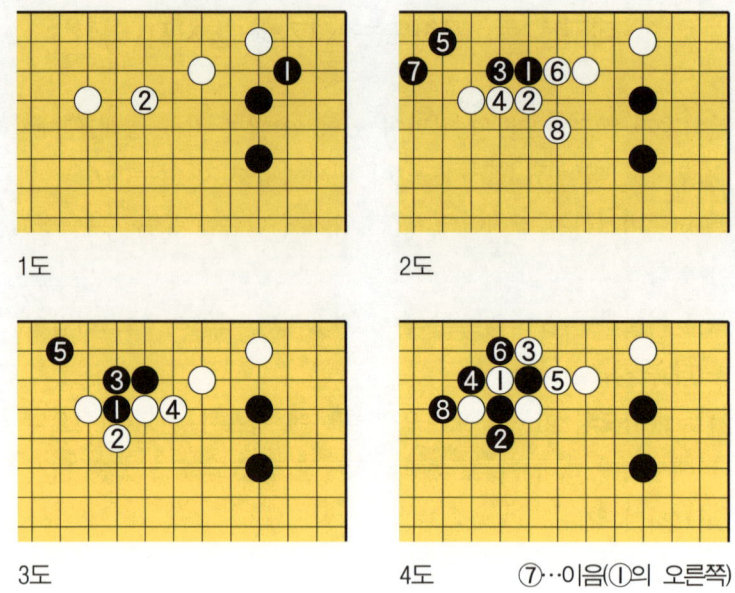

1도

2도

3도

4도　　　　⑦‥이음(①의 오른쪽)

1도 (작다) 흑1로 받는 수는 절대로 찬성할 수 없다. 백2로 지키면 백의 실리가 너무나 크기 때문이다. 이 바둑의 흑은 중앙의 세력으로 두어야만 하므로, 현재의 3·삼은 너무 작다고 생각해야 한다.

2도 (절호의 뛰어들기) 흑1의 뛰어들기가 절호점이다. 그런데 백2로 응수하는 정도일 때 흑3 이하의 실리를 파내는 데 만족한다면, 앞그림과 같은 비중의 잘못을 저지른다. 즉 백의 세력에 비해 흑의 실리가 너무 적다.

3도 (끼우는 맥점) 흑1로 끼우는 수가 맥점이다. 백2라면 흑3과 5로 도려내어 백의 모양에 상처가 나므로, 이번에는 백의 불만이다. 즉 백에게는 끊기는 곳이 두 군데나 생기므로 약세이다.

4도 (아래 끊음) 앞 그림의 흑1에 대해서는, 백1처럼 아래쪽에서의 '끊음'이 예상된다. 백5의 '빵때림'이 정수이지만, 흑6의 단수에 백이 이으면 흑8의 단수로 흑의 좌측 실리가 적지 않고, 백은 전체적으로 옹색해 보이는 모양이다.

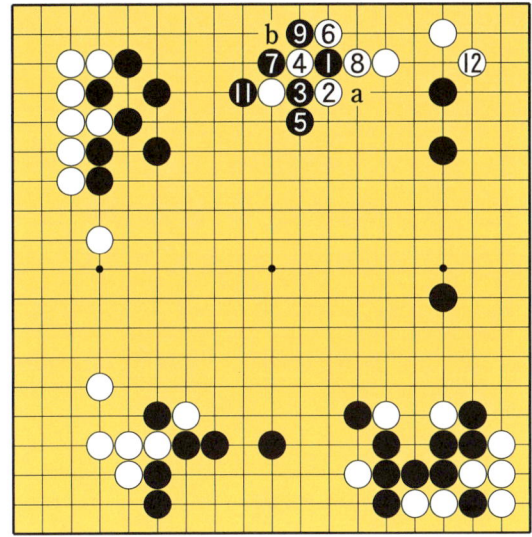

5도

⑩‥❶의 곳 이음

5도 (수순 재현) 흑1의 뛰어들기로부터 수순을 간추려 재현하면
그림과 같다.

백6으로 단수하면, 흑7부터 11까지는 외길의 진행이다.

이로써 백은 튼튼히 안정하지만, 동시에 흑도 바깥 둘레를 차지해
서 중앙의 바둑에 희망을 걸 수 있다.

앞에서 소개했던 두 번째 대국에서 사카다 9단은 백6으로 a에 두
었고, 다음에 흑7, 백9, 흑b, 백6, 흑11로 진행되었다.

두 가지의 대국에서 어느 쪽의 백이 우세한지는 일률적으로 말할
수는 없다.

● 제6형 ☞ 뛰어들기로부터 모양을 잡아라

뛰어들지 않으면 절대로 효과적인 모양을 갖출 수 없는 국면이 나타나고는 하는데, 이 장면도 상대로부터 유발된 '뛰어들기'가 초점이다. 온건한 포석으로 시작되었으며, 흑이 ▲로 굳힌 모습이다.

다음에 백이 △로 전개했지만, 여기서부터 곧 격렬한 싸움이 벌어진다. 흑▲가 시발점이라고도 할 수 있지만, 역시 백△의 지나친 활동이 원인이다. 보통대로 백△로 a라면 흑b, 백c, 흑d, 백e로 되는 것이 예상되는 국면이었다.

아무튼 다음 차례인 흑의 한 수가 어려운 곳이지만, 우선 돌의 경합이 이루어지고 있는 하변을 주목해야 한다.

백은 △로 벌린 하변의 모습이 어딘지 엉성하지만, 백f의 다가섬이 호점으로 남아 있다.

이런 하변을 질책하는 한 수는 어디일까?

(흑 차례)

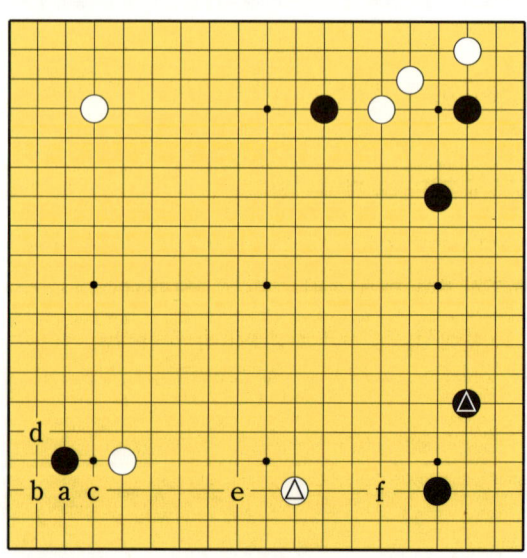

기본형

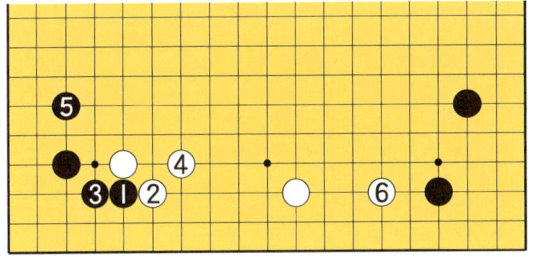

1도

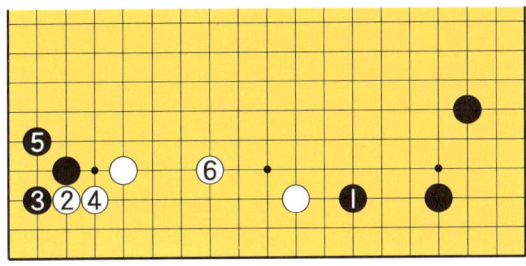

2도

1도 (정석이지만) 우선 흑1과 3의 '붙여뻗음'은 정석이며, 백2와 4의 '호구 이음'에는 흑5로 집모양을 굳힌다.

귀에서 먼저 차지한 실리만큼 보는 사람에 따라서는 흑의 이득이라고 생각하는 '갈림'이다.

그러나 이 경우는, 계속되는 백6이 흑의 '눈목자 굳힘'의 허술함을 노리고 있으므로, 백이 충분한 갈림이다.

이 그림은 백으로서 가장 행복한 결과라고 해도 좋으리라.

2도 (백의 보기 좋은 집모양) 그럼 백의 접근을 예방하면서 반대로 흑1로써 하변의 백 한점에 다가서는 구도도 예상된다.

백2와 4의 붙여뻗기로부터 6까지 진행하면, 백의 우세가 결정된 국면은 아니라도 백의 집모양이 보기 좋게 형성된 것만은 분명하다.

따라서 1도와 2도 모두 흑으로서 만족한 진행은 아니다. 실리만 놓고 보면 흑의 돌수가 많은 하변에서는 좀 더 많은 실리가 확보되어야 마땅하다.

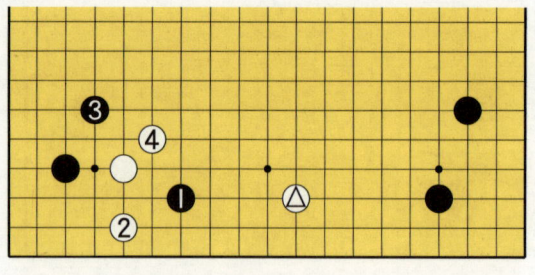

3도

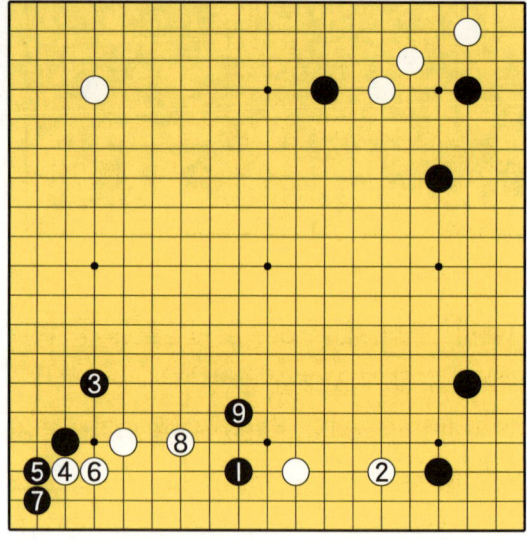

4도

3도 (협공) 그렇다면 엉성해 보이는 백의 하변에 뛰어드는 수를
생각해 봄직하다.

우선 흑1의 협공이 일반적이지만, 이 경우는 백2와 4로 백△의 존
재 가치가 높아진다.

4도 (최선의 뛰어들기) 흑1이 신중하게 선택한 '뛰어들기'이며, 이
국면에서 최선의 호수(好手)라고 생각한다.

이하의 진행은, 흑9까지 백돌의 사이를 갈라치면서 흑이 두기 쉬
운 국면이다.

4. 연결과 절단

바둑에서의 기본 기술인 연결과 절단이 중반의 싸움에서도 힘을 발휘하는 데 핵심 기술로 중요한 역할을 한다.

1도 흑1로 걸치는 수는 마치 딴전을 피우는 듯하다. 백2로 진출하면 하변 흑의 세력은 양분되고, 여러 군데의 끊기는 단점도 노출되어 꺼림칙해 보인다.

2도 흑1로 '빵때림'하여 이곳의 진지를 완전히 구축하는 것이, 세력 상으로나 공방에서도 놓칠 수 없는 요점이다.

좌하변에도 손을 대기 쉽고, 무엇보다도 중앙에 대한 영향력이 엄청나므로, 앞 그림과는 큰 차이이다.

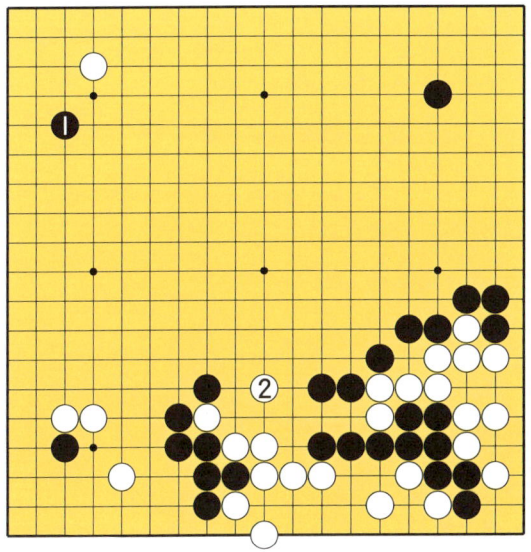

1도

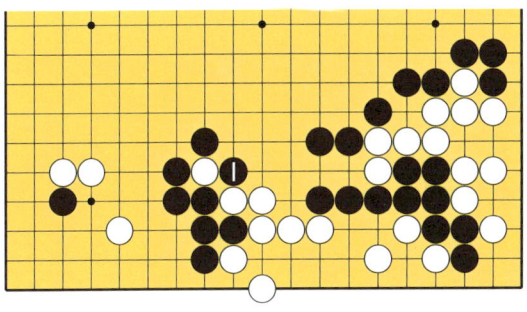

2도

● 제1형 ☞ 끊음을 이용하여 싸움을 주도하라

보통 끊고 난 다음부터는 숨도 돌릴 수 없는 싸움이 벌어지고는 하는데, 바둑에서 유리한 싸움으로 이끄는 '끊음'에 관한 기술을 살펴보자.

처음부터 18수까지의 국면은 거의 '흉내 바둑'이었다.

필연적으로 큰 형세의 경합이 벌어졌지만, 그 다음에 백이 '삭감 작전'을 펼치자 흉내 바둑이 무너졌다.

우하변에 침입해 온 백을 어떻게 공격하느냐 하는 국면인데, 백이 간단히 안정한다면 흑의 모양이 통곡하리라.

흑이 압도적으로 우세한 곳이므로 어떻게 두든 좋을 것 같지만, 백은 나름대로 한쪽은 버리더라도 흑의 집모양을 삭감할 수만 있다면 좋다는 얼마간 유연한 마음 편함이 있다.

(흑 차례)

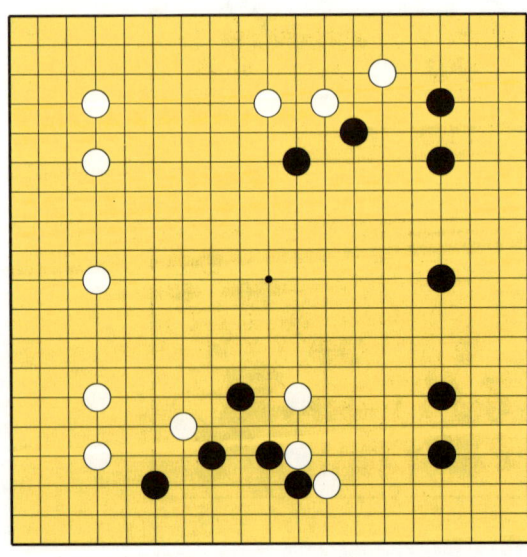

기본형

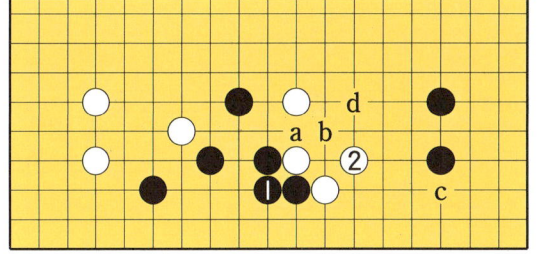

1도

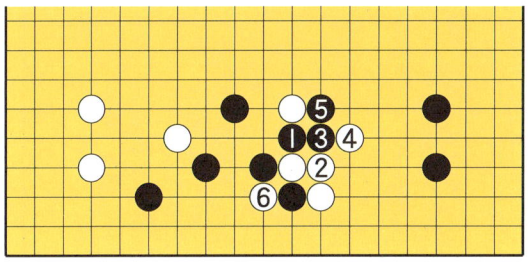

2도

1도 (꽉 이음) 흑1로 꽉 잇는 모양은 주위의 세력이 호각일 때의 선택이다. 이 경우는 백2로 모양새 좋게 안정하여 흑의 기분이 좋지 않다.

흑a라면 백b의 패가 성립하지만 이 패는 흑이 불리한데, 백이 달아나거나 뛰어드는 모두가 '팻감'이 되기 때문이다. 예컨대 백c 등이 팻감일 것이다. 흑b의 '들여다보기'는 백d로 포위되어, 백의 모양을 좋게 정리해 주는 속수이다.

2도 (끊는 방향 미스) 흑1로 단수하여 파고드는 수에 대해서는, 싹싹하게 위쪽의 백 한점을 포기한 백6의 단수가 호점이다.

백2의 '이음'이 오면 백의 모양이 단번에 튼튼해져서, 도저히 공격할 수가 없다. 원래 침입한 백 세점의 모양은 보기에는 허약하지만 이치에는 맞으므로, 예사로운 수단으로는 무너뜨릴 수 없는 돌이다.

흑도 약간 모험을 생각해야 하며, 상대를 끊으면 내 돌이 끊기는 것도 각오해야 한다.

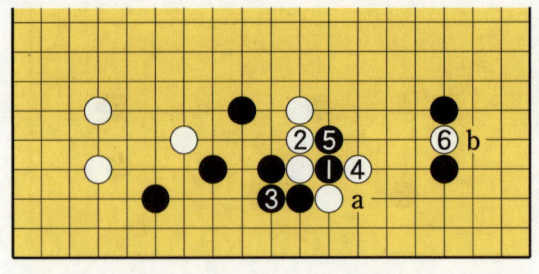

3도

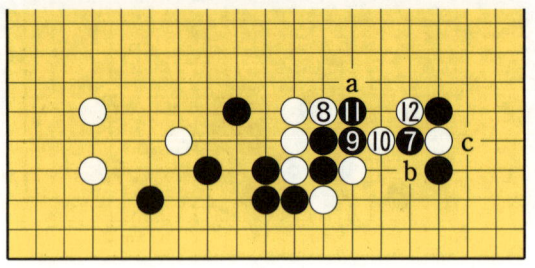

4도

3도 (끊는 방향은 맞지만) 흑1로 백의 뿌리를 싹둑 끊어 보았다. 백에게는 두려운 '끊음'인데, 흑도 충분한 수읽기가 뒷받침되지 않으면 위험하다. 백2의 이음은 당연하지만, 여기서 흑3으로 잇는다면 흑의 실패이다. 백4로 단수할 때 설사 축이 유리하더라도 흑5로 달아난다는 계산은 얄팍한 수읽기이다. 백6의 '끼움'이 생각하기 어려운 교묘한 맥점으로, 이 한방으로 흑은 궁지에 빠진다. 계속해서 흑a 등은 백b로 관통하여 우변 흑의 모양이 형편없이 허물어진다.

4도 (흑의 완패) 흑7로 위에서 단수하면 백8로부터 축으로 모는 맥점을 구사하여, 백12까지 a와 b의 '양쪽 결정타'에 걸리니 흑의 완패가 예상되는 국면이다.

그러므로 흑7의 경우에는 백8의 시점에서 흑c로 백 한점을 따내고 백9의 두 점 따냄과 교환할 수밖에 없는데, 백의 우세이다.

'빵때림'의 위력은 대단히 큰 것이므로, 이와 같은 교환에서는 세력이나 실리면에서 유리한 쪽을 선택해야 한다.

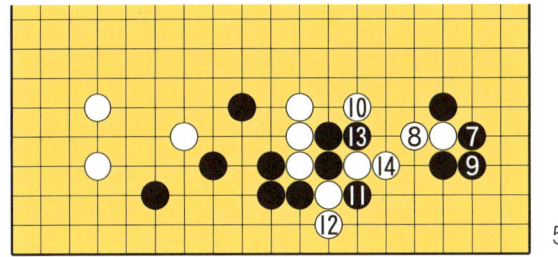

5도

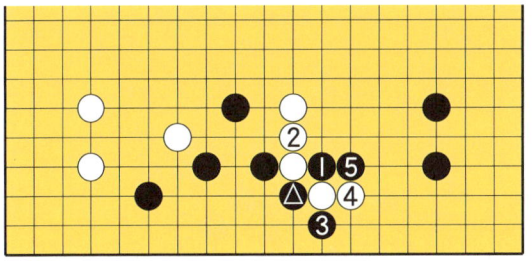

6도

5도 (장문) 앞 그림은 흑의 실패이므로, 이번에는 흑7로 3선에서 단수해 본다. 백8에 대한 흑9의 이음은 부득이한데, 거꾸로 백9로 끊게 되면 귀를 잠식하며 백이 안정해 버린다.

여기서 백10으로 멋지게 '장문'을 씌우면, 흑11과 13으로 나가도 백14까지 흑이 달아날 수 없음을 확인하기 바란다.

그렇다면 처음으로 돌아가서……

6도 (최대 요점) 흑1의 끊음은 좋지만 그 다음의 궁리가 필요한데, 여기서 풀어 낸 수가 흑3과 5로, 이 장면의 최대 요점이다.

아래쪽의 흑돌에 끊기는 약점이 두 군데나 있어 걱정스런 모양이지만, 요컨대 백을 양분하는 요석이 흑▲라는 것만 알고 있다면 괴로운 쪽은 백이라는 사실이다.

이 그림은 끊음의 통렬한 위력을 보여 주는 예이며, 이로써 백의 '양곤마'는 바둑이 끝날 때까지 거의 회생하기 어려워진다.

역시 백의 불리가 확실하다.

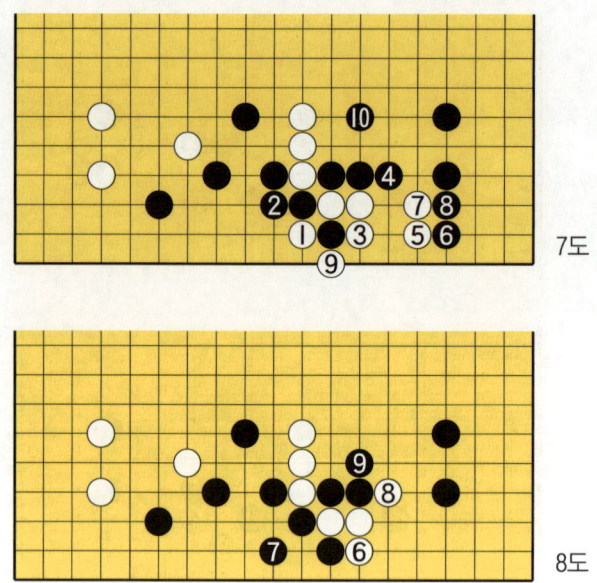

7도

8도

7도 (흑의 만족) 가령 백1과 3으로 요석이 아닌 돌을 잡으려는 속수에 대해서는 환영이다.

흑4로 뻗은 다음 백5부터 9까지로 두 눈 정도의 삶이지만, 이 정도의 빈약한 삶이라면 흑의 만족이다.

흑10으로 모양을 갖추면, 흑의 형세가 더욱더 두터워진다.

8도 (백 양분) 실전의 진행이다. 백6이라면 흑7이고 백8에는 흑9가 되어, 백은 두 곳의 약돌을 거느리며 괴로운 모양이다.

제2형 ☞ 때로는 모양에 구애없이 절단하라

　항상 멋지게 끊는다는 생각은 버리고, 때로는 우형(愚形)의 절단도 예상할 필요가 있다.

　제32기 '본인방전'(本因坊戰)에서 가토 마사오(백)가 다케미야 마사키(흑) 본인방에게 도전했을 때의 국면이다.

　상변 화점의 흑돌에 '모자 씌움'을 시도하여, 어느 쪽이 '우주류'인지 모르는 진행이다.

　유행의 흐름따라 이렇게 나가는 경우도 있으니, 특별히 의식하여 흉내를 내는 것은 아니다.

　좌변의 '뛰어들기'에 대해 백△로 '마늘모 붙임'했고, 다음에 흑△의 '날일자'로 진출한 국면이다.

　백△는 과거부터 잘 쓰이는 유형으로 흑을 무겁게 하고 나서 공격하자는 의도인데, 축 관계도 얽혀 있다.

(백 차례)

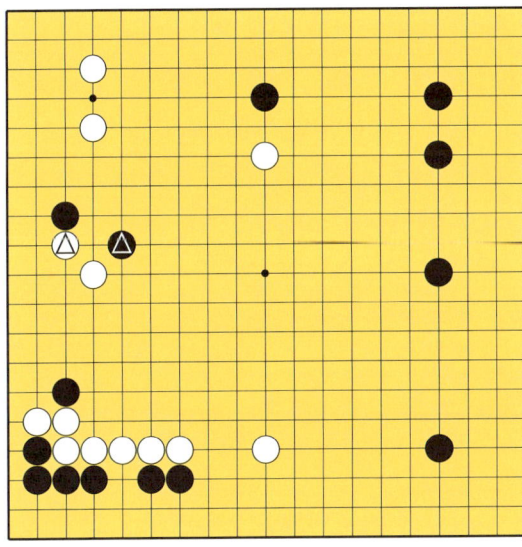

기본형

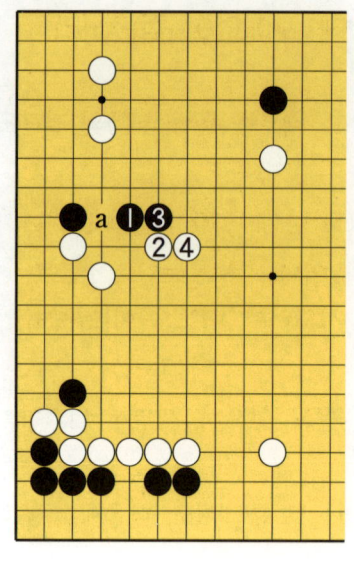

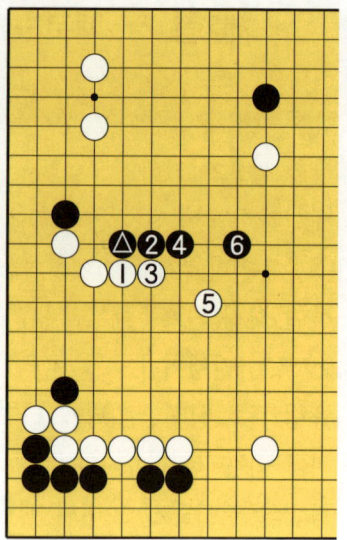

1도   2도

　1도 (백 만족)　흑a로는 너무 무겁기 때문에, 흑1 정도가 일반적인
포석법이다. 이에 대해 백은 2로 씌운 다음 흑3에 대해 백4로 앞서
진출하면, 아래쪽 백의 세력과 거리도 바람직하여 백의 만족이다.

　따라서 상대적으로 흑은 불만이므로……

　2도 (먼저 중앙 진출)　흑▲로 씌워 온 국면인데, 다음에 백1이라면
흑2 이하로 이번에는 흑이 먼저 중앙으로 진출한다.

　"중앙에 수단이 있다"는 격언도 있듯이 중앙을 향해 세력을 뻗으
면 유리한 형세를 선점하고, 더불어 상대 돌에 대한 공격을 효율적
으로 전개할 수 있는 이점을 확보한다.

　아래쪽 백의 세력도 앞 그림에 비해 한결 작아져서, 이 그림이라
면 흑도 만족이리라.

　흑▲의 의도를 깨뜨리려면, 좌변 '날일자 모양'의 약점을 직접 찌를
수밖에 없다.

　그럼 다른 국면의 예를 살펴보면……

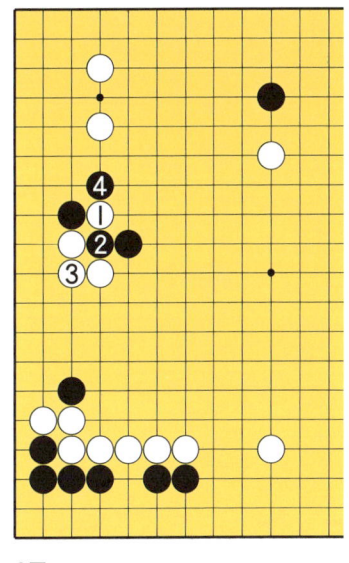

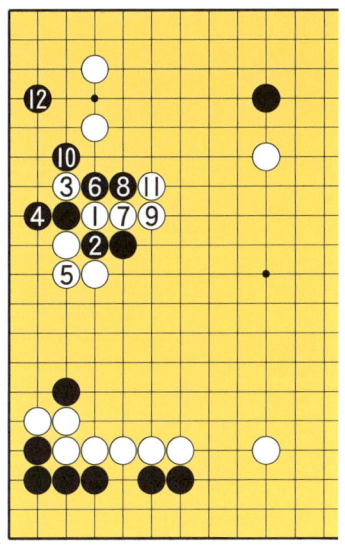

3도   4도

3도 (축) 백1과 3은 이 경우에 성립하지 않는데, 흑4로 단수하는
축은 흑이 유리하기 때문이다. 물론 축이 불리하다면, 날일자로 진출
했을 까닭이 없다. 다만 조금 재주를 부려서…….

4도 (호쾌한 삶) 백1과 3으로 단수하여 축을 예방하고 나서, 백5
로 꽉 잇는 수법도 있다.

하지만 이 경우는 흑6부터 10으로 백3을 단수하는 모양이 정말 호
쾌하다. 백11에는 흑12로 안성맞춤의 삶을 확보한다.

'끊음'이 일반적으로는 좋은 수로 평가되지만, 어떤 끊음이 좋은지
그 선택에도 유의해야 한다.

3도와 4도는 끊는 모양만 좋았지 결과가 나쁜 예이며, 이로써 실
리면에서 흑의 형세가 대단히 확대되었다.

바둑에서는 대체적으로 정석을 중요하게 취급하고 있지만, 항상 그
대로 적용되는 것은 아니며, 다양한 상황 변화에 따라서 약간씩 변
용하는 요령이 필요하다.

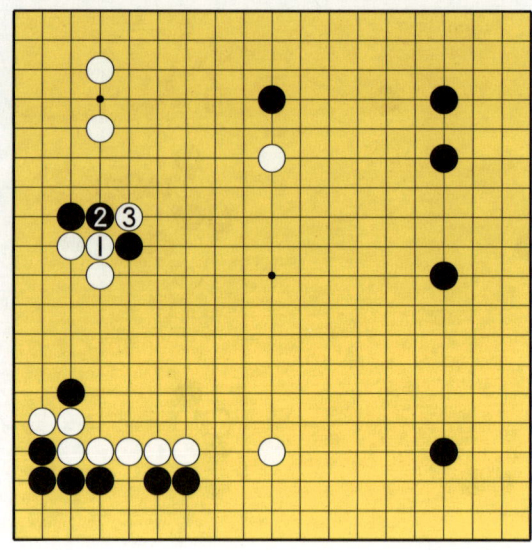

5도 (치받는 끊음) 실전에서는 백1로 치받은 다음 3으로 끊었는데, 끊는 모양이 이상하지만 필연이며 상대인 다케미야의 예상도 이와 같았으리라.

역시 이처럼 두어야 한다고 두 사람은 예상했다. 이후에 흑은 좌변에서 후수로 살았고, 백은 선수로 봉쇄하며 중앙을 크게 확보하였다.

제3형 ☞ 끊는 장소에 유의하라

끊을 수 있다고 해서 무조건 끊으면 좋다는 뜻이 아니며, 바둑에서는 끊는 자리와 타이밍도 중요하다.

우하귀로부터 중앙으로 싸움이 확산되었다. 상변이나 좌변에 '큰 곳'이 남아 있지만, 지금은 그곳에 돌을 놓을 시기가 아니다.

흑과 백에게는 하나씩 약한 돌이 있으므로, 그 경합 관계로 우위에 서는 일이 큰 곳에 대한 선착보다도 중요하기 때문이다.

이런 국면에서는 두 가지 정도 알아 둘 일이 있다.

하나는 흑이 하변에서 어느 정도의 실리를 얻고 있으므로, 그 몫만큼은 우변을 백에게 허용해도 좋다는 점이다.

다른 하나는 우변의 백은 a로 젖히는 수가 남아 있으므로, 도저히 괴롭힐 대상은 될 것 같지 않다는 점이다.

(흑 차례)

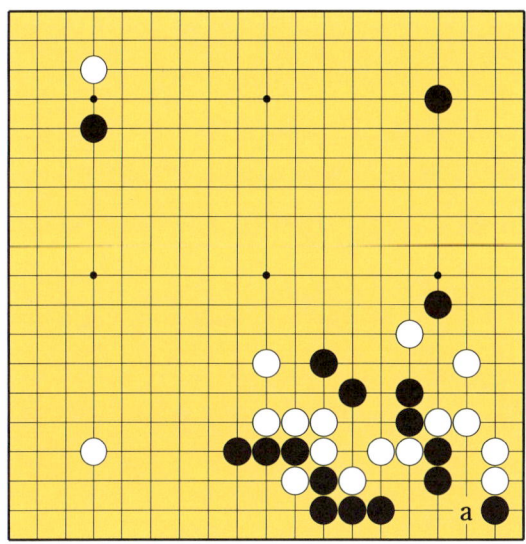

기본형

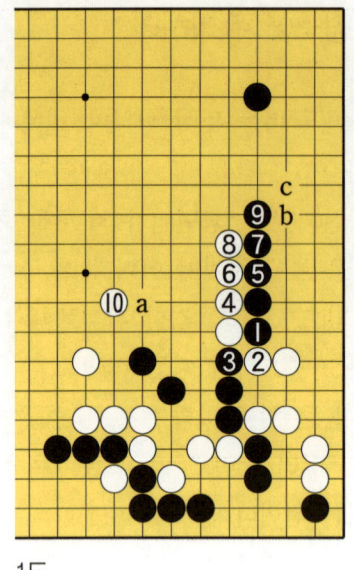

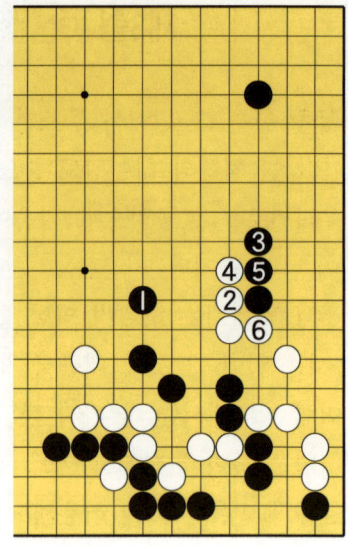

1도   2도

1도 (잘못된 끊음) 우선 흑1과 3이 발견하기 쉬운 절단 자리이지만, 백2와 4로 반격하면 결과가 좋지 않으리라.

백6과 8에도 흑7과 9로 계속 뻗을 수밖에 없다. 흑9로 a에 달아나든가 하면 백9, 흑b, 백c로 눌려 비참한 모습이기 때문이다.

결국 백10이면 중앙의 흑이 잡히고 마는데, 그러면 도대체 무엇 때문에 절단했는지 까닭을 모르겠다. '끊음'은 분명히 효용 가치가 높은 수단이지만, 이 그림에서는 끊는 위치가 좋지 않다.

2도 (중앙이 엷다) 여기는 끊지 말고 차라리 중앙의 흑을 움직이는 편이 현명하다. 그러나 흑1로 뛰는 것은 백2와 4부터 6으로 수순을 전개하여, 중앙의 흑이 엷어진다. 애당초 우변에서 집을 만들려고 한 속셈이 잘못이다.

자신의 약점이나 미생마에 대한 보강 없이 실리를 확보하려는 수단은 무리이며, 그 같은 과욕은 오히려 불리를 자초하는 화근이 되는 경우가 종종 발생한다.

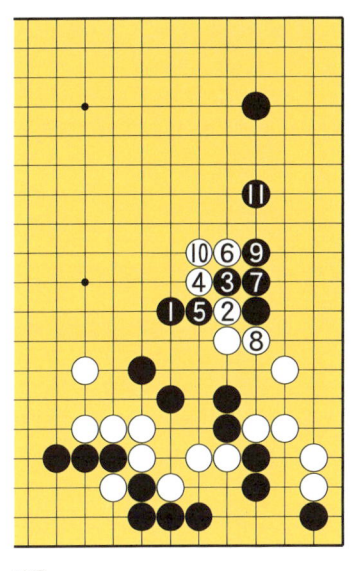

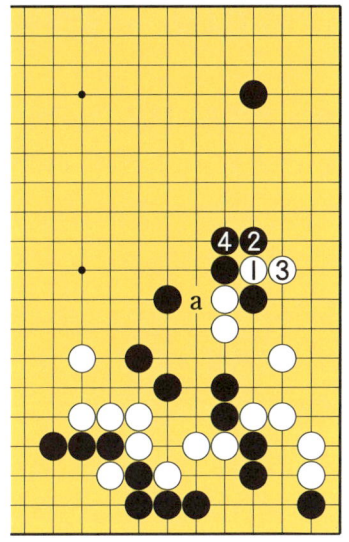

3도   4도

3도 (최선의 끊음) 흑1로 씌운 다음 백2에 대해서는 흑3과 5로 끊었는데, 이 그림이 최선이라고 믿었다.

이하 흑11까지가 실전의 진행인데, 백4 이하의 세 점이 미생마로 되어 있으므로, 아래쪽 백과 분단시켜 나가기만 하면 그 사이 중앙의 흑은 걱정이 없다.

도중에 백4로써······.

4도 (흑 두텁다) 백1로 끊는 수단에 대해서는 흑2와 4로 일단 흑한점은 잡히지만, 이후에 흑a의 활용이 있으므로 중앙의 두터움이 상당하다.

애당초 우변의 백은 강한 돌이므로 그것이 더욱 강화되어도 별 문제 없고, 오히려 '중복 모양'을 만들어 놓았다는 정도로 생각해도 좋다.

제4형 ☞ 방어를 위한 공격적인 절단 방법

자기 진영의 약점을 방어하면서 상대의 돌을 끊을 수 있다면, 공방에 대한 최선임은 더할 나위도 없다.

규모가 큰 싸움이 전개되고 있는 국면인데, 돌수는 많지만 전체의 흐름은 그다지 복잡하지 않다. 먼저 백의 약돌은 두 군데에 있다.

중앙의 백은 엷지만 봉쇄될 모양은 아니고, 오히려 하중앙의 흑을 노리는 공격의 기점이 될지도 모른다.

하변의 백 대마는 우선 a로 끊어 실리를 버는 맛이 있고, 반대로 흑b로 차단되어도 두 눈의 삶 정도는 가능할 것 같다.

한편 흑으로서는 하중앙의 대마를 살피건대 어딘지 단점이 많아 보이는 약돌이므로, 어떻게 하든지 이 돌을 보강하지 않으면 괴로운 싸움이 될 듯하다.

가능하다면 백을 공격하면서 보강하고 싶은데…….

(흑 차례)

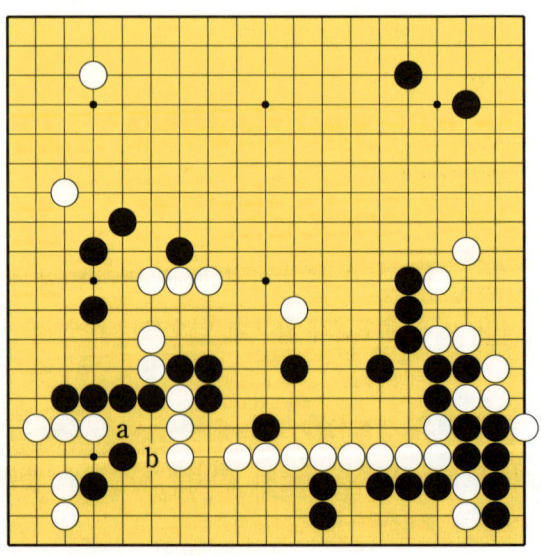

기본형

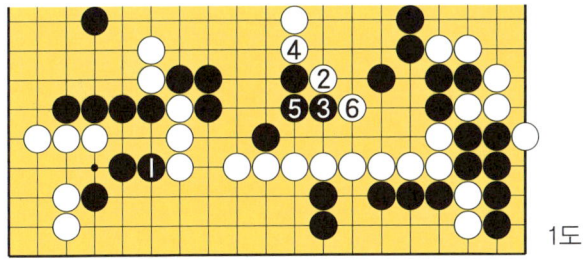

1도

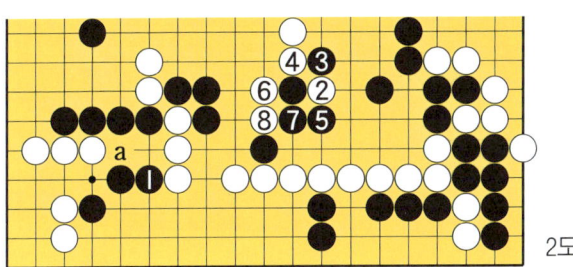

2도

1도 (흑의 요석 잡힘) 우선 흑1로 잇고 싶은 마음이 간절하다. 실리로서 20집에 가까운 수이기 때문이다. 그러면 백2로부터 좌우로 절단하는 수가 성립된다. 즉 백6까지로 흑의 요석이 백의 뱃속으로 들어가 버린다.

중반전의 국면에서, 중앙의 흑 일곱점의 회생은 거의 불가능하므로 백의 승세나 다름없다.

2도 (마찬가지) 흑3으로 저항해도 비슷한 상황이므로, 역시 흑은 좌우로 차단된다. 따라서 흑1은 시기 적절한 착수가 아니었다.

그렇다면 흑1에 앞서, 먼저 흑3으로 중앙의 흑을 보강해 두면 어떨까? 백은 즉시 a로 관통할 것이며, 그 결과 백이 적지 않은 이익을 거두면서 하변의 백이 안정한 데 비해, 흑은 좌우가 연결되는 뿐이므로 흑의 불만이다. 그러므로 흑3과 같은 한가로운 수는, 이 숨가쁜 경합 도중에는 부적당하다.

수순 중 단수에 몰린 백2를 외면한 백6의 되단수가 중요하다.

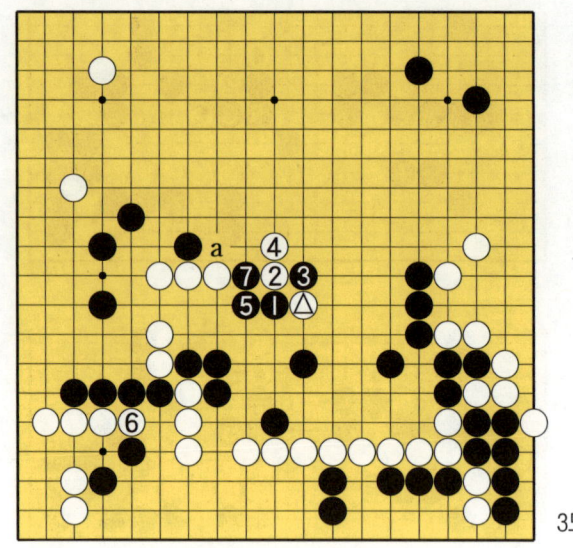

3도

3도 (실전의 진행) 흑1로 위쪽의 백에 붙이고 나서 3으로 끊는 수가 백의 약점을 파고드는 멋진 연타이다.

실은 그 전의 백△가 지나친 착점으로, 흑에 대한 노림수에 몰두해서 자신의 약점을 경시하고 있었다.

흑5에 대해 백6으로 끊어 잡았지만, 백6으로 a를 지키지 못한다면 중앙의 백돌은 분명히 공중 분해되는 모양이다.

결국 흑7로 좌우를 절단하면서 주도권은 흑의 손에 넘어갔다.

이후 백은 좌우를 수습하고자 필사적으로 싸웠지만, 결국 중앙 좌측의 백 다섯점이 잡혀서 흑의 압승이었다. 적극적으로 자신의 약점을 보강하려고 시도한 흑1과 3의 착상이 효과를 거두었던 셈이다.

이 그림은 절단의 효용이 돋보인 대표적인 예로, 특히 맞끊는 과감성으로 말미암아 백돌은 순식간에 허물어지면서, 백은 허무하게 패배의 고뇌를 씹게 되었다.

"상대의 강한 돌에 맞서지 마라"는 격언을 무시한 백△가 악수인 동시에 과욕이었다.

3

중반
정리의 요령

1. 공격과 실리

중반전에서 기분 좋은 공격을 아무리 계속해도 결국은 아무런 이득이 없어 싸움이 끝나고 보니 패배했다고 한다면, 도대체 무엇 때문에 공격했는지 모를 것이다. 그러므로 공격을 착실히 이익으로 연결시켜 승리를 쟁취하는 것이 현명한 중반전이라고 볼 수 있다.

1도 흑1로써 눈을 없애기 위해 치중하면, 백2로 최대한 버틴 다음 4 정도로 달아날 것이다. 이때 이 백 대마를 도저히 잡을 수 없다면, 흑이 투자한 만큼 손해임은 분명하다.

2도 보통은 흑1로 백돌을 살려 주는 것이 정도이다. 바둑에서는 상대의 돌을 잡는 것만이 만능은 아니므로, 상대 집의 확장을 봉쇄하면서 자신의 세력을 넓히는 수단도 효과적이다. 앞 그림과 같은 과욕은 절대 금물이며, 특히 맞바둑에서는 선택하면 안 되는 수단이리라.

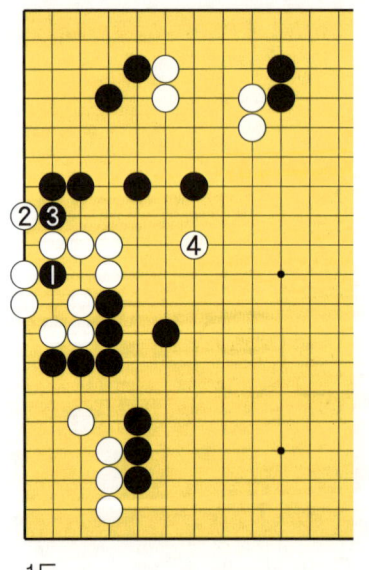

1도

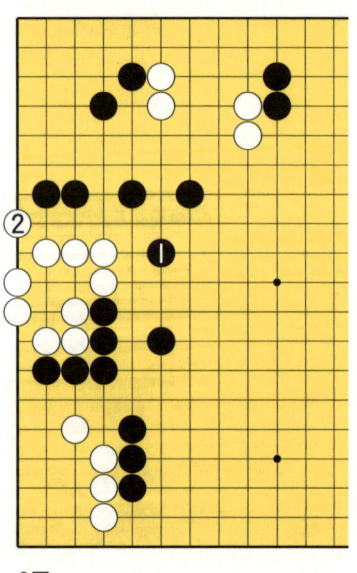

2도

● 제1형 ☞ 공격을 주도하며 이득을 올려라(1)

실전의 예를 살펴보자. 지금 우하변의 백돌이 상당히 약해 보인다.

여기서 흑a 등으로 집을 지키기보다는, 우하변의 백에 대한 공격으로 주도권을 확립하여 이득을 올리고 싶어진다.

이 백돌은 흑b로 젖혀도 변에서는 눈을 하나밖에 만들 수 없다.

그러므로 백이 중앙에서 눈을 하나 더 확보하지 못한다면 위태로운 국면이다.

1도 (실전) 실전은 흑1로 급소에 파고들어, 백의 눈을 삭감함과 동시에 백의 대마를 중앙으로 몰아냈다.

이것도 유력한 작전이지만, 백이 a로 나오는 맛이 남아서는 하변의 흑도 아직 완전하지 못하다는 느낌이 든다.

2도 (충분한 세력) 흑1로써 백2 이하의 삶을 위협하는 수단은 어

(흑 차례)

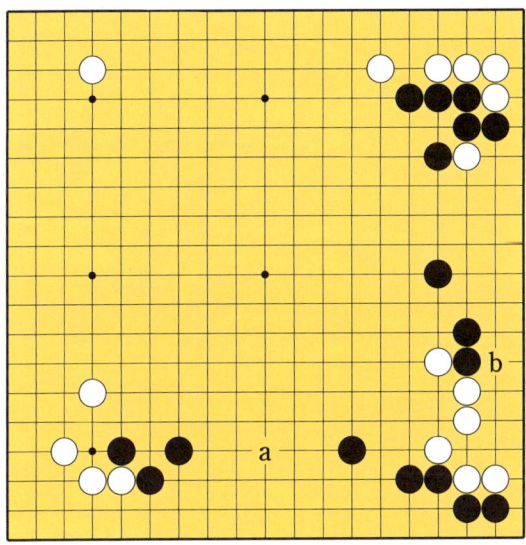

기본형

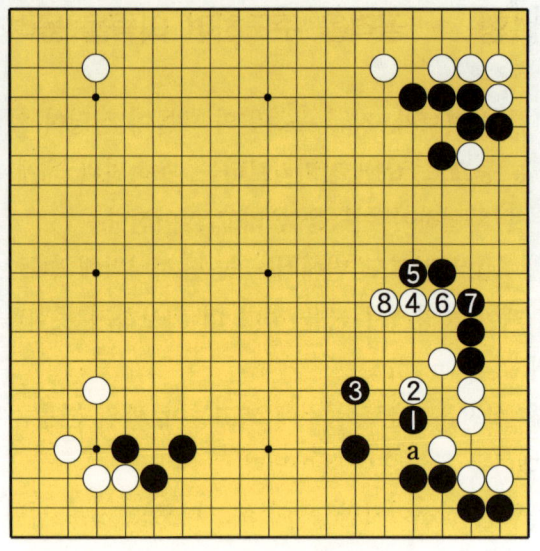

1도

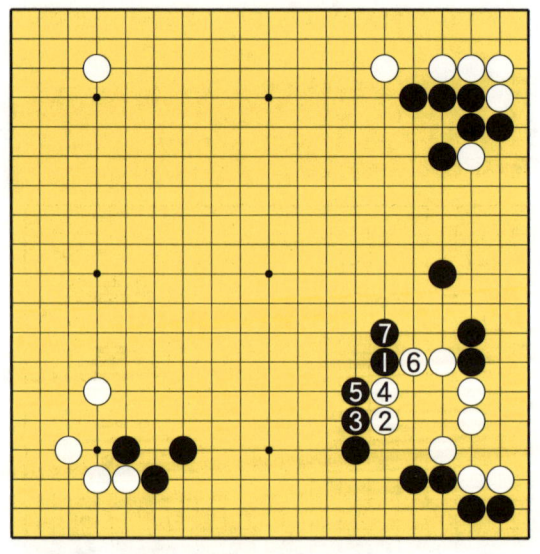

2도

떠한가?

흑7까지로 우변, 하변, 중앙 흑의 세력은 반상을 압도하는 느낌이
므로 소득은 충분하다.

● 제2형 ☞ 실리 가능성 높은 곳에 투자하라

흑의 고바야시 고이치와 백의 다케미야 마사키의 대국이다. 이 국면에서 방금 뛰어든 흑△에 대해 백은 당연히 공격해야 하는데, 과연 어떻게 두어야 큰 이익이 생길까?

흑은 우변과 하변에 확정지가 있는 반면, 백에게 가능성이 풍부한 곳은 상변이다.

1도 (평범한 공격) 백1의 다가섬은 눈에 띄는 수이지만, 흑2의 '미끄러짐'을 허용하는 것이 조금 아쉽다. 이후 흑a의 붙임 등이 있어 수습도 어렵지 않을 것이다.

2도 (실전) 발빠르게 백1의 '마늘모 붙임'부터 3으로 상변을 키우는 것이 보다 더 실리적이다.

(백 차례)

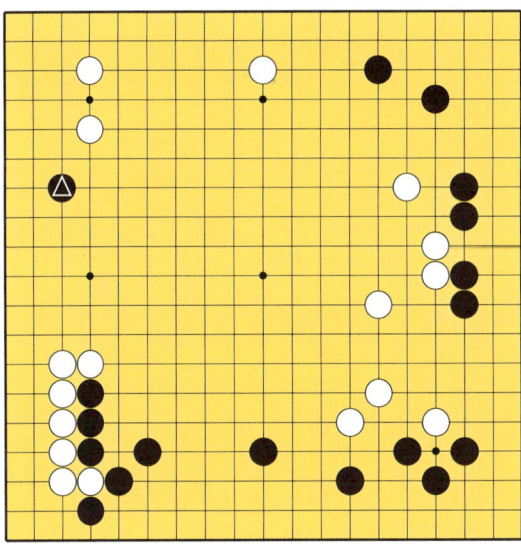

기본형

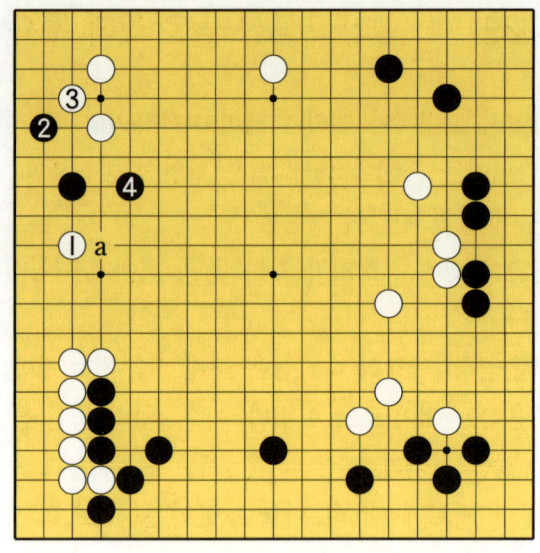

1도

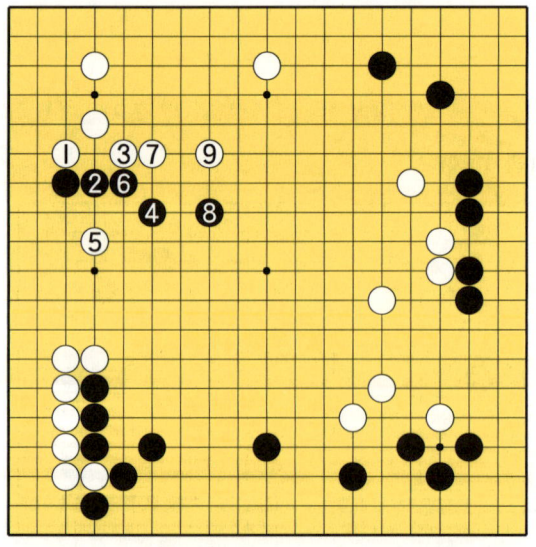

2도

백9까지가 실전의 진행이다. 이처럼 눈을 빼앗아 공격하면서 착실하게 백집을 만들어 가는 수순을 알아 두자.

백1과 3이 실리를 확보하는 안성맞춤의 공격이었다.

● 제3형 ☞ 공격을 주도하며 이득을 올려라(2)

흑의 가토 마사오와 백의 고바야시 고이치의 대국이다. 좌변이 남아 있는 큰 곳인데, 상변의 약한 흑돌을 어떻게 공격하며 좌변 또한 개척하는가?

1도 (실리 부족) 백1의 젖힘은 극히 보통의 감각이며, 다음 흑은 2와 4로 상변을 확실하게 수비한다. 흑a의 절단에 대비하여 백5로 나왔을 때, 흑6과 8로 선착한다. 이 결과는 두터움뿐인 백이 충분한 이득을 보았다고 보기 어렵다.

2도 (실전) 백1의 침투가 실전이며, 다음에 백a를 허용하면 곤란해지므로 흑2는 당연한 착수인데, 계속된 백3이 흑의 수습을 허용하지 않는 강수였다.

또한 백5로 실리를 취하면서도 흑의 눈모양을 허용하지 않는 포석

(백 차례)

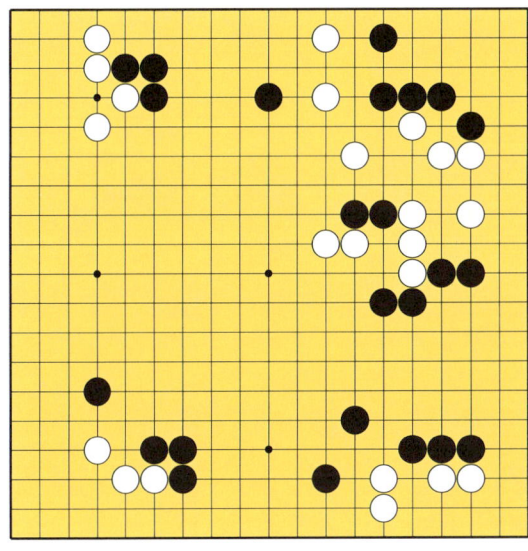

기본형

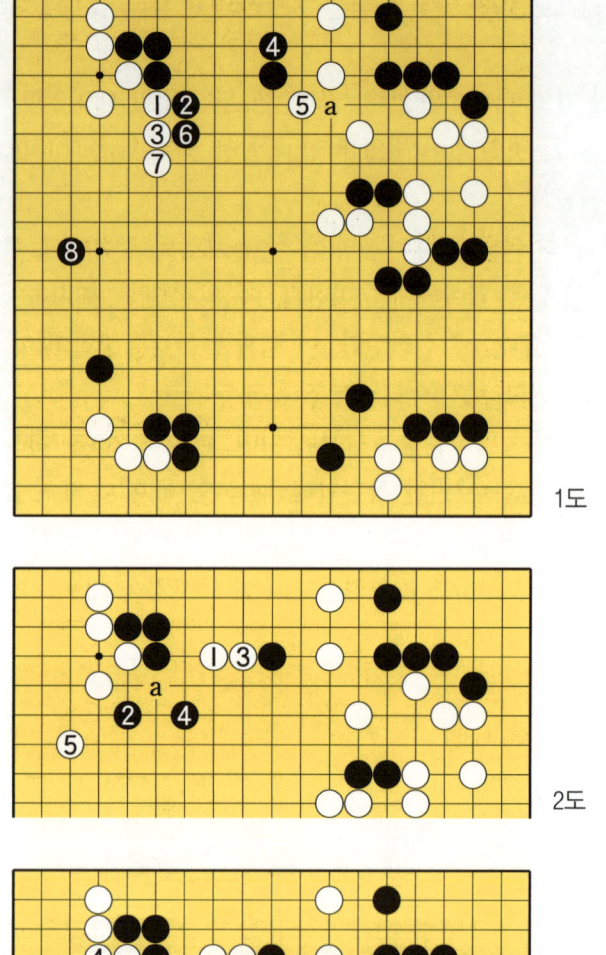

1도

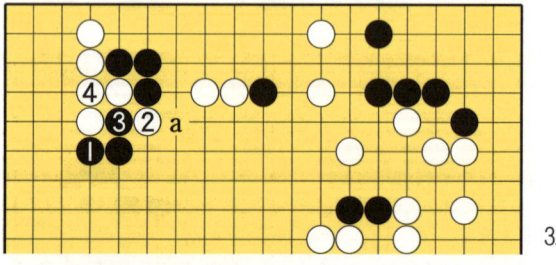

2도

3도

법이 고바야시 방식의 매서움이었다.

　3도 (축 불리)　흑1로 좌변을 제압하고 싶지만, 백2와 4로 끊으면 a의 축이 불리한 흑이 별로 좋지 않다.

● 제4형 ☞ 실리를 벌면서 공격하라

흑의 린하이펑과 백의 가토 마사오의 대국이다.

이 국면의 직전에 백은 좌상에서의 실리 확보 작전이 실패하여, 하변의 약돌이 공격받아서는 단숨에 손해 보는 형세가 되었다.

그렇다면 흑 차례인데, 착실하게 이익을 추구하는 흑의 공격은 어디일까?

1도 (악수) 흑1(또는 흑a)로 봉쇄하는 수는 두텁지만, 백2와 4로 살아 버리면 아무것도 아니다.

이 그림은 서로의 집이 균형을 이루고 있으므로, 백도 유망하다.

2도 (절대수) 실전은 흑1의 '마늘모'에 의한 눈모양 삭감이며, 이 수가 매서웠다(앞 그림과의 실리 차이도 크다).

(흑 차례)

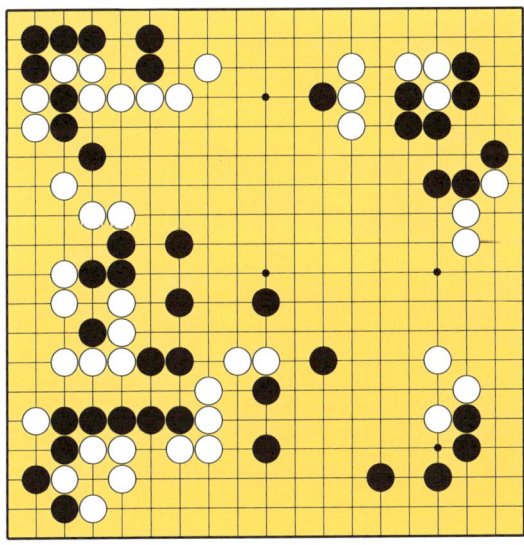

기본형

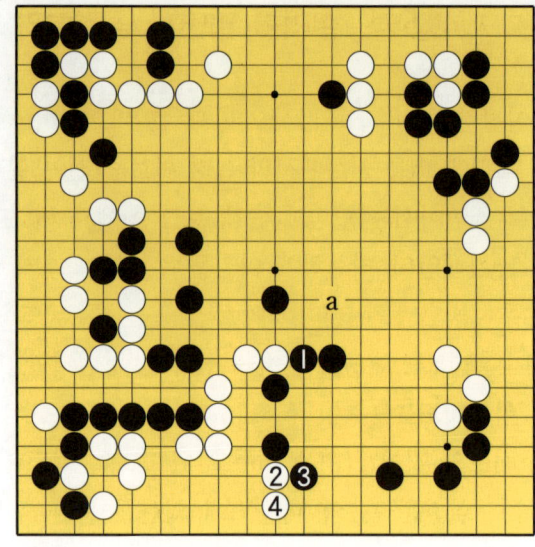

1도

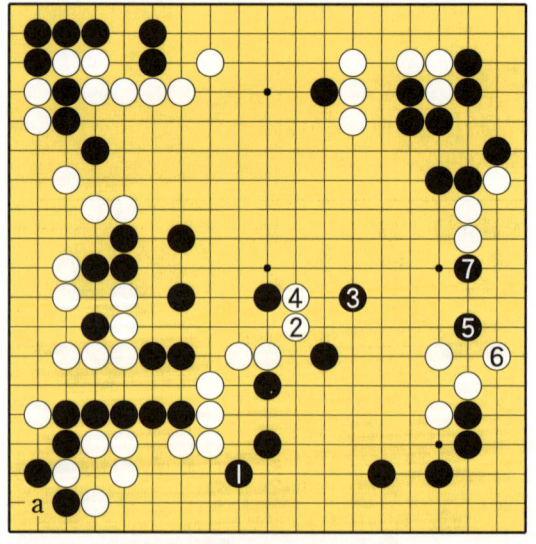

2도

하변에 눈모양이 빈약하고, 백a도 팻감 부족이다. 백2와 4로 달아
날 수밖에 없지만, 탄력을 받아 흑5부터 공격이 개시되니 백의 패색
이 짙다.

● 제5형 ☞ 실리와 공격의 급소

흑의 가토 마사오와 백의 사카다 에이오(坂田榮男)의 대국이다.

백△의 '마늘모 붙임'은 흑a의 3·삼을 막는 '큰 곳'이며, 여기서 흑이 후수를 잡는다면 대세에 뒤지고 만다.

이득을 보면서 공격하는 놓칠 수 없는 급소가 있기 때문이다.

1도 (선수) 우선 흑1의 '젖힘' 하나로써 선수를 잡으며 기회를 엿보는 수단이 있다. 다음에 흑3이 백의 눈모양을 없애면서 우상귀를 굳히는 최대의 호점이며, 흑11까지 호조의 공격이 계속되었다.

백으로서는 중앙에서 가해지는 공격도 두렵다.

2도 (목표가 약한 봉쇄) 흑1의 봉쇄로는 목표가 너무 약하다. 백2

(흑 차례)

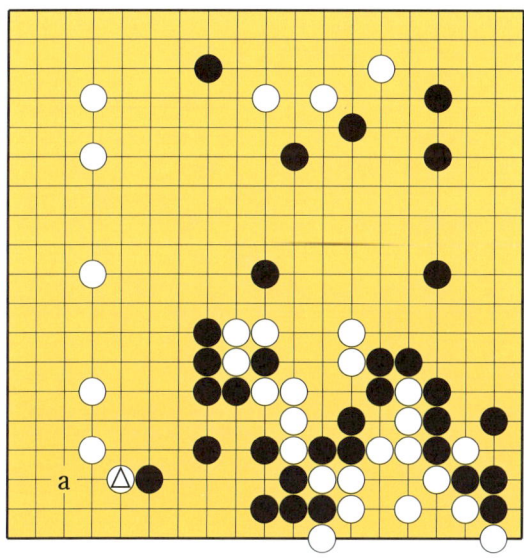

기본형

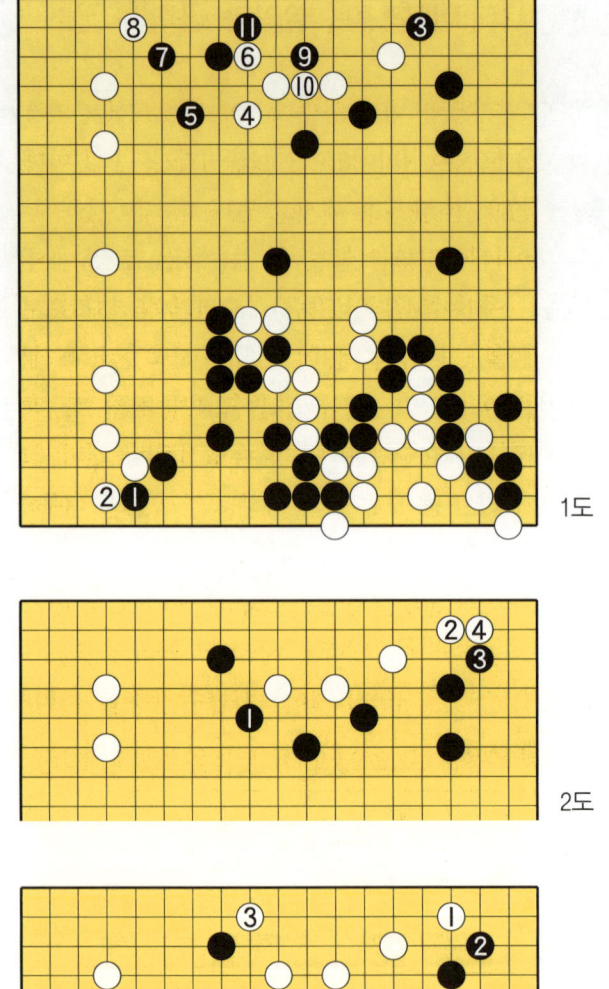

1도

2도

3도

와 4로 두면 공격도 계속할 수 없거니와 집으로도 흑은 손해이다.

　3도 (안전 제일)　기본형의 백△로는, 백1과 3으로 안전을 서두르는 편이 좋았을 것이다.

● 제6형 ☞ 실리 확보를 위한 공격의 수순

흑의 가토 마사오와 백의 고바야시 고이치의 대국이다(23페이지에서도 소재로 삼은 바 있다).

흑1과 3으로 백의 세력을 좌우로 분할하며 나간 것이 좋은 수였다. 반대로 백이 1의 곳 등으로 두면, 하변의 흑이 일순간에 위축되리라. 흑1과 3의 중앙으로 선을 그으며 진출하는 모양은, 우변의 흑을 방어하는 데도 실질적인 도움이 된다.

1도 (모양의 급소) 만일 백1로 우중앙의 백을 움직이면, 흑2의 '쌍점'이 모양의 급소이다. 그러면 좌중앙 백의 대마가 활로를 찾는 일이 쉽지 않다.

2도 (실전) 실전에서는 백1의 '들여다보기'로부터 백5까지의 안정이었다.

그러자 흑6과 8로 무겁게 하며 육박하는 수단이 좋았다. 중앙의 백

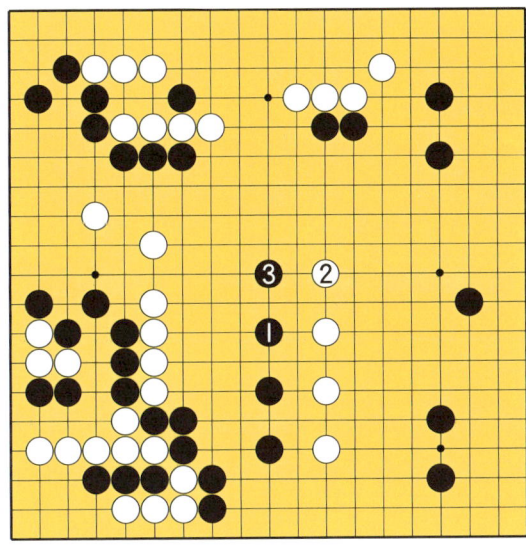

기본형

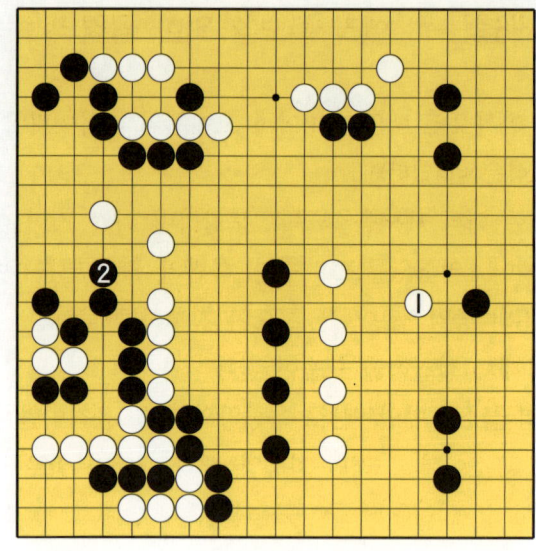

1도

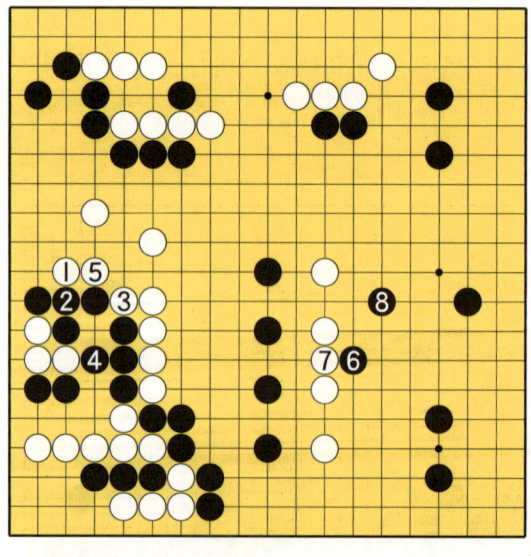

2도

에게 여유를 주지 않음으로써 우변의 큰 집을 확보하는 셈이다.

기본형의 흑1과 3에 이어서 흑6과 8까지가 일련의 이득을 얻는 공격법이다.

● 제7형 ☞ 눈모양을 방해하며 집을 지켜라

눈(집)이 있는 돌은 절대로 공격할 수 없으므로, 무엇보다 먼저 공격하는 돌의 '눈모양'을 방해하며 삭감한다.

이 그림은 한동안 애용했던 '중국식 포석'의 예이다.

물론 우변이 흑의 유일한 자산이므로, 이곳을 효율적으로 집으로 만들 수 있는가 여부로써 중국식 포석의 성공과 실패가 갈라진다.

백이 △로 착수를 마친 순간이며, 하변이 어수선한 모양을 보여 준다. 백 차례라면 당연히 a로 단수하여 이 한 수로써 백은 근거가 생기고, 이곳에 근거가 생기면 우변 흑의 세력에 뛰어드는 작전이 가능해진다. 중국식 포석은 '굳힘'에 기초를 두지 않기 때문에, 일단 수세에 몰리면 방어상의 리듬이 붙지 않아서 곤란하다.

다행히 흑 차례인데, 이 국면에서 어떻게 착수하는지는 아마추어 여러분에게는 다소 어려우리라.

(흑 차례)

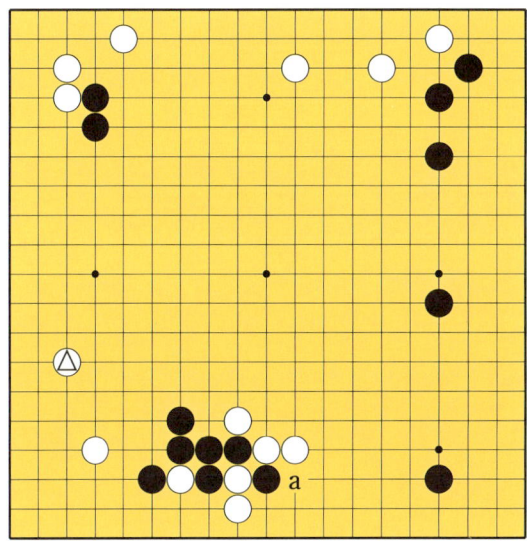

기본형

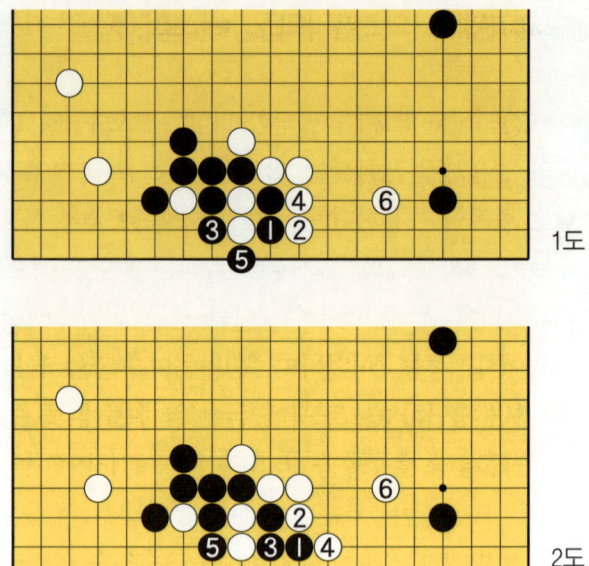

1도

2도

1도 (조임) 흑1로 두면 백이 몹시 기뻐하리라.

백2와 4로 조이고 나서 6까지 진행하면, 백은 이미 공격받을 돌이 아니다. 조금 바둑을 아는 사람이라면, 이런 비참한 '조임'을 당할 까닭이 없다.

2도 (백의 주문) 흑1이 기분 나쁜 조임을 예방하는 '맥점'이며, 백2와 4의 약점인 '끊음'도 노리는 좋은 수이다.

그럼 백2부터 6의 결과는 어떤가?

앞 그림보다 흑은 낫지만, 백이 '안정형'을 얻은 점에서는 변함이 없다. 좀 더 실력 있는 사람이라면, 이 모양이 백의 주문임을 알 수 있으리라.

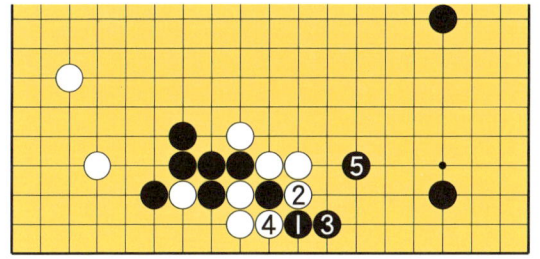

3도

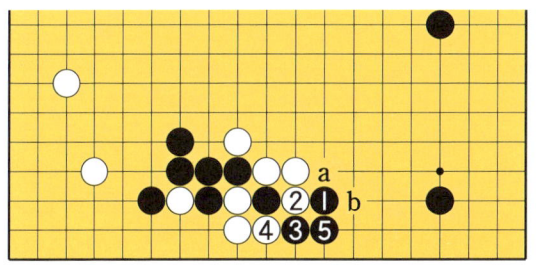

4도

3도 (흑의 주문) 흑1에 대해 백2라면 흑3으로 늘고, 백4로 '빵때림' 할 때 흑5의 '날일자'로 자세를 갖추며 공격한다.

이런 눈이 없는 돌을 쫓고 있는 동안에는 우측에 백이 손을 댄다는 것은 생각할 수 없으며, 이 그림이 흑의 주문이다.

4도 (비슷한 수법이지만) 앞 그림의 흑1로써 이 그림의 흑1로 한 칸 접근하는 수법도 흔히 본다.

이와 같은 수단의 사고방식은 비슷하여, 역시 백4로 흑 한점을 따내도록 허용하는 것이 요령이다.

이 방법도 가능하지만 흑의 모습이 약간 무거운 것과, 귀의 한 점과의 거리 균형이 불충분하므로 권장하고 싶지 않다.

또한 백4로 흑 한점을 잡기 전에, 백a와 흑b를 교환할지도 모르기 때문이다.

다음 실전은 프로 기사들의 대국이므로, 흑의 주문대로 두리라고는 기대할 수 없다.

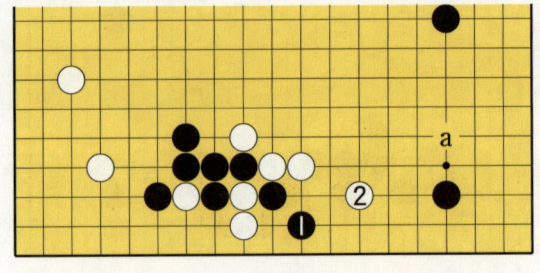

5도

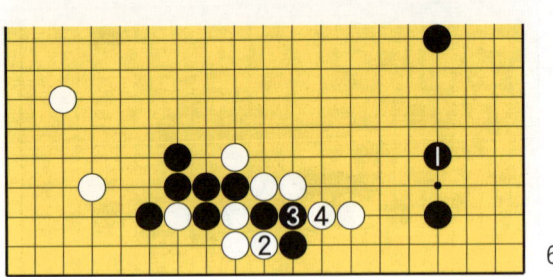

6도

5도 (날일자의 맥) 흑1의 '마늘모'에 대해 백2의 날일자로 비스듬히 들어왔는데, 이 수도 '맥'으로서 우측에 일보 접근하고 있다.

예컨대 다음에 백a로 걸치면 백2의 위력이 살아나며, 더불어 백2는 자체에서 무서운 노림수도 숨기고 있다.

즉 다음 그림처럼…….

6도 (흑 통째로 잡힘) 흑1로 우측을 지키든가 하면, 백2로 흑 두점을 통째로 삼키는 수단을 보고 있다.

여담이지만, 이 그림의 대국은 후지사와 슈코 기성(棋聖)에 대한 도전권을 다투었던 당시의 명인(名人) 린하이펑과 가토 마사오의 3번 승부'의 제1국으로서 간신히 가토의 반 집 승리였다.

제2국을 패하고 제3국에서 또 반 집을 이긴 신승(辛勝)이었으며, 3국 합쳐 한 집 이겼을 뿐인데 황금의 도전권을 얻었다고 화제가 되었다.

그럼 실전은 어떻게 진행되었을까?

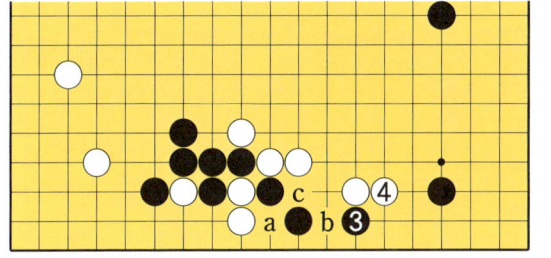

7도

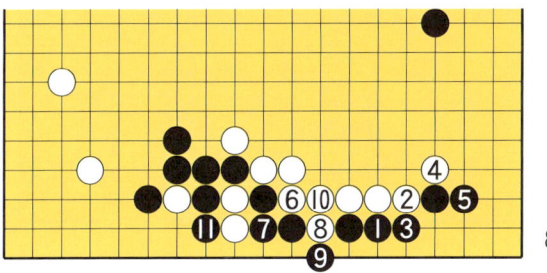

8도

7도 (부득이한 수) 흑3은 부득이하다.

흑3으로 a도 뒷맛을 없애는 튼튼한 수이지만, 다음에 백b의 '마늘모 붙임'이 백c의 좋은 모양을 보고 있으므로 흑은 불만이다.

백4에 이어서…….

8도 (악수) 흑1로 2선을 기는 것은 최대의 악수이다. 흑의 전군이 흑9로써 건너가 연결되지만, 실리로 보아서는 흑의 패배나 다름없다.

바둑에서 흔히 2선을 '열등선'으로 평가하듯이, 2선에서의 실리 확보는 상대 세력에 비해 너무나도 미약하므로, 도저히 열세를 모면하기 힘들다.

중국식의 포석은 비교적 외길인 성격이 있으므로, 우변에서의 싸움이 유리하다면 흑의 우세, 불리하다면 흑의 열세라고 분명히 결정된다. 따라서 여기서 신통치 않으면, 다음 단계의 싸움에서 지탱하기가 어렵기 십상이다.

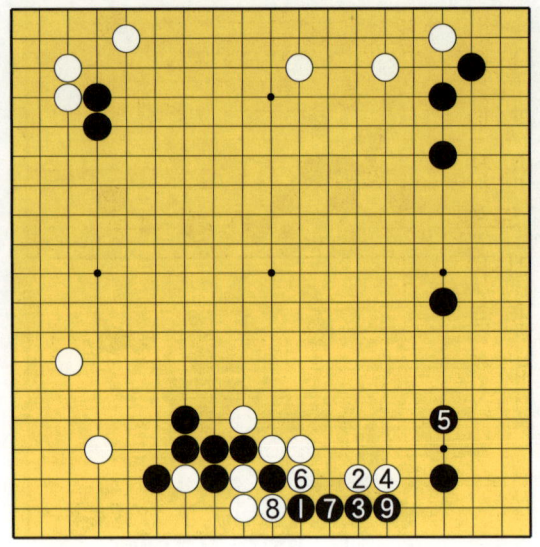

9도

9도 (백 미생마) 실전에서 두어진 수순을 첫 착수부터 재현하면 그림과 같다.

흑3으로 백8의 노림을 막은 다음에, 흑5의 '굳힘'을 서둘렀다.

백6과 8로 흑 한점을 따내지만, 따냄을 당하는 건 당초부터의 예정이고, 따낸 뒤의 모양이 '옥집'인 것이 노림수이다.

흑9로 건너가면 아직도 전체의 백을 노릴 수 있으므로, 백이 좌변의 큰 곳에는 좀처럼 진출할 수 없음을 알 수 있으리라.

2. 여러 가지 좋은 모양

백1의 '모자 씌움'은 흑2의 중앙 진출을 미리 견제하는 동시에, 백
3으로써 하변도 정돈해 나가는 좋은 수이다(이 대국의 소재는 82페이
지에서 다룬 바 있고, 199페이지에서 다시 이어진다).

이로써 백돌이 좋은 모양을 갖추게 되었는데, 이처럼 바둑에서는
'모양'이 매우 중요하므로 좋은 모양 갖추는 데 항상 신경을 써야 할
일이다.

이 그림의 예처럼, 모자 씌움의 모양은 중앙의 제공권을 장악함과
더불어 공격을 계속하는 효과도 대단히 크다.

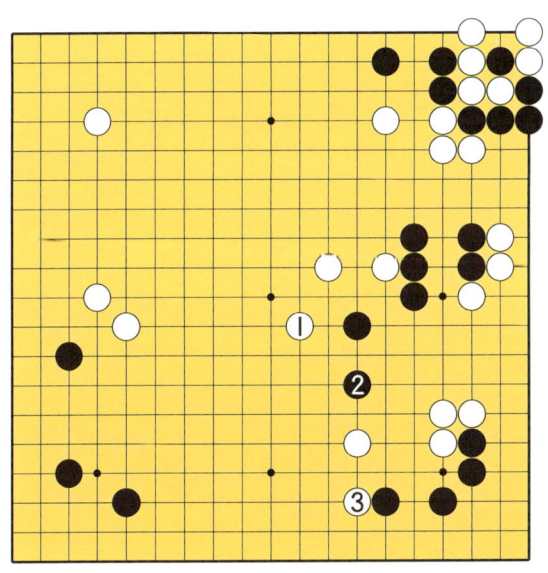

● 제1형 ☞ 모자 씌움(1)

상대의 진출을 가로막는 '모자 씌움'은, '공격의 지속'이라는 의미에서 좋은 모양이 되는 경우가 많다.

흑1의 모자 씌움은 누구의 눈에든 호점이다.

백2와 4를 유도하고 나서 흑5까지로 자연스럽게 흑돌의 모양을 갖춘 다음에도 계속 효과적인 공격은 이어지리라.

흑의 모양이 강해지면 흑a 등의 노림수도 현실화된다.

역시 이 국면에서의 필쟁점은 흑1이었다.

1도 (이시다 요시오와 가토 마사오의 대국) 실전에서는 흑1로 외면했지만, 백2를 허용하면 공격의 초점이 흐려져서 자칫하면 하변 흑의 세력이 약해질지도 모른다.

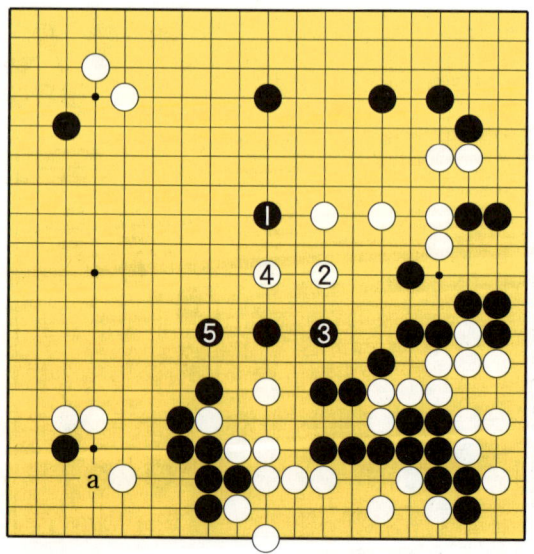

기본형

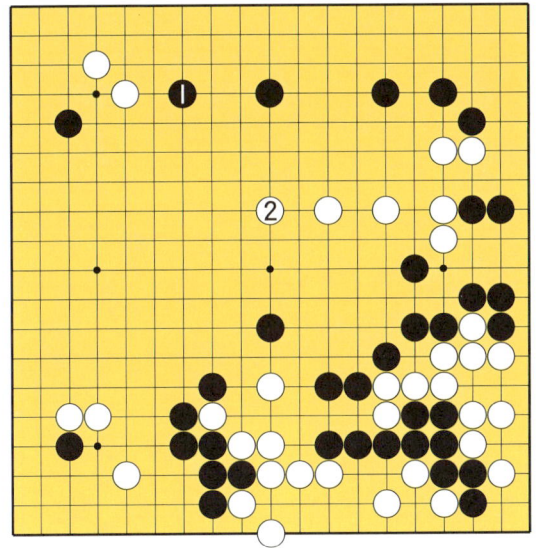

1도

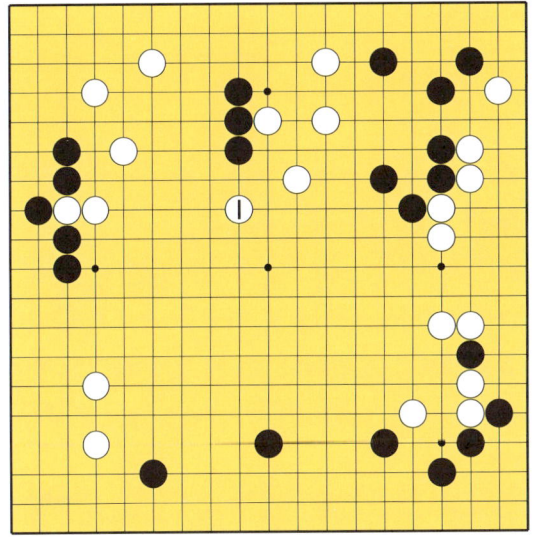

2도

2도 (가타오카 사토시와 가토 마사오의 대국) 이 대국에서는 백1의 모자 씌움이 좋은 수이다.

반대로 흑돌을 1의 곳에 놓아 보면, 공수가 뒤바뀜을 알 수 있다.

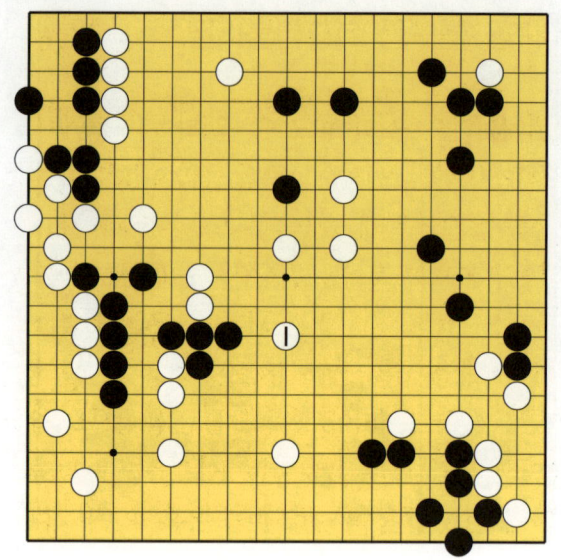

3도

3도 (후지사와 슈코와 가토 마사오의 대국) 백1로 압박하면서 흑 대마의 진출로를 가로막고 공격을 노린다.

흑의 사활에는 별 지장은 없으나 안정되기까지 시달려야 하며, 그동안 주위의 백은 세력을 굳히면서 하변을 확보하게 되리라.

백1의 모자에 의해서 우변이나 중앙 백의 세력이 더욱 강화되고 있음을 주목해야 한다.

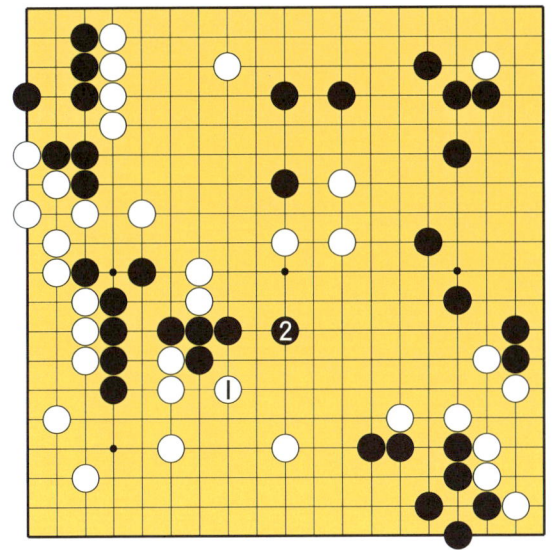

4도

4도 (방어는 속수) 백1로 두는 수도 하변을 지키는 모양의 급소로 보이지만, 이때 흑2의 '한칸 뜀'을 허용한다면 중앙의 백돌이 갑자기 위험스러워 보인다. 백1과 같은 소극적인 방어 수단은 속수이다.

이렇게 되면 백은 효과적인 공격을 지속할 수 없으리라.

앞 그림과 이 그림의 차이를 비교해 보기 바란다.

● 제2형 ☞ 모자 씌움(2)

싸움은 자신의 세력권 안에서 전개되어야만 유익하다는 점은, 어느 경우라도 예외가 없는 원칙이다.

혼전 상태의 국면이므로, 이런 바둑은 싸움의 주도권을 잡는 일이 최우선이다.

집의 경합으로 계산하거나 하는 것은 훨씬 다음의 일이다.

방금 백이 ⓐ로 벌렸는데, 같은 곳에 흑이 벌린다고 생각하면 그 차이는 클 것이다.

사실은 여기서 흑이 전기(戰機)를 잡았는데, 물론 목표는 좌변에 산재한 백의 대마였다.

어떻게 공격하는지는 해설을 보기 전에 연구해 보자.

(흑 차례)

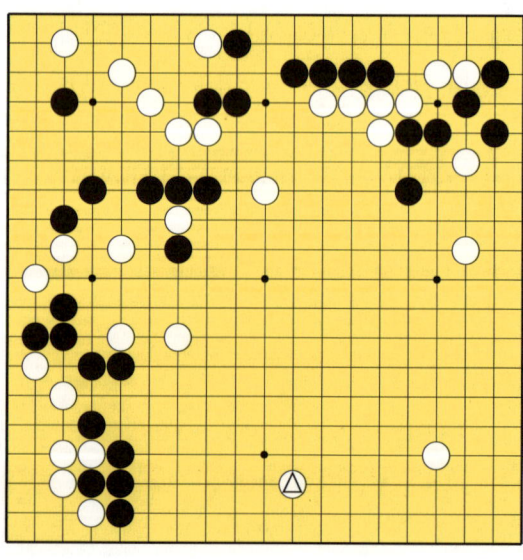

기본형

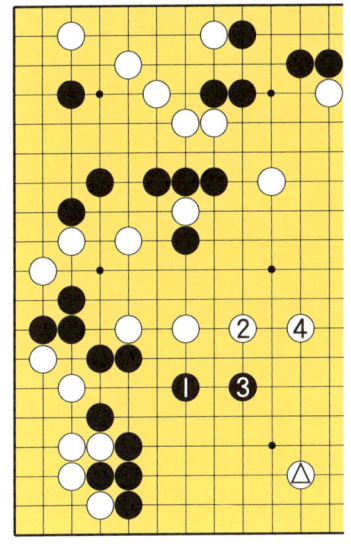

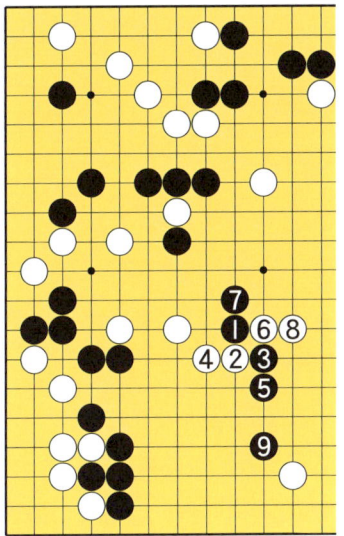

1도   2도

1도 (흑 실패) 흑1을 착상하면 실패이며, 백2와 4로 백을 넓은 중앙에서 놓친다면 기분이 나쁘다.

△가 흑돌이라면 사정은 달라지지만, 백△가 와 있는 지금은 흑으로서 공배를 두고 있는 것이나 다름없다.

2도 (흑 우위) 흑1의 '모자'가 비로소 선택한 수단으로, 좋은 수는 이 한 수뿐이라고 생각한다.

백은 2로써 반격해 왔지만, 좌측에 흑의 두터움이 있으므로 뜻대로 되지 않는 싸움이다.

흑9까지 당연한 응수인데, 수동적인 백은 대고전인 반면에 흑은 단숨에 우위에 설 수가 있었다.

이 같은 우세 확보는 돌의 방향이 옳았기 때문이다.

제3형 ☞ 완전 이음과 호구 이음

약점을 없애는 '완전 이음'은 달리 '꽉 이음'이라고도 부르는데, 닥쳐 올 싸움에 대비하여 철벽으로 막는 듯한 모양의 훌륭한 방어 수단이다. 한편 '호구 이음'은, 공격에서나 모양을 갖추는 데도 좋은 모양이 되는 경우가 많다.

십단전에서 조치훈과 가토 마사오의 대국이다. 흑1의 꽉 이음이 철벽 수비이다.

백으로서 그 전의 ⓐ로는, 오히려 1로 두어 흑a를 응수하게 하여 흠집을 만든 다음에 백ⓐ로 두는 편이 더 좋았을 것이다.

1도 (흑의 철벽 입체화) 하변에서 흑3으로 입체화되는 흑의 모양은 결코 가까이 하기 두려울 정도이다. 더욱 우측의 철벽과 같은 흑의 두터움은 절대로 백의 '뛰어들기'를 용납하지 않는다. 닥쳐 올 싸움에 대비하는 꽉 이음이 기본 방어 수단임에 틀림없다.

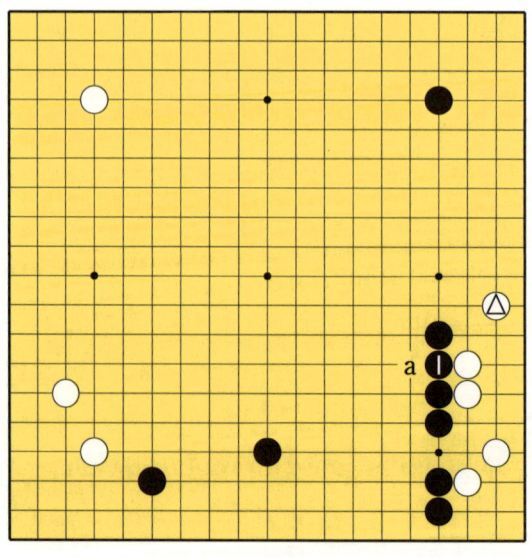

기본형

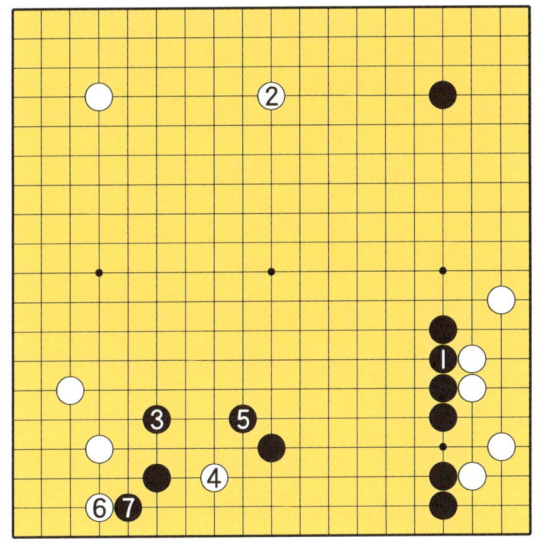

1도

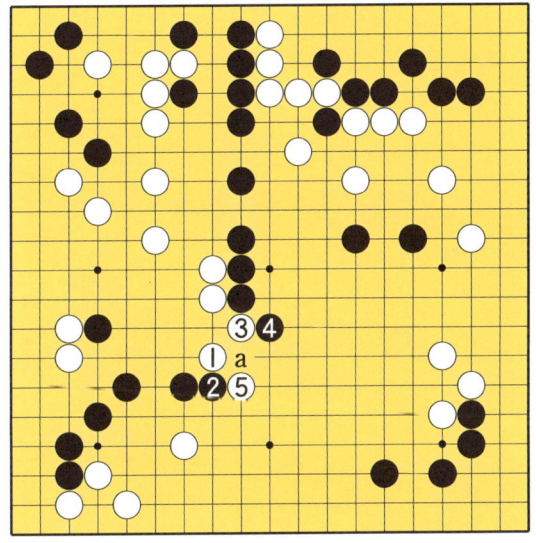

2도

2도 (강력한 양동 작전) 이제 대국 장면이 바뀌어, 백3의 호구 이음은 상변의 흑 대마에 강한 타격을 주는 양동 작전의 출발이다.

백3을 a로 두는 것은, 흑5에 눌려 박력이 줄어드는 속수이다.

제4형 ☞ 한칸 뜀

'한칸 뜀'이야말로 바둑 모양의 기본이며, "한칸 뜀에 악수 없다"는 격언도 있듯이 좋은 모양인 경우가 많다.

백1의 '어깨짚음'이 이 국면에서 절호의 타이밍이고, 다음 백3의 가벼운 한칸 뜀이 호점이다. 백3은 백8의 '뻗음'과 비교하여 발빠르다. 백9까지 계속 한칸 뜀으로 달아나서, 일단 중앙 흑의 세력에 터를 잡았다. 이처럼 한칸 뜀은 모양이 튼튼하므로, 다급한 공격은 받지 않는 강점이 있다.

1도 (과욕의 모자) 기본형의 흑4로써 1의 '모자 씌움'으로 공격해 오면, 백2의 '호구 이음'이 좋은 모양이다. 위쪽의 흑 두점과 경합하고 있는 우변의 흑 두점 사이의 엷음을 엿보는 백의 호구 모양은 세력에 가까워 전혀 괴롭지 않다.

흑1의 모자 씌움은 이 경우에는 과욕이리라.

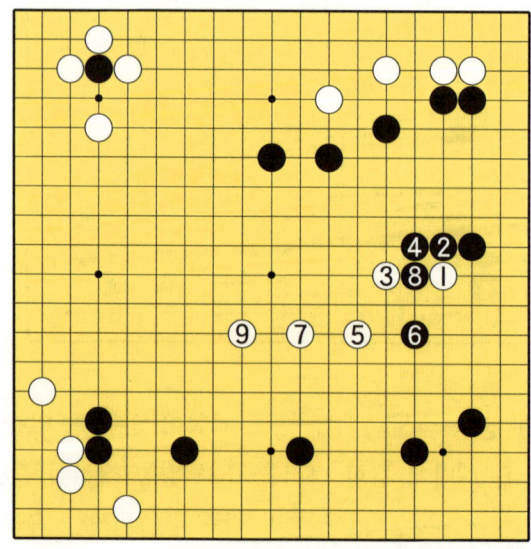

기본형

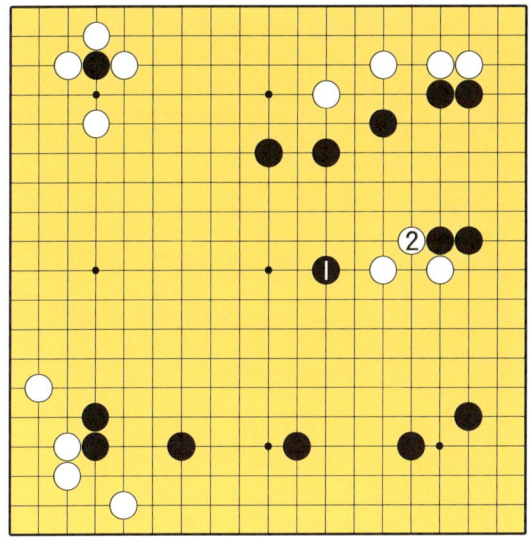

1도

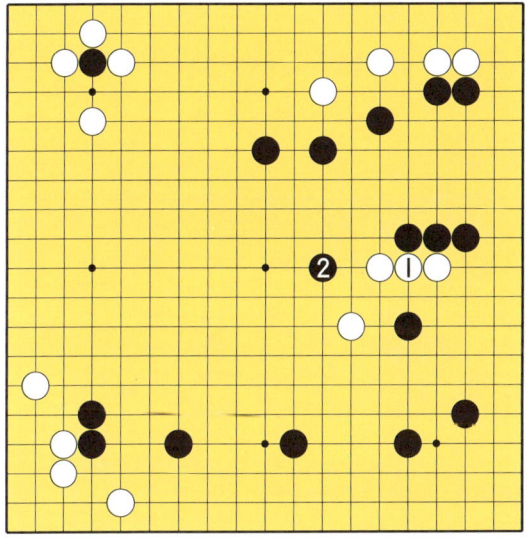

2도

2도 (무거운 이음) 기본형의 흑6 때 백1의 '꽉 이음'은 이 경우에는 무거워 보인다. 이번에야말로 흑2로 모자 씌움을 당해서, 수습하기가 매우 어렵다. 아무튼 중반전에서는 한칸 뜀을 충분히 활용하기 바란다.

제5형 ☞ 날일자 뜀

초·중반의 싸움 모양에서 가장 중요한 일은, 항상 먼저 중앙으로 발전하는 수가 효과적이라는 사실이다.

초반에 일치감치 좌상변에서 치열한 몸싸움이 벌어졌다.

'큰 곳'은 여러 곳에 남아 있지만, 좌상변의 싸움에서 결말이 나기까지는 쌍방 모두 돌을 다른 곳으로 돌릴 여유가 없다.

다만 싸우면서도 큰 곳으로 갈 기회를 항상 엿보고 있음은 확실하지만……

이제부터 흑 차례이므로, 흑은 당연히 좌상 중앙쪽의 백 세점을 공격해야 할 것이다.

가능하다면 백으로서는 세 점 따위는 버려 두고 다른 곳에 착수하고 싶은 심정도 있을 터이지만, 양쪽의 흑도 별로 강하지 않고 또한 백 세점은 요석의 의미가 있으므로 달아나지 않을 수도 없다.

(흑 차례)

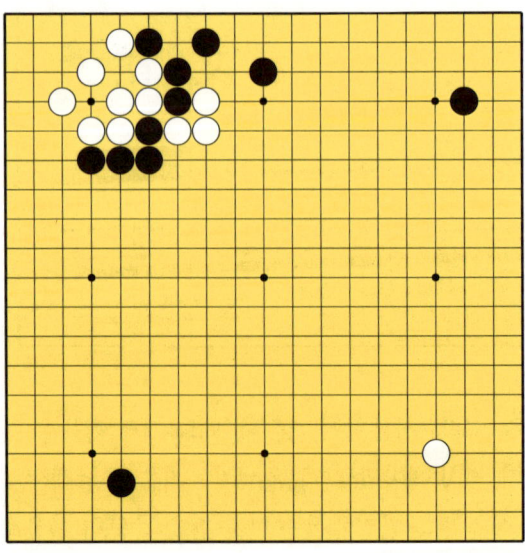

기본형

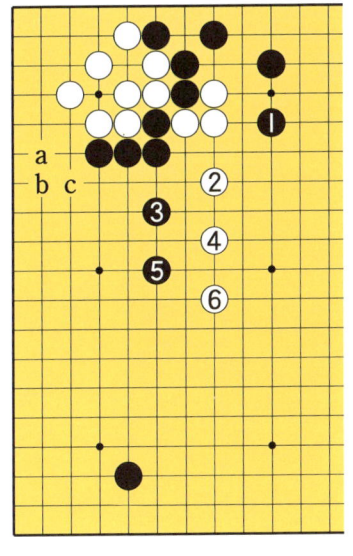

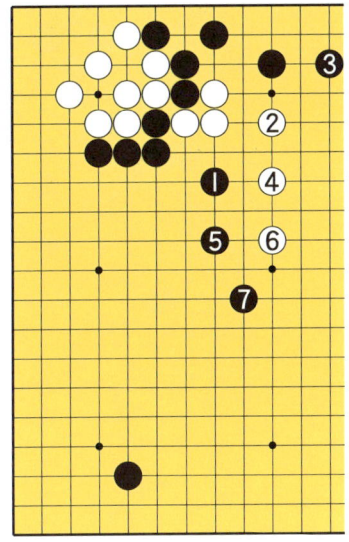

1도   2도

1도 (모는 방향 미스) 우선 흑1로 위로부터 모는 것은 잘못된 방향이다. 백2에서 6까지 당연한 진행인데, 자세히 보면 흑은 밑자락이 열려 있는 곳을 집으로 둘러싼 형태이다.

즉 좌변은 언제라도 백a의 침투가 예상되므로 차단하기 힘든 곳이며, 가령 백a에 대해 흑b라면 물론 백c로 젖혀 나갈 것이다. 역시 흑1의 착점이 악수로, 이로써 좌하변 흑의 입지 확보가 다급해진 반면, 중앙을 향한 백의 세력이 막강해지는 형세가 되고 말았다.

2도 (중앙 진출의 날일자) 흑1의 날일자가 실전에서 둔 수이며, 백2에는 일단 흑3으로 굳힌 다음 백4에는 흑5, 백6에는 흑7로 중앙에 먼저 진출한다. 흑은 항상 일보 선행(先行)함으로써 중앙전의 주도권을 잡고, 또한 닥쳐 올 하변의 큰 곳 다툼에서의 우위를 구축했다.

선수로 포석을 주도하는 것이 효과적임은 당연하며, 이 그림처럼 흑의 세력과 실리가 확대된다면 절대적으로 백이 불리하므로, 역시 흑1의 중앙 봉쇄 착점이 좋은 수였다.

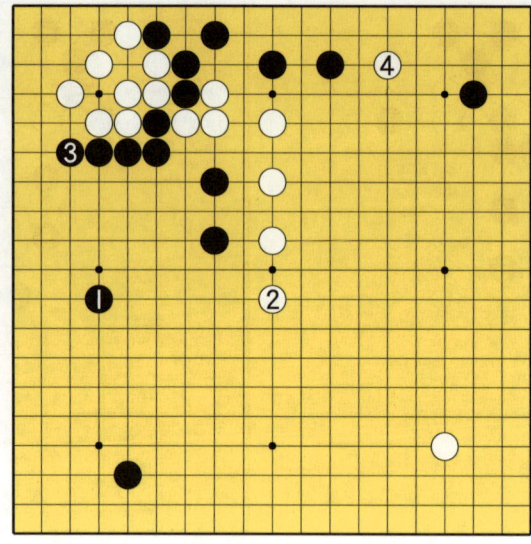

3도

3도 (속수) 앞 그림의 흑7로써, 흑1 따위의 집차지로 향하는 것은 옹졸한 속수이며, 그런 바둑은 발전하지 못한다. 백2로 중앙에 선행하면 흑3으로 좌변에서 얼마간의 집을 만들어도, 예컨대 백4 등으로 싸움이 벌어지면 흑은 피고의 입장에 서고 만다.

이처럼 중요한 경합에서 지고 마는 실수는 아마추어 여러분들이 곧잘 범하는 과오이므로, 이 기회에 재차 강조해 둔다.

● 제6형 ☞ 봉쇄

상대의 돌을 가두는 '봉쇄'는, 세력을 만드는 동시에 세력을 넓히는 작전으로써 좋은 모양이 되는 경우가 많다.

흑1의 '마늘모 붙임'부터 3으로 포위하는 수가 하나의 공격 리듬이다. 백a의 '건너붙임'이 두렵지 않으므로, 흑3이 b의 '한칸 뜀'보다 더 효율적임은 말할 필요도 없으리라.

백4와 6은 재빠른 안정법이며, 이때 흑은 5로 봉쇄하고 나서 7로 새로운 공격을 개시한다.

하변 흑의 세력과 더불어 흑3과 5의 봉쇄는 제법 만족스럽다.

1도 (흑 속도에 뒤진다) 흑1의 '철주'는 속도감이 없으므로, 이 국면에서는 좋지 못하다.

백이 2와 4로써 중앙으로 진출하면, 중앙 흑의 세력은 급격하게 준

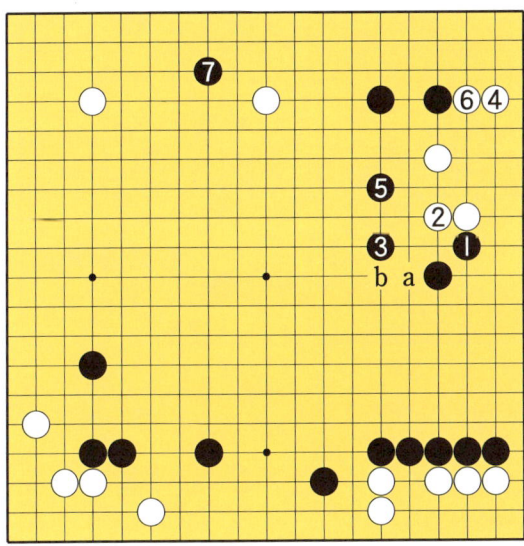

기본형

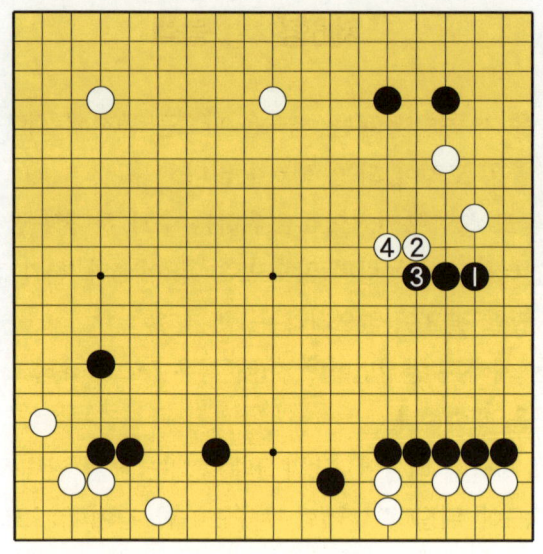

1도

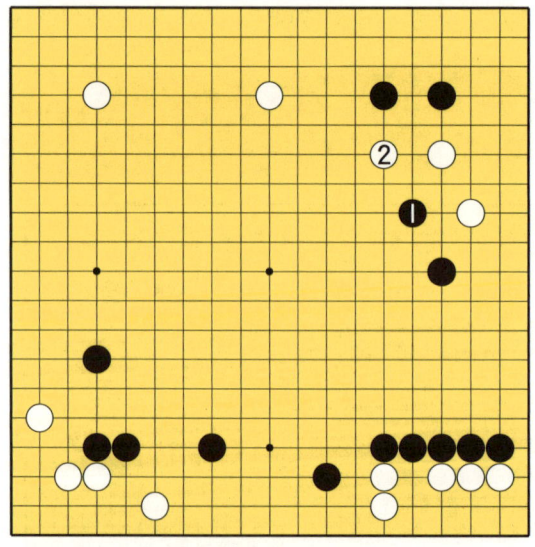

2도

재 가치를 상실한다.

　2도 (속수) 흑1로 무턱대고 덮어 씌우는 것은 속수로, 백2로 나오면 수습하기 어려워진다.

버림돌을 이용한 '조임'의 작전은 때때로 결정적인 성과를 올리는 절호의 수단이므로, 그 운용법에 익숙해져야 한다.

중앙에서의 경합하는 국면이다. 흑1과 3의 '뻗음'은 무난하지만, 백 4까지로 좌변의 흑 석점이 잡혀 이익이 없다.

이처럼 손해를 거듭한다면 대개 패배하고 만다.

1도 (소탐대실) 좌변에서 먼저 흑1로 두면 수상전은 이기지만, 백 2 이하 6으로 중앙이 두터워지면 그 위쪽의 흑은 미생마의 신세가 되므로, 흑은 완패의 형세이다.

2도 (버림돌 작전) 흑1의 '젖힘'이 건곤일척의 난국을 제압하는 좋은 수였다.

백2와 4로 흑 두점이 잡히지만, 그것을 버림돌로 삼아 흑5로 세력을 만들면서 7로 둘러싸면, 위쪽의 흑이 타개하면서 중앙에 커다란

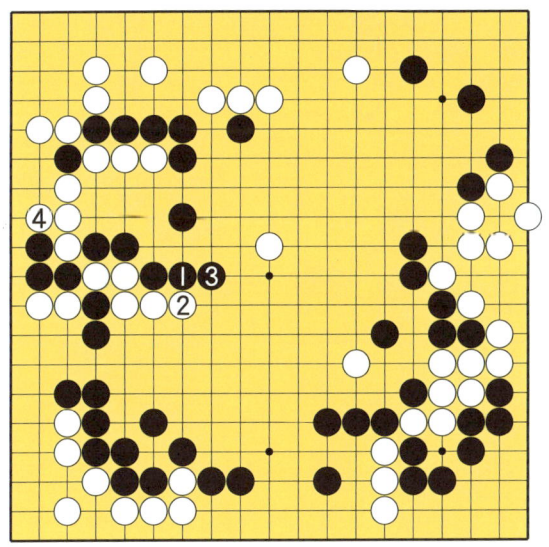

기본형

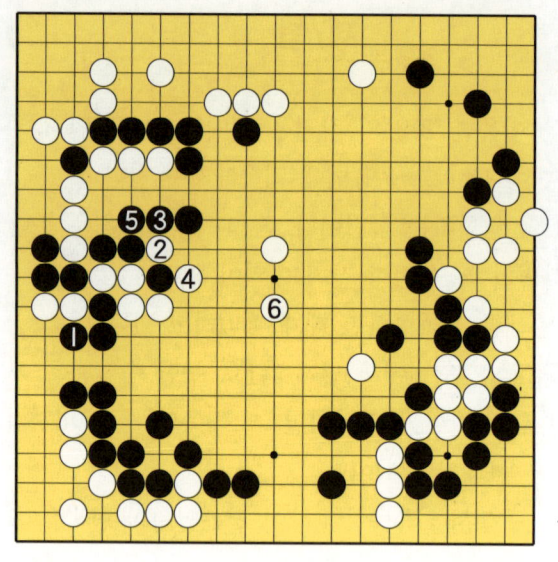

1도

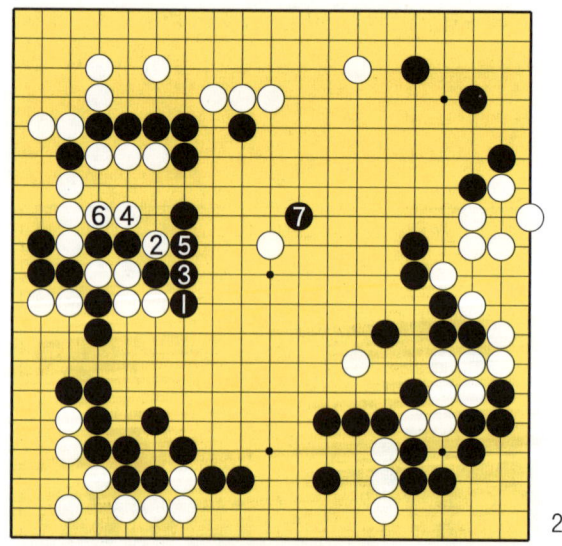

2도

흑집이 완성된다. 백의 뒷수를 조이면서 이런 결과를 만든 셈이다.

　바둑 격언에서 가르치는 '사소취대'(捨小取大 : 작은 것은 버리고 큰
것을 가진다)라 함은 이런 경우를 말하리라.

3. 승부수와 집의 관리

중반전이 끝나갈 무렵, 바둑은 성공이나 실패로 형세가 갈라진다.

이 시점에서는 불리한 쪽은 '승부수'를 모색하는 반면, 유리한 쪽은 집을 잘 관리함으로써 종국을 서두른다.

하나의 예로서 집을 잘 관리했던 대국을 보여 주기로 한다.

흑의 시로이시(白石) 9단과 백의 다케미야(武宮) 9단의 대국이다.

여기서 백1로 얕게 사양한 수가 확실한 형세 판단이며, 백9까지로 충분히 유리하다.

백1로써 좀 더 파고들어 가고 싶지만, 이는 분규의 원인이므로 지금처럼 백1이 가장 안전한 집의 관리법이다.

아마추어 여러분들은 좀처럼 이런 수를 두지 않는데, 백1이야말로 다케미야의 명쾌한 판단과 강한 승부 근성을 보여 주는 좋은 수였다.

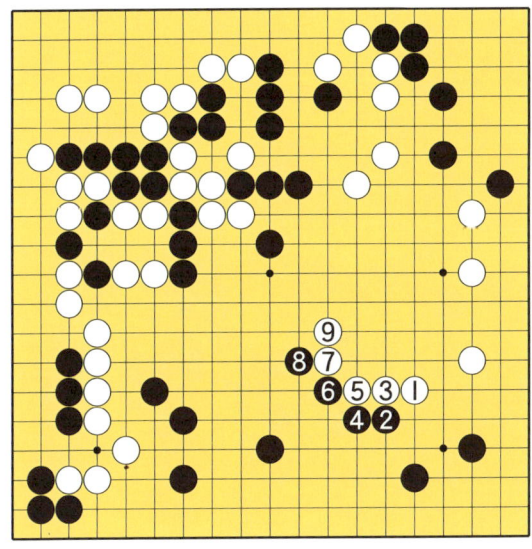

● 제1형 ☞ 승부수에 승부수로 대응하라

후지사와 슈코와 가토 마사오의 대국이다.

이 장면에서 백❹로 두었는데, 여기까지는 이미 백으로서 재미있는 형세이다.

백❹는 중반전을 깨끗하게 결정하기 위한 승부수이기도 하다.

1도 (통렬한 일격) 기본형에 이어서 흑1로 받으면, 백2와 4를 활용한 다음 6의 일격이 통렬하다.

이 그림은 백의 의도대로 중앙과 상변의 흑이 분할되는 모양이므로, 형세의 차이는 더욱 일방적이 되리라.

2도 (승부수) 실전은 기본형에 이어서 흑1로 붙인 것이 승부수이며, 기세상 흑7까지로 바꿔치기가 성립되었다.

(흑 차례)

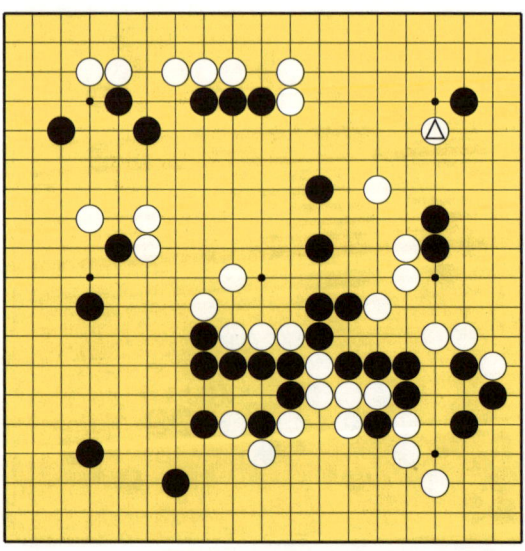

기본형

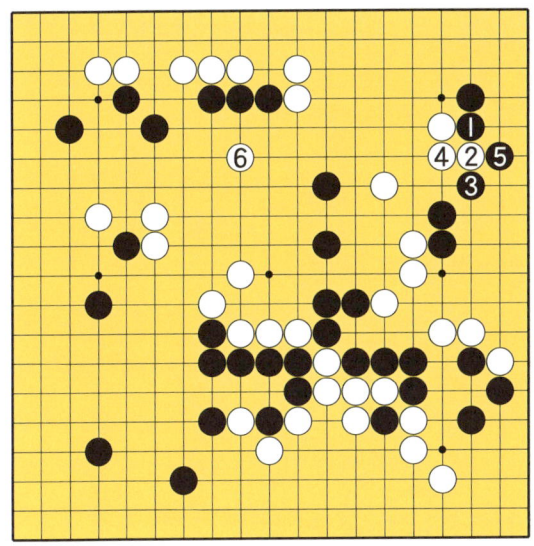

1도

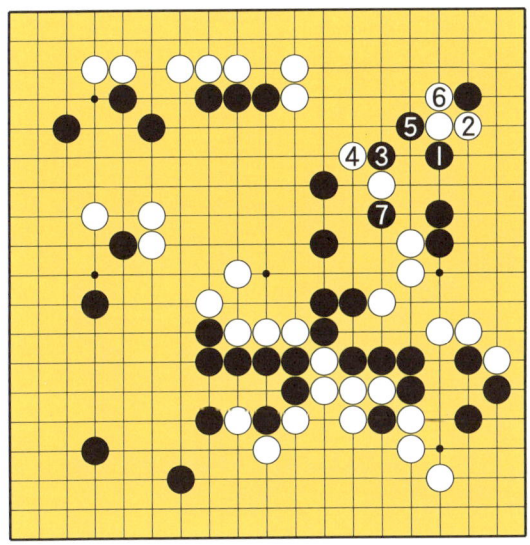

2도

이처럼 방어만이 최선이 아니라, 공격과 방어를 겸비한 적극적인 대응이 좋은 방법이었다. 특히 '집의 관리'를 위한 수단으로서도 효과 적인 응수였다.

제2형 ☞ 집의 불리를 승부수로 타개하라

후지사와 슈코와 가토 마사오의 대국이다.

흑▲에 대해 백1의 '건너붙임'이 승부수였다.

여기까지 형세는 흑이 유리하지만, 흑▲로는 a에 두는 수가 더욱 안전했으리라 생각된다.

1도 (노림의 끼움수) 기본형에 이어서 흑1로 차단하면, 백2의 '끼움'이 백의 노림수이며, 백6까지로 우변의 흑 석점을 고립시킨다.

사실 냉정히 판단하면 흑7의 착수 이후에도 아직 무언가 여러 변화가 남아 있으므로, 흑도 이 그림이 그나마 가장 안전했다.

2도 (백의 주도권 확보) 백의 기세에 눌려 흑1과 3으로 물러선 것이 실전에서의 수순이었다. 이번에는 백4로 끼워서 이곳 일대에서 백이 주도권을 잡아 두터워지자, 이미 형세는 불투명하다. 기본형 백1의 승부수는 흑의 동요를 유도하여 멋지게 성공한 셈이다.

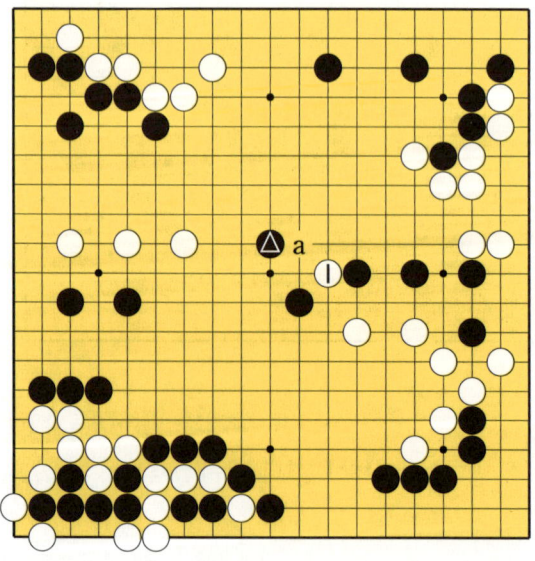

기본형

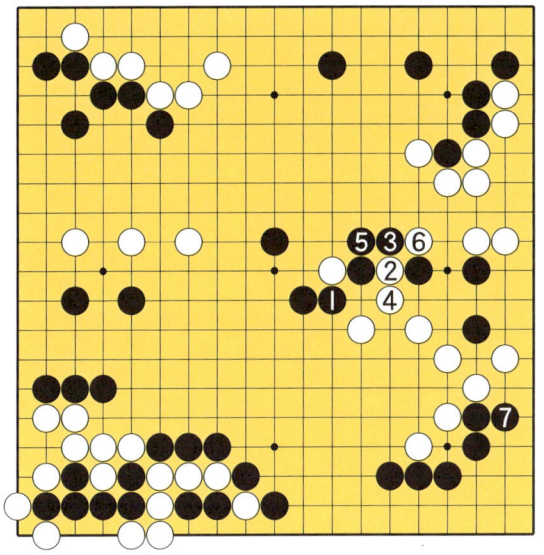

1도

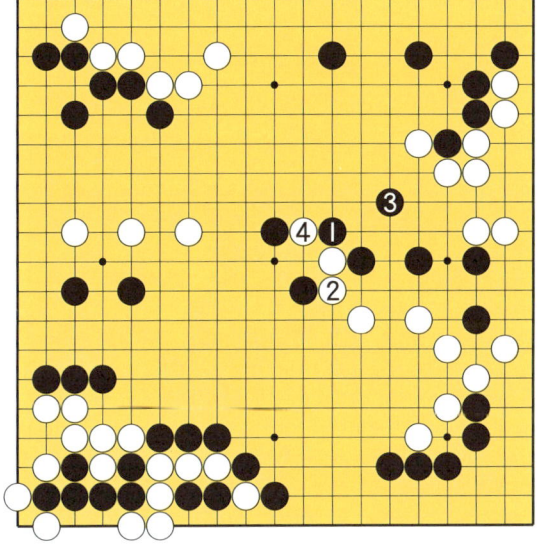

2도

중반전에서는 승부수 하나로써 대세를 뒤바꿀 수도 있으므로, 승부수의 선택이나 그 방어에 대해서 심사숙고하지 않으면 전국의 판도를 그르칠 경우도 있다.

제3형 ☞ 승부수에 대비하라

야마베(山部) 9단과 다케미야(武宮) 9단의 대국이다. 여기까지 상변의 싸움에서 흑의 형세가 좋았던 모양이다. 여기서 △로 붙인 것이 백의 승부수였으며, 이 수는 말할 나위도 없이 백a의 '축머리' 공작이다. 다음에 흑b로 움직이는 것은 백c와의 교환이 이루어지므로, 앞의 일이 분명하지 않지만 승부수는 성공한 셈이다.

1도 (혼전) 실전은 흑1과 3으로 일단 축 관계는 흑에게 유리하지만, 백4 이하 8로 공격하면 좌변의 흑과는 연결이 어려우므로 완전히 혼돈 상태이다. 이처럼 승부수 한방으로써 형세가 뒤바뀌므로 대응에도 신중해야 한다.

2도 (간명책) 간명책은 흑1의 '젖힘'이었다. 결론적으로 이 응수로써 이후의 국면이 오히려 유리하게 진행되었다. 백2의 축에 대해서는 흑3 이하 집의 관리에 힘쓰면서 15까지 하변을 정리하면, 대세는 충분히 흑편이며 현명한 수습 방법이 되리라.

(흑 차례)

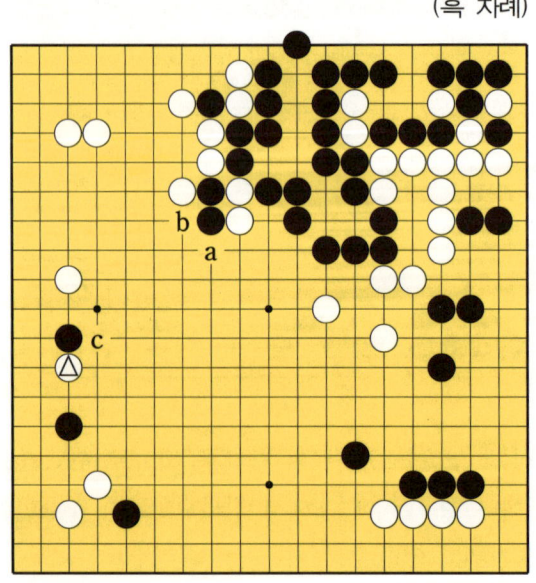

기본형

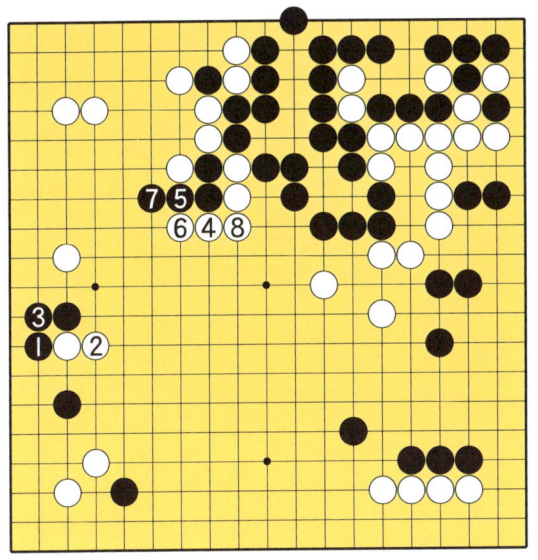

1도

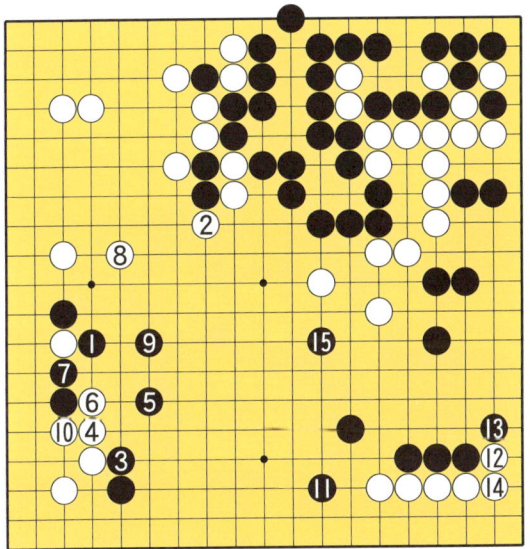

2도

중반전의 어느 시점에서 시도하는 승부수에 대한 연구가 없다면 결코 승리를 보장받을 수가 없으므로, 중반전의 진행 도중에 미리 승부수를 예견해 두는 준비가 필요하다.

● 제4형 ☞ 집의 관리의 예(1)

흑의 가토 마사오와 백의 사카다 에이오의 대국이다. 흑1부터 3으로 우변을 차지하며 집을 관리하면, 흑의 유리가 분명하다.

백a는 크지만 선수가 되지 않으므로, 흑b로서 우하귀의 '3·삼 뛰어들기'와 맞보기로 하면 집싸움에서 우세하다.

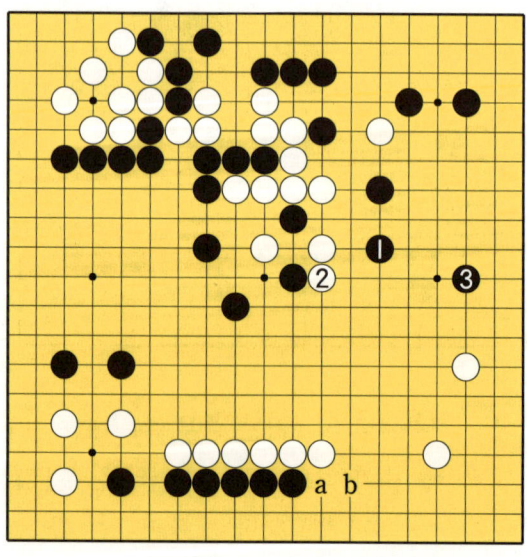

기본형

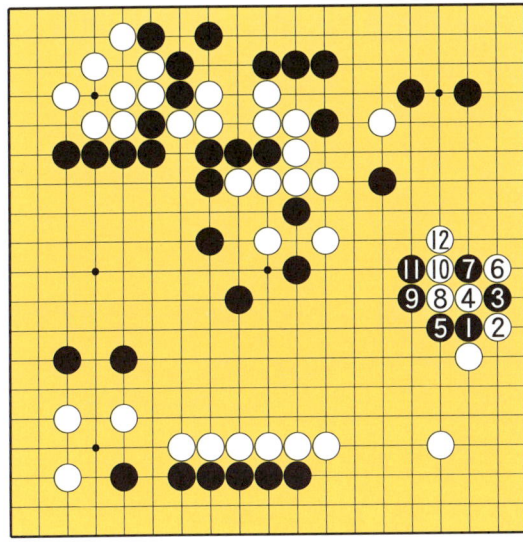

1도

1도 (어려운 싸움) 실전에서는 흑1로부터 싸움을 걸어, 이하 백12
까지로 진행되었다.

쌍방이 서로 단수를 교환하면서 치열한 공방전이 전개되자, 일순
간에 형세 판단이 어지러워졌다.

이런 흐름이야말로 가토의 기풍으로 중앙의 백 대마의 약점을 노
린 수이지만, 일부러 바둑을 어렵게 만들고 있는 셈이기도 하다.

흑의 후지사와 슈코와 백의 오타케 히데오의 '기성전'(棋聖戰) 대국이다. 흑의 우세 속에 종반전으로 들어서는 무렵인데, 백△에 대한 흑1의 '뻗음'은 전혀 예측하지 못한 수였다.

이 흑1로써 중앙 백 세점의 책동을 완전히 봉쇄한다. 백의 유력한 승부처를 아예 차단하자는 의도이며, 어디선가 가볍게 살려 주어도 두터운 몫만큼 반드시 이득이라는 자신감에 넘친 일착이었으리라.

흑a 등 '큰 곳'이 눈에 띄는 국면이므로 좀처럼 흉내 낼 수 없는 수이며, 당시의 후지사와와 기성(棋聖)의 충실성을 증명하는 듯한 흑1이었다.

이처럼 통쾌한 승부수와 냉정한 집의 관리는 표리(表裏)의 관계에 있는 셈이며, 중반에서 종반에 걸쳐 갖가지의 드라마도 연출한다.

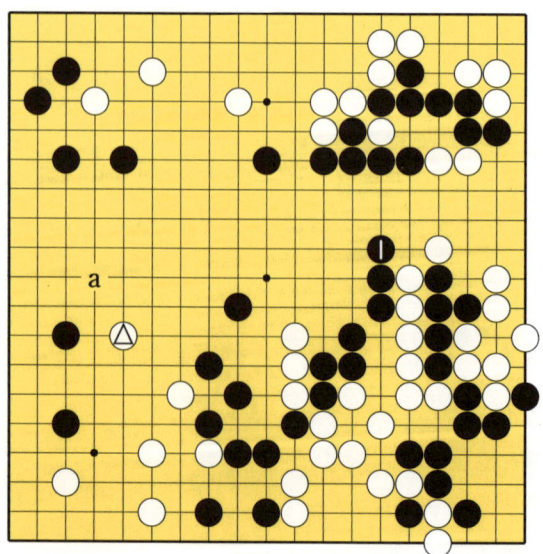

기본형

4

중반
싸움의 급소

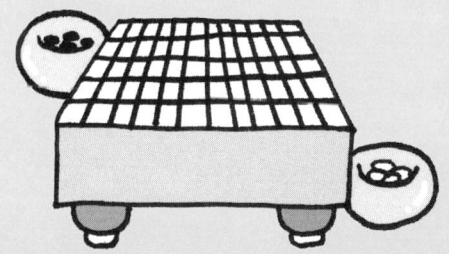

1. 양동 작전

‘공격이 방어’라고 말하듯이, 자기 진영이 굳어지는 것도 상대방에 대한 공격 효과의 하나이다. 특히 양쪽을 노리면서 공격하는 효과는 더욱 위력적인데, 우선 하나의 대표적인 국면을 소개한다.

1도 이 대국은 과거부터 흔히 두어지는 포석의 하나이므로, 유행은 언젠가 돌아온다는 관점에서 정형으로 암기해 둘 필요가 있다.

2도 참고로 비슷한 대국을 소개하면, 흑1부터 백12까지 대각선 대칭의 참으로 진기한 모양이 생겼다. 이 국면에서 흑13이 절호의 ‘갈라치기’로서, 백의 완패로 끝났다.

결론적으로 1도와 2도 모두 좌우의 백이 연결해 가는가, 또는 끊기는가에 따라서 승패의 갈림길이 있는 것 같다.

과거와 같은 실패를 반복하지 않기 위해, 1도의 시점에서 백은 선제 공격을 시도했다.

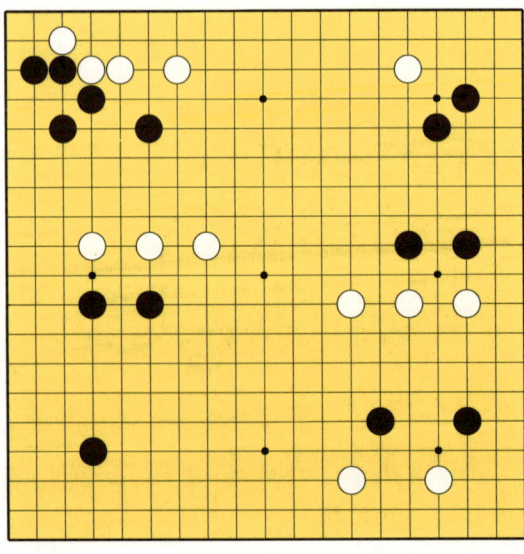

1도

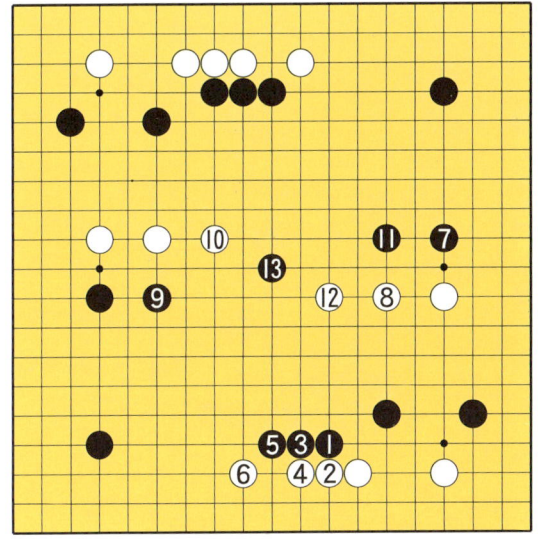

2도

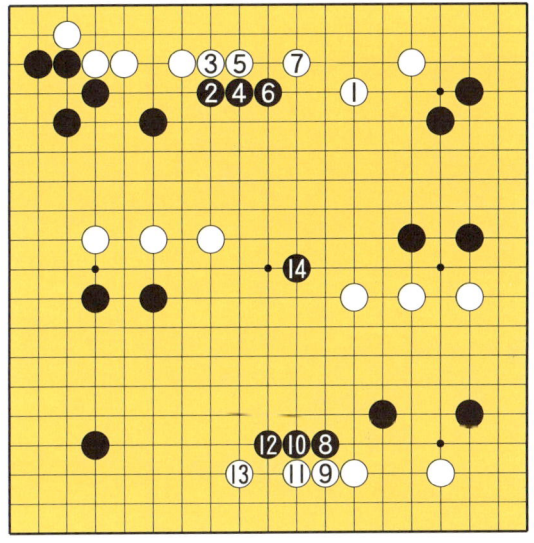

3도

3도 여기서 백1 등과 같이 느슨하게 두면, 앞 그림과 같은 과오를 되풀이한다. 좌중앙과 우중앙의 연결점에 해당하는 흑14로써 좌우의 백이 분단되면, 일방적으로 공격받는 모양이다.

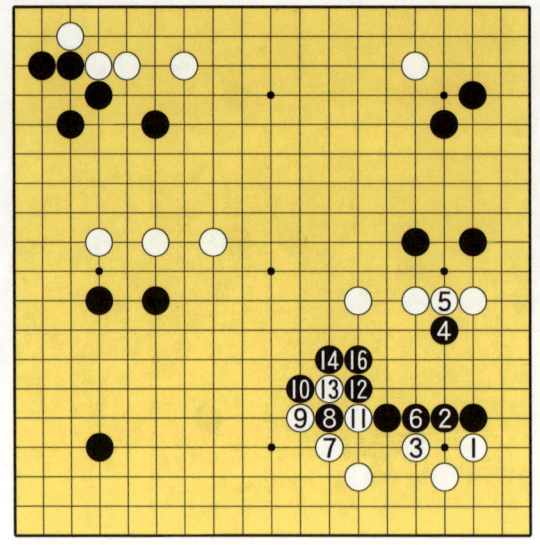

4도

⑮‥❽의 곳 이음

4도 백1로 먼저 흑을 공격했는데, 백7까지는 정석 비슷한 모양이므로 달리 변화의 여지도 없다. 흑8로 바깥으로 탈출하지만……

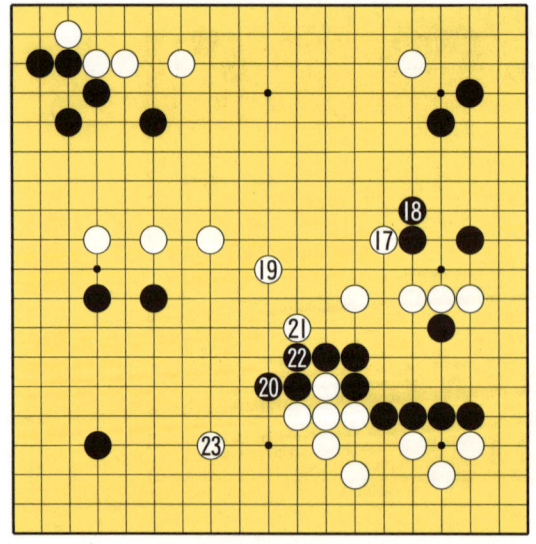

5도

5도 백19로 좌우를 연결하면서 흑을 공격하여, 백이 유망한 바둑이 되었다.

3도와는 큰 차이이므로 다시 비교해 보기 바란다.

● 제1형 ☞ 상대 약점을 공격하여 나의 약점을 커버하라

상대 두 곳의 약돌 사이를 분할하는 한 수로써 동시에 양쪽을 공격하는 일이 이상적인 수단이다.

중반전이 절정인 지금, 백△로 기분 나쁜 곳을 건드려 왔다.

백은 a의 끊음도 있으므로, 별안간 우변의 흑이 엷어진 느낌이다.

그러나 자세히 보면, 중앙의 백도 상당한 허점이 있으므로 무서워할 필요는 없을 듯하다.

이런 경우에 흑이 일단 물러나기 시작하면 걷잡을 수 없기 때문에, 더욱 적극적인 마음가짐이 긴요한 시점이다.

그럼 어디에서부터 두어야 하는가?

(흑 차례)

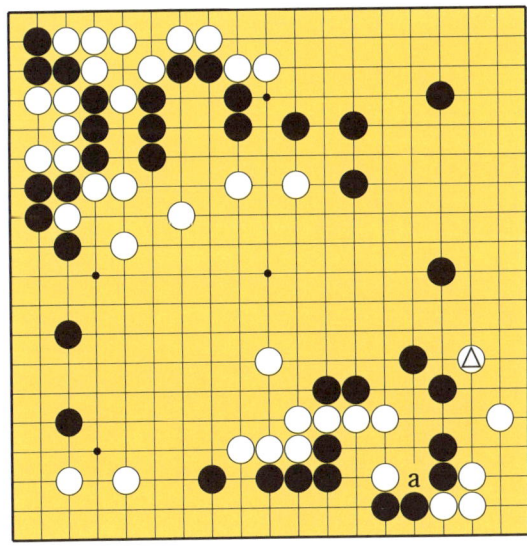

기본형

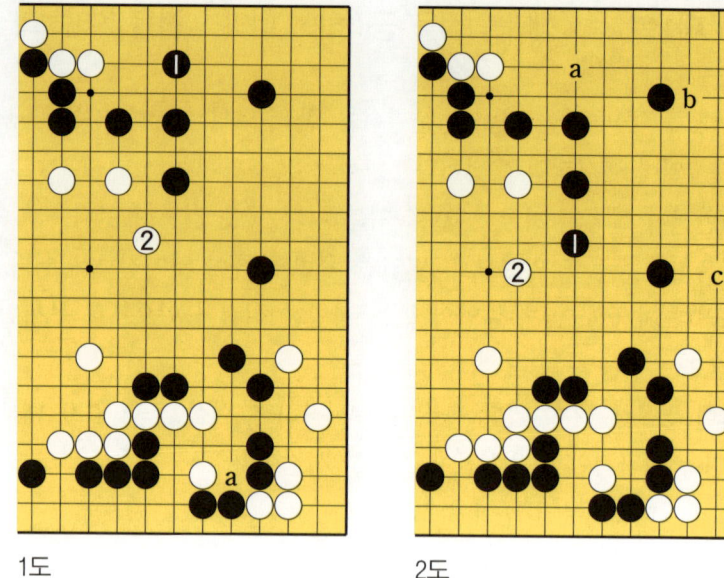

1도   2도

1도 (실리에 연연) 흑1 등으로 집차지에 정신이 팔리면 백2가 상당한 호점이므로, 그야말로 a의 끊기는 곳이 마음에 걸리고, 또한 중앙의 백도 두터워지게 마련이다.

자신만의 실리에만 급급하다 보면 자신의 약점에 대한 보강마저도 잊는 경우가 있고, 상대의 착점 관찰에도 소홀히 하여 엉뚱한 낭패를 자초하는 예가 많다.

2도 (우변에 연연) 흑1은 상당한 호수(好手)로서 중앙의 백을 노리면서 우변을 보강하는데, 실은 우변의 모양은 대단치 않은 점에 있다. 흑a라면 백b가 있고, 백c의 미끄러짐도 예상되는 곳이다.

이처럼 흑이 '밑자락'을 남겨 놓으면 백의 선수로 실리를 크게 삭감당할 우려도 있으며, 게다가 귀에 대한 백의 '뛰어들기'를 허용하면 흑의 손실은 너무 크다.

집모양의 허술함이 지닌 약점이 있기 때문이다. 그러나 무엇보다도 중앙의 백이 두터워지면 큰일인데, 흑은 귀중한 기회를 놓치고 만다.

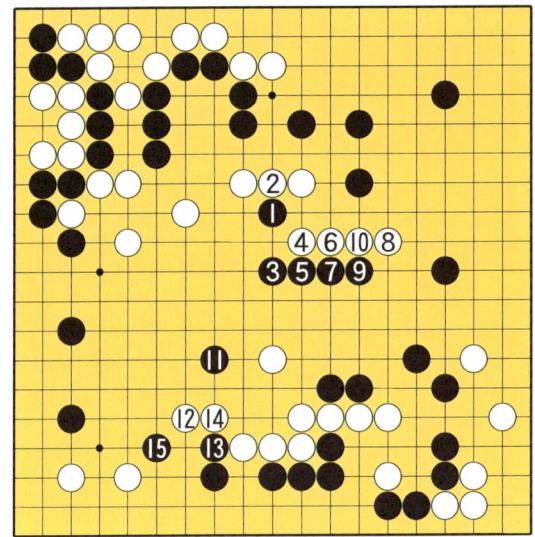

3도

3도 (공격의 효과) 흑1과 3이 이 국면의 사활을 판가름하는 급소
였다.

위아래의 백은 이제 연결할 수가 없는데, 그 사이를 분할하면서 둔
흑의 두 수가 양쪽 백에 대한 공격 효과를 보고 있기 때문이다.

실전의 진행을 더듬어 보면, 위아래가 분할된 백의 흐름이 이윽고
좌하귀에서의 공방으로 진전되어 갔다.

● 제2형 ☞ 갈라붙임으로 틈새를 공략하라

단독으로 침공하기 어려운 큰 모양이라도, '갈라붙임'(상대 진영을 갈라치는 성격의 붙임)이라는 수법이 통하는 경우가 있다.

상당히 어려운 국면이라고 생각하는데, 우상변을 중심으로 한 흑의 모양이 크기 때문이다. 우변에는 백a로 미끄러지는 여지가 있지만, 상변의 삭감은 매우 어렵다.

지금 당장 백a로 미끄러지든지 하면, 흑b 정도로 이미 상변에는 손댈 곳이 없으므로 백은 필패의 형세이리라.

여기서 좀 더 반면을 넓게 바라보면, 반드시 이상적인 호점을 발견할 수 있다. 좌변의 흑은 눈이 없는 약점이 있는데, 이런 흑에 대한 공격을 이용하여 상변으로 뚫고 들어갈 수는 없을까?

방향은 결정되었고, 나머지는 그 다음의 수순에 대한 수읽기의 뒷받침이 필요할 뿐이다.

(백 차례)

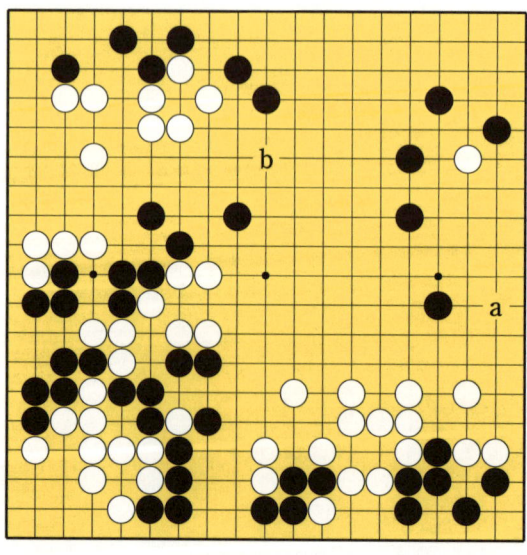

기본형

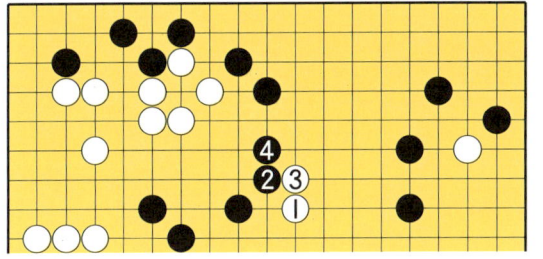

1도

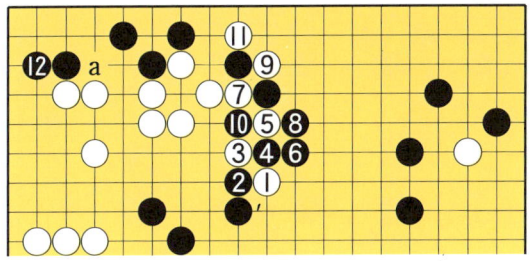

2도

1도 (백의 실패)　백1로부터 뒤쫓는 것은 어떨까?

다음에 흑2와 4로 깨끗이 본진에 도달하므로, 그 이상의 깊은 추격은 기대할 수 없을 것 같다. 백1과 3의 두 점도 위험해져 있으므로, 이 그림은 역시 백의 실패이다.

2도 (분할만 가능)　백1로 덤벼든 다음, 흑2에 대해서는 백3으로 차단하여 싸움을 걸어 보자. 몇 가지의 변화는 예상되지만, 그 대표적인 것이 이 그림의 진행이다. 그러므로 자세히 분석해 볼 필요가 있다. 백11까지면 한쪽은 물어 뜯을 수가 있는데, 이것도 분할의 효과이다. 그러나 이 그림은 흑12로 귀에서 크게 살고(백a와의 차이는 상당하다), 더불어 중앙의 흑이 두터워져 백은 충분한 성과라고 할 수 없다. 아무래도 흑돌에 대해 직접 공격하는 일은 잘 되지 않는 모양이다. 역시 백1로 분할하는 수단이 최선책이 아니기 때문이다.

이처럼 백이 좌충우돌하는 수단은 너무도 무계획적이고 무분별하기 때문에 별다른 소득이 없는 셈이다.

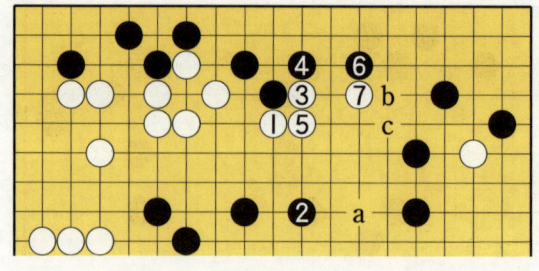

3도

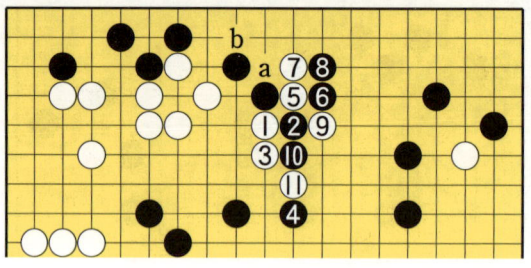

4도

3도 (상책의 붙임) 백1로 상변에서 '붙임'하여, 중앙의 흑을 간접적으로 노리는 수단이 상책이다.

흑2로 중앙을 보강하면 백3으로 상변을 삭감하여, 이하 백7로 기대면서 a의 틈을 노린다. 계속해서 흑b라면 백c의 요령이다.

이 그림은 흑도 견딜 수 없으므로……

4도 (중앙 흑의 위기) 흑2로 반발한 다음, 백3을 기다려 흑4로 중앙의 흑돌을 보강해 두었다. 이에 대해서는 백5의 '끊음'이 강수이며, 중앙에 약한 돌이 있는 만큼 흑은 자유스럽지 못하다.

흑6과 8은 계속해서 백a라면 흑b로 상변을 건너가려는 수법이지만, 백9로 끊어서 흑을 괴롭히는 맥점으로 인하여 중앙의 흑이 거듭 위기에 몰린다. 이 국면에서 백이 유리해진 공로는, 백1의 붙임과 백5의 끊음이었다.

이 그림에서는 보이지 않지만, 아래쪽의 강대한 백의 두터움이 은연중에 중앙의 흑을 압도하는 셈이다.

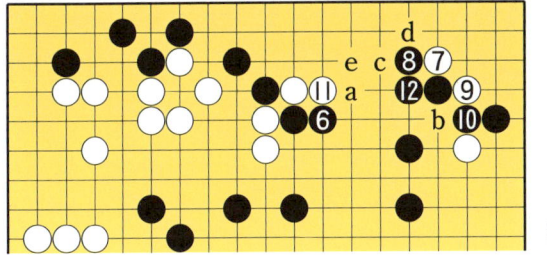

5도

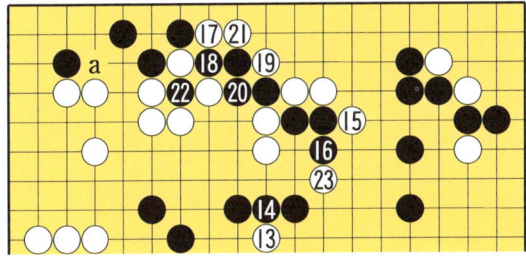

6도

5도 (실전의 진행) 흑6으로 늘어선 다음의 백7과 9는 백11을 두기
위한 공작이다.

흑12로 a는 백12, 흑b, 백c, 흑d, 백e로써 백의 유리한 모양이므로,
부득이 흑12인 셈이다.

6도 (갈라붙임의 효과) 백13과 15는 정해진 수순이며, 흑16을 두
게 하여 나중의 팻감을 준비했다.

백17부터는 외길이며, 흑22까지로 큰 패가 성립되었다. 중앙에 대
한 공격을 노리면서 상변에 난입하여 큰 성과를 올린 셈이다.

결국 패는 백이 이기고 백a로써 귀도 차지하게 되자, 얼마 지나지
않아 흑은 돌을 던지고 말았다.

약한 돌을 곁눈으로 노리는 '갈라붙임'의 효과를 절감했으리라고 생
각한다.

● 제3형 ☞ 공격을 속행하는 수단을 구하라

공격에서 전기(戰機)를 구할 여지가 보이지 않는 괴로운 모양에서, 주변을 이용한 공격의 속행 방법과 그 이득을 살펴보기로 한다.

우하귀의 흑을 공격하고 있지만, 조금 오산이 생겨서 백의 형세는 밝지 않다.

더불어 백이 우상귀에서 한 수 생략하고 있는 만큼 빚을 남긴 상태이다. 즉 흑a로 움직이는 뒷맛도 껄끄럽다.

지금의 초점은 흑△로 중앙의 절호점을 점령한 순간이므로, 백이 주춤거리다간 좌변을 삭감할 기회를 놓칠지도 모른다.

어쨌든 아래쪽의 흑을 공격하지 않으면 안 된다.

공격의 리듬에서 기회를 보아 좌변을 삭감하고 우상변의 약점도 유야무야(有耶無耶)로 만들고 싶은데, 그런 수단이 가능한지 연구해 보자. 출발점은 '갈라붙임'의 수법이다.

(백 차례)

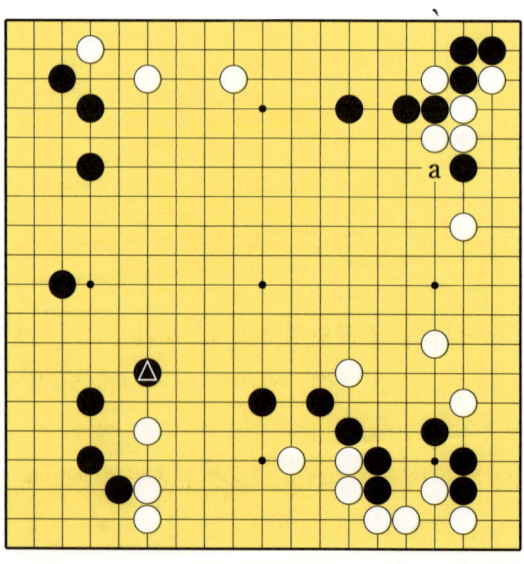

기본형

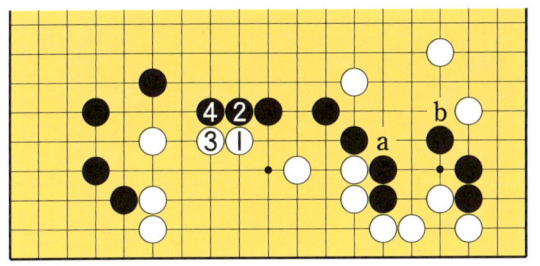

1도

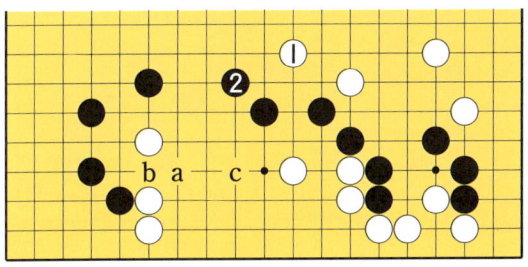

2도

1도 (집에 연연) 백1과 3으로 굳히면 하변에서 상당한 집이 생기지만, 흑에 대한 공격은 물 건너가고, 좌변 흑의 형세는 눈에 띄게 두터워진다. 백a의 '끊음'도 노리지만, 흑b가 활용되므로 효과가 없다.

2도 (다음 공격이 없다) 백1로 모양을 내는 수도 흑2로 응수하면 더 이상 공격이 안 되며, 이후 하변을 버려 두면 흑a, 백b, 흑c의 노림수를 가동하여 하변의 대규모 백집의 절반은 모래성처럼 되고 만다. 그렇다고 흑2 다음에 백이 후수로 하변을 지키고 있다가는, 기본형에서 언급한 우상귀 흑의 노림수기 시도되므로 백은 수세 일변도의 국면으로 몰리고 만다.

백1로 부풀은 모습도 자못 흠집 투성이므로 도저히 '세력'이라고는 할 수 없어, 우상에서 시작될 싸움의 전력(戰力)이 되지 않는다.

역시 이 그림의 백1은 큰 속수로, 흑의 모양을 알맞게 하면서 하변의 백에 대한 공격을 돕고 있는 셈이다.

아무튼 괴로운 입장이지만, 그래도 공격을 속행할 수밖에 없다.

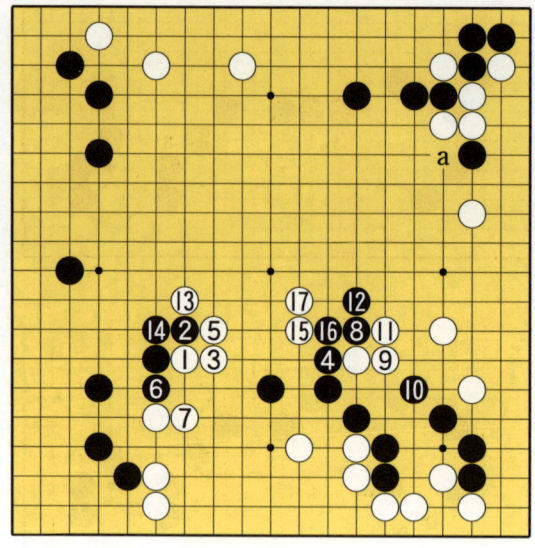

3도

3도 (공격 속행의 붙임) 백1로 갈라 붙이는 수단에 이 국면의 운명을 걸었다.

흑으로서는 붙임을 허용하는 편이 좌변의 모양을 굳히는 데 더욱 도움이 된다고 생각할지도 모른다.

그래도 흑12의 뿌리없이 빈약한 모습으로 달아나게 되면, 이런 흑을 공격하는 리듬으로 a의 약점을 해소시킬 수 있을지 모른다.

도중 백9는 자못 억지의 수단 같지만, 흑을 안정하지 못하도록 하기 위해서는 부득이하리라.

🟡 제4형 ☞ 공격하는 돌의 주변에서 이득을 올려라

양동 작전의 참된 가치는 곁눈으로 약한 돌을 노려보는 간접 수단이며, 결코 정면으로 직접 다가서는 공격이면 안 된다.

주제는 물론 우중앙의 흑에 대한 공격이다.

공격의 효과가 가장 분명해지는 것은 공격한 돌을 잡아 버리는 일이지만, 대마란 좀처럼 잡힐 돌이 아니다.

프로 기사들이라도, 상대의 돌을 정면으로 공격하여 성공을 거둔 대국의 예는 거의 없을 정도이다. 그래도 잡히는 경우는, 상대가 고집을 부려 손빼든가 승부를 걸어 버티었을 때뿐이다.

양동 작전에 의해 공격하는 돌의 주변에서 이득을 보는 게 현명한 방법이며, 이런 이득을 상대가 허용하려 하지 않는다면 공격이 더욱 매서워진다.

이를 염두에 둔다면 백의 간접 공격의 착점은 어느 곳인가?

(백 차례)

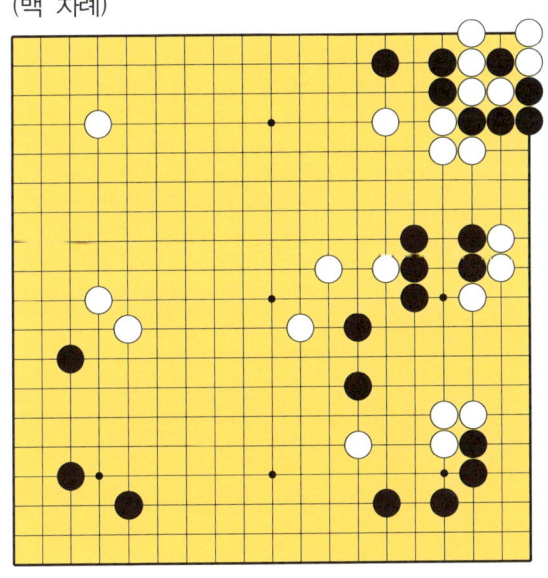

기본형

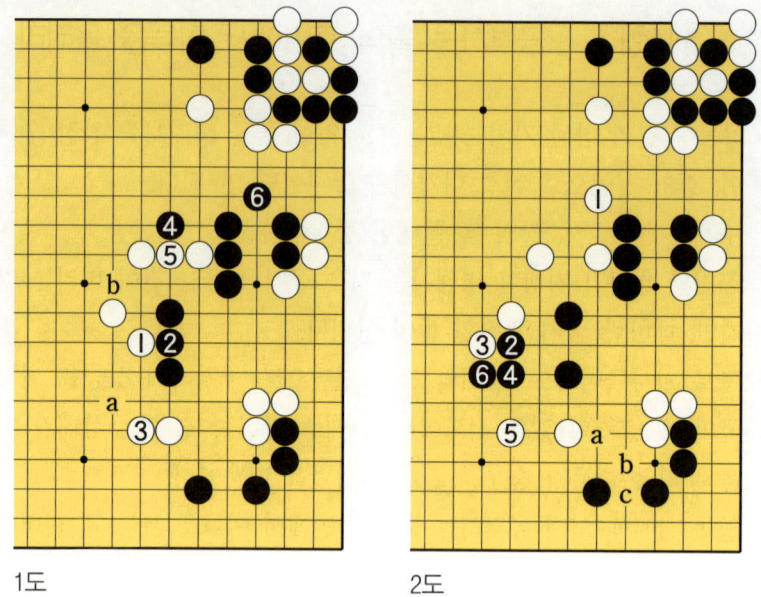

1도   2도

1도 (직접 공격의 허실) 이 국면의 경우도, 백1과 3 등으로 직접
공격하는 일은 어리석은 짓이다. 이를테면 흑6까지로 이 흑은 거의
안정하지만, 백이 얻은 것은 아무것도 없다.

백의 바깥쪽은 a, b 등에 약점이 있으므로, 도저히 '외세'(外勢)라고
부를 수 있는 입장이 아니다.

2도 (무모한 씌움) 백1로 우상 방면에 씌우는 수단에 대해서는, 반
대쪽에서 흑2로 탈출한다. 그 다음에 흑a의 절단이 남기 때문에, 백
b와 흑c를 교환하는 등의 공격으로는 오히려 손해를 본다.

이 그림의 백1과 같이 자신의 약점을 돌보지 않은 봉쇄는, 오히려
상대의 역공을 부르는 속수의 예에 불과하다.

상대의 돌을 공격하는 데는 '양동 작전'이 효과적이며, 이는 바둑의
원칙이라고 보아도 좋다.

이 경우에도 역시 공격하는 돌을 곁눈으로 노려보는 '붙임'이 본격
적인 포석법이다.

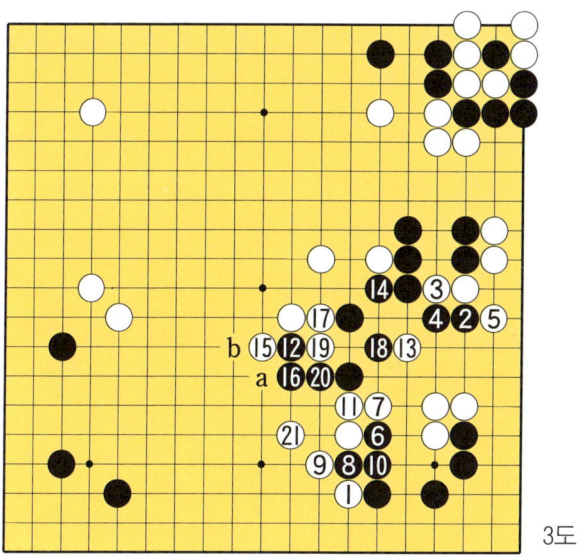

3도

3도 (실전의 진행) 백1에 대해 중앙의 흑돌이 달아나면, 백10으로 누르는 호형으로 만족할 생각이다.

그것을 견뎌낼 수 없다고 생각한 흑이 6과 8로 반발해 왔으므로, 백11에 돌이 놓여지자 흑은 매우 괴로워졌다.

흑12 이하 필사의 모양 갖추기인데, 백21의 호형이 또한 흑에 대한 공격으로 되어 있으므로, 붙임의 효과는 충분하리라.

이후 흑a에 대해서는 백b로 뻗어, 중앙이 한결 두터워졌다.

거슬러 올라가 흑6과 8은 약간 욕심이었던 모양이며, 그럼 흑6으로는 10, 백6, 흑12로 진행하는 편이 중앙 흑의 생존에 편했으리라.

마찬가지로 백21에 두게 되었다고 해도, 실전보다는 백의 모양이 안성맞춤은 아니기 때문에 흑이 유리하다.

● 제5형 ☞ 씌움으로 상대를 분할하라

소목의 날일자 걸침에서 날일자로 씌우는 모양은 흔히 사용하는 '분할'의 수단이므로, 정석처럼 기억해 둘 필요가 있다.

이 국면에서의 공격 목표는, 우하귀로부터 뻗어 나가고 있는 흑의 대마이다.

좌하귀의 백돌과 흑돌의 관계는, 백으로서 매우 안성맞춤인 배치로 되어 있다.

전형적인 분할의 수단이 예상되지만, 실전에 자주 나타나는 배치이므로 알아 두면 반드시 쓸모가 있다.

좀 더 둘러보면 상변의 흑돌은 언제라도 안정되는 모양이지만, 경우에 따라서 아래쪽의 흑과 얽키는 일이 발생한다면, 그런 사정도 백으로서 유리한 재료이다.

여기서 백의 선수로 분할하는 수단은 어느 곳인가?

(백 차례)

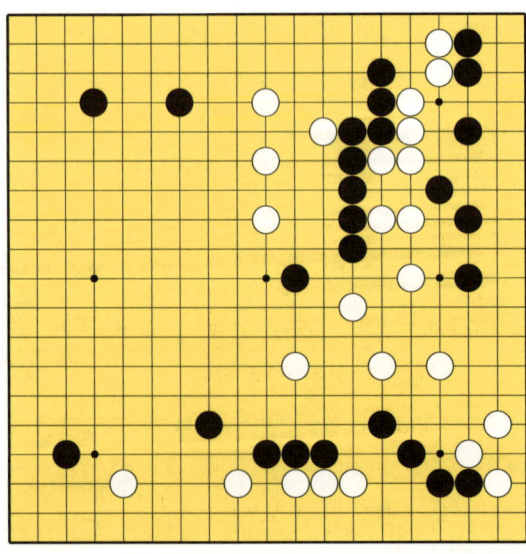

기본형

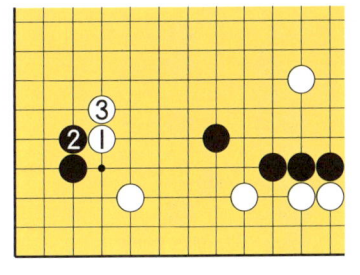

1도

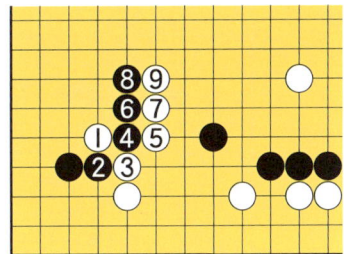

2도

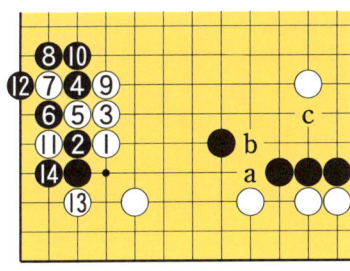

3도

1도 (씌움) 백1과 3이 정확히 들어맞는 '씌움'임을 아는 사람도 많을 터이다. 다시 확인해 보자면……

2도 (맞끊음은 불가능) 우선 백1의 씌움에 대해 흑2와 4의 맞끊음이 존재할 수 없음은 명백하다.

백5부터 9까지로 흑돌을 밀어 올리면, 우측의 흑 네점의 모양이 옹색해지면서 활로를 잃기 때문이다. 또 다른 응수 수단으로는……

3도 (흑 위험) 백1과 3에 대한 흑4도 이 경우에는 모험이리라.

백5 이하 흑14까지는 정형이지만, 이러면 앞 그림과 마찬가지로 우측의 흑이 위태롭다.

우측의 흑을 공격하는 급소는 백a, 흑b, 백c인데, 이렇게 되면 흑 네점은 활로를 찾기 위해 중앙으로 진출해야 하지만 그 결과는 미지수이다.

따라서 흑4를 둘 수 없다면, 흑은 임시적인 조치를 강구해야 한다.

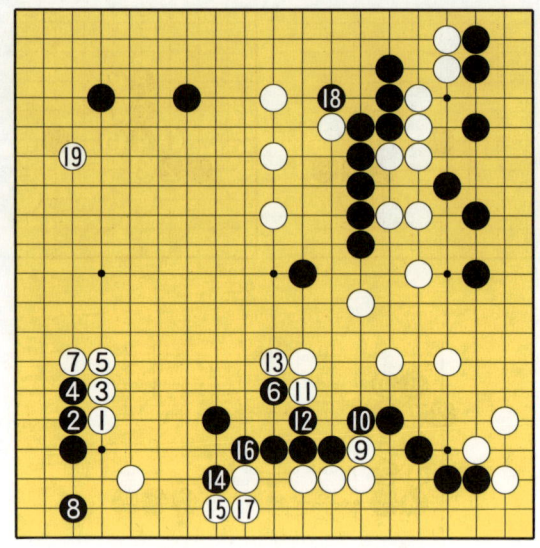

4도

4도 (실전의 진행) 백1과 3에 대해 흑은 하나 더 4로 민 다음에, 선수를 뽑아 흑6의 보강을 서둘렀다.

백7의 '누름'은 선수이며, 흑8과 교환하여 이 거래는 백으로서 이득이다. 백7이 미개척지인 좌변을 향해 강력한 세력으로 작용하기 때문이다.

하변의 흑도 6으로 선행은 했지만 아직 완전히 안정된 상황은 아니므로, 바깥쪽이 봉쇄되면 위험하다.

즉 상변 흑과의 연결 고리도 두절될 염려가 있으므로, 흑18로 손질하지 않을 수 없었다.

이때 백19로 마지막 '큰 곳'에 두자 백이 우세한 국면이 되었다. 이로써 백1과 3부터의 '분할 작전'이 훌륭한 열매를 맺었다.

● 제6형 ☞ 위력적인 축머리를 활용하라

'분할'의 수단에는 여러 가지가 있지만, 모양에 따라 '축머리'도 분할의 역할을 한다.

상변에서 싸움이 시작되었는데, 상변에 달라붙어 있던 백 몇 점이 짐이 되는지 아니면 싸움의 주역이 되는지의 갈림길이다.

백△를 활동시키기 위해서라도 백은 a로 젖혀 나가 싸우고 싶지만, 그게 가능할지 의문이다.

불가능하다면 어떻게 해야 이를 가능하게 할 수 있는지가 '수읽기'의 출발점이기도 하다.

힌트는 주제의 축머리에 있다.

우선 어떤 축이 성립되며, 다음으로 축머리를 둔다고 하면 어떻게 두는지에 대해서, 설명을 보기 전에 연구해 보자.

잘 생각해 보면 그다지 어려운 문제는 아닐 것이다.

(백 차례)

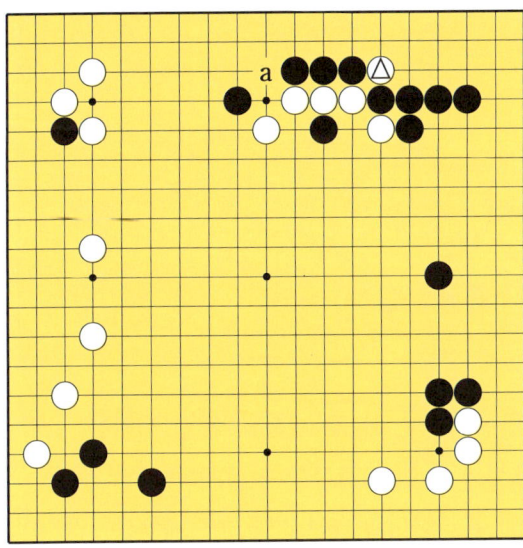

기본형

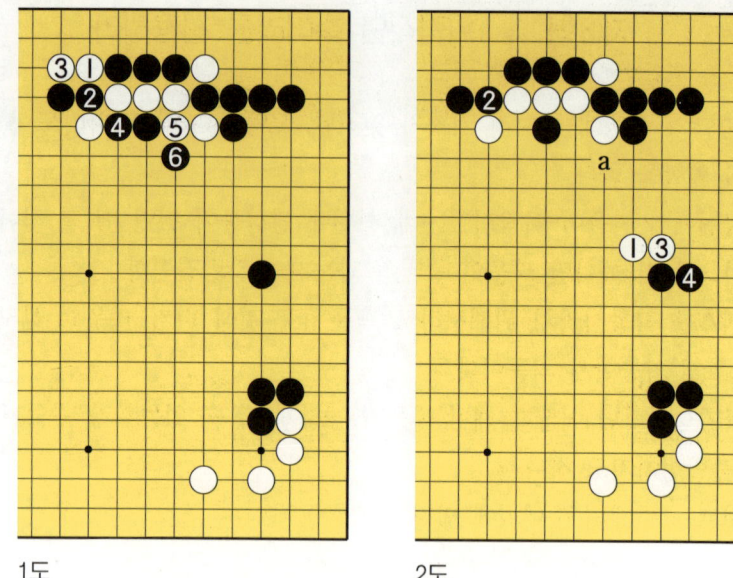

1도   2도

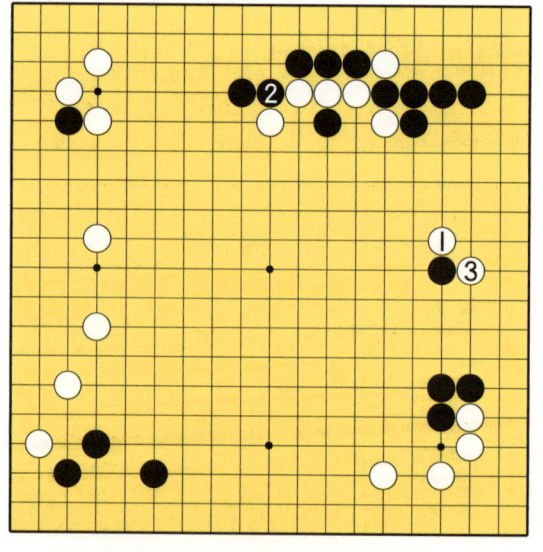

3도

1도 (축)　당장이라도 백1로 젖혀 나가고 싶지만, 그림에서와 같이 흑6까지로 요석이 축으로 잡힌다면 실패이다.

　　따라서 축이 불리하다면 축머리를 두면 된다는 생각이다.

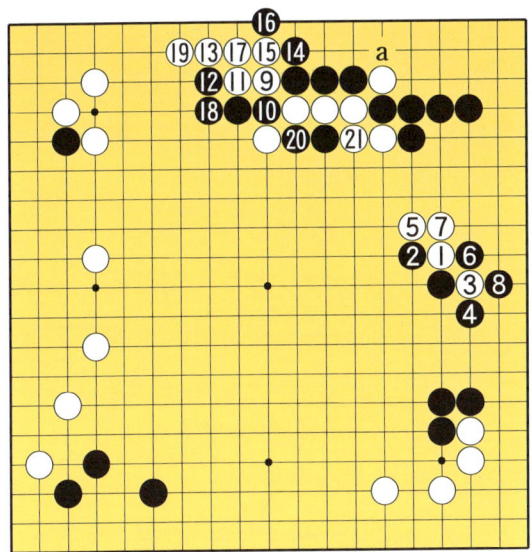

4도

　다만 어지간히 매서운 축머리를 두지 않는다면 불발이 될 염려도
있다. 상변의 싸움 가치가 매우 크므로……

　2도 (백 실패)　백1의 축머리 따위는 흑2로 보강한 다음(흑a로 둘
지도 모른다), 백3에는 흑4로 오히려 무거운 돌을 만드는 결과가 되
므로 백의 실패이다.

　3도 (강력한 축머리)　백1이 매서운 축머리이다.

　흑2라면 백3으로 우하변의 흑이 강력한 제재를 받는다.

　4도 (실전 진행)　그래서 실전은 흑2 이하의 수순으로 진행되었고,
선수로 상변의 축을 방어한 백은 9로 젖혀 나갈 수가 있었다.

　백21의 다음에 a를 노리면 백의 우세이다.

● 제7형 ☞ 손해를 투자로 삼아라

먼저 손해 보지만 다음의 효과적인 작전을 위해서이며, 다소 억지인 듯싶은 '분할'의 예를 소개한다.

흑의 선상선(先相先 : 흑, 백, 흑의 순서로 두는 대국이며, 보통 1단의 차이가 있을 때 사용한다)에서 흑번(黑番)이며, 물론 '덤'이 없으므로 흑의 입장에서는 굳이 난전으로 끌어들일 필요까지는 없었지만, 기풍은 속일 수 없어 이 바둑도 싸우고 또 싸우며 끝낸 대국이다. 흑이 ❹에 두고, 백이 ❷로 응수한 순간이다.

물론 흑은 좌하변의 백 다섯점에 목표를 두고 있으므로, 위쪽에서 약간 손해를 보아도 상관없다고 생각했으리라.

이후 보통이라면 흑a, 백b, 흑c 정도의 수순으로 전개되리라.

흑은 선수로 착점을 찾는 것이 관건인데, 예상되는 여러 수단을 상정해 보자.

(흑 차례)

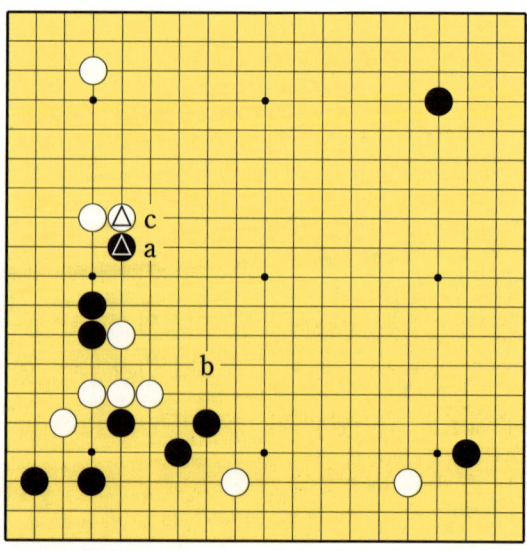

기본형

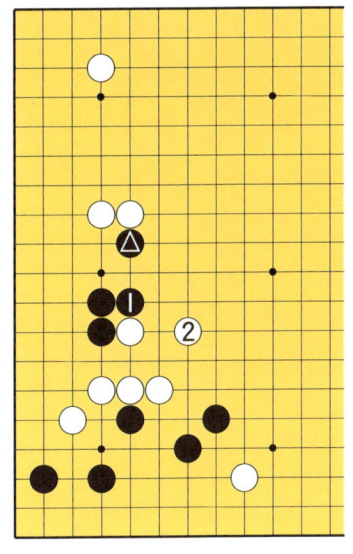

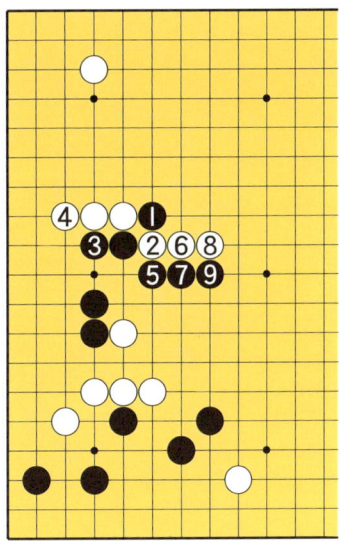

1도   2도

1도 (악수화) 우선 흑1은 좋지 않은 수이다. 백2로 가볍게 중앙으로 한 칸 뛰면 먼저 둔 흑▲는 악수로 변한다.

애당초 흑▲는 위쪽의 백에 기대면서 아래쪽 백을 공격하자는 의도가 있으므로, 흑1로 직접 공격이 시작되면 작전의 일관성이 한꺼번에 무너진다.

바둑의 공방에서는 '양동 작전'(陽動作戰)이 절대 효과적이므로, 공격 목표의 노출은 금물이다.

2도 (손해를 각오한 젖힘) 원기 왕성한 흑이 선택한 수는 흑1의 '젖힘'이었으며, 이때 백2로 끊으면 흑3과 5부터 9로 밀어 붙이겠다는 의도이다. 아래쪽의 백이 반드시 잡힌다는 보장이 없다면, 흑은 위쪽에서의 손해가 너무 크다. 좌상 방면의 공간을 백이 확보하면 너무나 커서, 아래쪽의 백 다섯점을 잡을 수 없다면 흑의 패배이다.

그러나 백은 2로 '끊음'을 시도하지 않았는데, 다소간 주눅이 들었는지도 모른다.

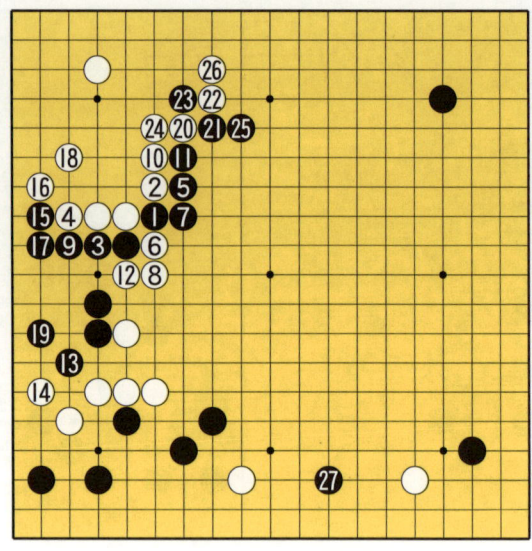

3도

3도 (실전 진행) 백2로 젖혀서 물러났으므로, 다음에 흑3을 선수하고 나서 흑5로 기세상 '2단 젖힘'을 감행했다.

그러자 백6으로 반격해 왔고, 봉쇄된 흑은 19까지로 집모양을 갖추었다.

계속해서 백20에서 26까지는 필연이며, 이 부분만으로 말하면 백의 실리는 충분하다.

여기서 흑은 27로 하변에 뛰어들어 싸움을 확대시켰는데, 이렇게도 둘 수 있다고 생각했던 바이다.

반드시 권장할 수 있는 싸움 방법이라고는 할 수 없으나, 이러한 포석법도 있음을 알아 주기 바란다.

2. 사활의 맥점

중반에서의 사활은 상대의 돌을 무조건 잡기보다는 모양의 급소를 찾아 공격에 이용하거나 내 돌을 강화하는 데 주안점을 두는 것이 더욱 현명하다.

1도 흑1의 '붙임'은 백 모양의 급소이다. 이를 무시한 백2에 대해 흑은 어떻게 백의 결함을 질책하는가?

흑a, 백b, 흑c 따위는 싸우는 장소로 전혀 아니다.

흑1에 시선이 가는 사람이라면, 다음의 절대적인 수도 알기 쉬우리라. 바둑에서는 '돌의 모양'이 중요하므로, 삶의 모양인지 여부를 직감하는 경험이 필요하다.

2도 흑1의 '젖힘'이 흑▲의 붙임과 관련되며, 백의 '자충'을 문책하는 급소이다. 백2라면 흑3 이하의 '연단수'로 백 다섯점이 잡히고 만

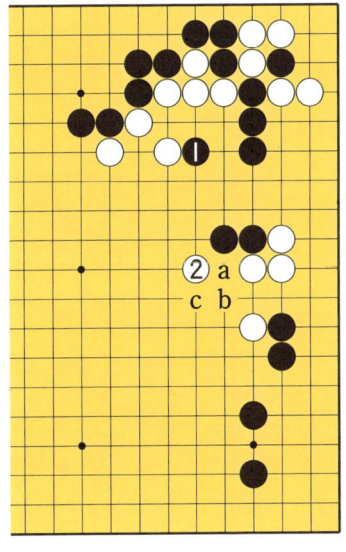

1도

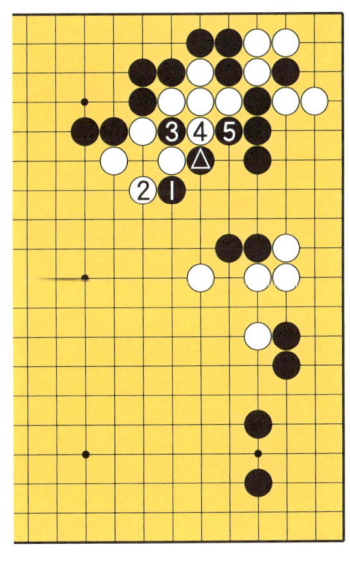

2도

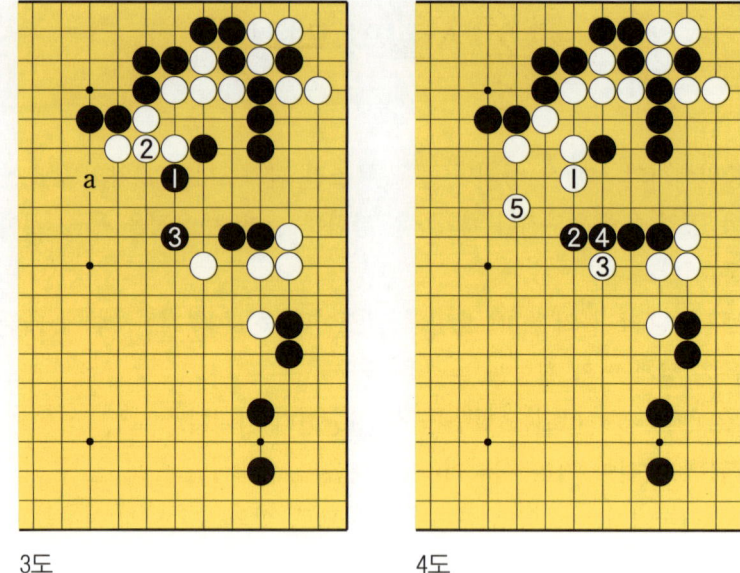

3도   4도

다. 이 그림과 같은 수순은 미리 예견해야 하며, 이런 수읽기에 약하
다면 무모한 죽음을 초래하고 만다.

3도 흑1에 백2의 '이음'이라면, 흑3으로 유유히 진출하여 흑이 크
게 유리해진다.

한편 흑3으로는 a에 씌워서 또 다시 약점을 추궁하는 수도 성립하
리라. 자충을 강조하는 수는 대개 호점이라고 알아 두어도 좋다.

아무튼 그림을 본 순간 즉시 흑1에 돌이 가도록 바둑 감각이 발달
되어야 한다.

4도 그러므로 1도의 백2로는, 무슨 일이 있어도 백1에 뻗어 두지
않으면 안 된다.

다음에 흑2로 진출하면 백3을 선수하고 나서, 5로 모양을 갖춘다.

이러면 쌍방이 모두 훌륭한 진행이라고 하겠다.

이처럼 백1의 곳은 절대로 놓칠 수 없는 절대의 급소였다.

● 제1형 ☞ 버림돌을 활용하라

상대편 전력이 강한 곳에서의 싸움에서는, 버릴 돌은 미련 없이 포기해야만 활로를 확보할 수 있다.

이 국면에서는 좌상변의 흑 대마의 집모양 갖추기가 중요한 주제이다.

착수해야 할 곳이 많아 난해하지만, 중반 사활의 일례로서 소개하려는 그림이다.

완전한 두 눈(집) 이상의 마련 여부가 사활을 결정하는 중대 요소이므로, 눈모양 갖추기가 선결 과제이다.

눈모양을 갖추는 데는 집모양의 급소를 찾아내는 일이 중요하며, 이 급소가 눈모양의 공방에서 쌍방의 급소이다.

(흑 차례)

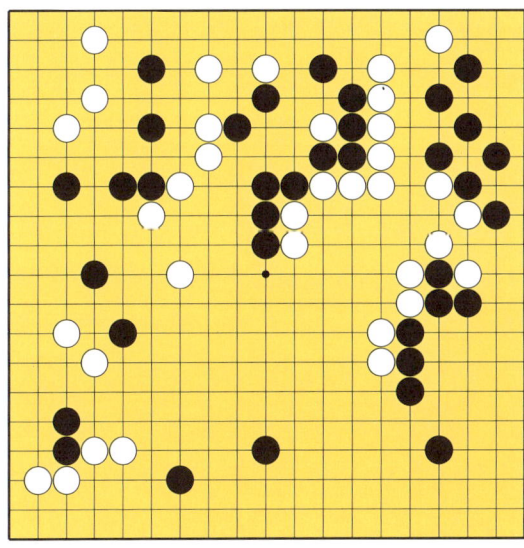

기본형

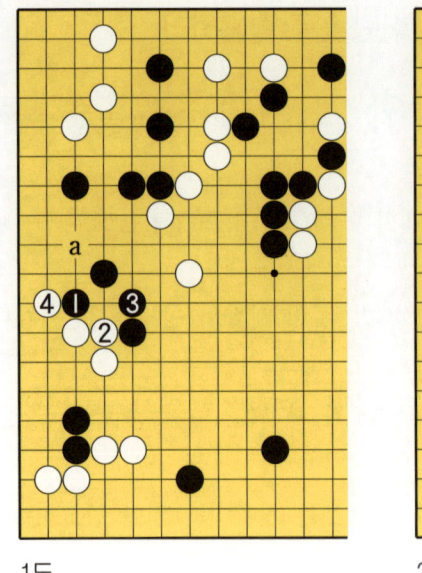

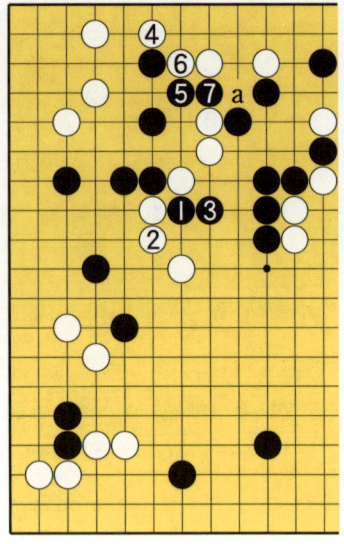

1도   2도

1도 (눈모양을 무시한 굳힘) 흑1로 그럭저럭 눈모양이 갖추어질 것 같지만, 백2의 눈모양 삭감에 대해 흑3으로 응수할 여유가 없다. 백 4나 a가 너무나 매섭기 때문이다. 이처럼 소극적인 굳힘은 상대편 공 격의 묘수를 유발하는 경우가 많다. 이 국면에서 눈모양의 급소는 a의 곳이며, 백4의 2선 '젖힘'도 눈모양 삭감의 맥점이다.

2도 (불투명한 싸움) 흑1은 직접 싸우려는 수단으로, 백2면 흑3, 백 4로 건너가려 하면 흑5로 멋지게 활로를 마련할 수가 있다.

보통 활로 확보를 위한 공방이라면 흑1의 '끊음'은 통렬한 수단이 며, 이로써 사활에 대한 싸움도 본격화된다. 이와 같은 다양한 수단 과 방법을 예상하는 수읽기 능력을 발전시키는 노력이 필요하다.

다만 그림은 확정적인 수단이 아니라는 점에 있다. 가령 백4로 a도 있어, 이번에는 우측의 흑이 공격 목표가 되어 버릴지도 모른다.

그럼 상대의 사활 노림으로부터 탈출하는 흑의 실전 수단을 검토 해 보자.

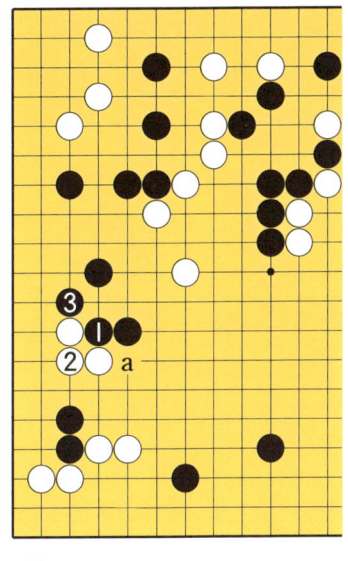

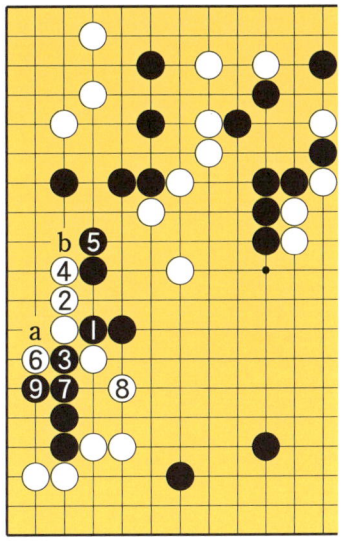

3도   4도

3도 (눈모양의 급소) 흑1이 눈모양 갖추기의 정착이라고 확신했다.

백2로 이으면 흑3이 좋은 모양이고, 흑a도 거의 선수이므로 이번에는 위쪽 백의 대마가 위태롭다.

그러므로 백2로 응수할 까닭이 없다.

4도 (실전의 진행) 그래서 백2에 대해 흑3으로 끊어 '수상전'이 벌어졌으며, 백4로 늘어서는 수는 부득이하다.

계속해서 백6도 필연적인 착점이며, 흑7에는 백8로 늦춰 막지 않으면 안 되므로, 흑9로 누른 다음의 백a에는 흑b로써 봉쇄가 가능하다. 흑이 선수로 산다면, 좌하귀 쪽 흑을 버리더라도 그 효과는 매우 충분하다고 생각한다.

● 제2형 ☞ 선수를 잡고 사는 수단을 구하라

삶이 보장된 모양이라도, 최대한 유리한 삶을 선택하는 계산적인 지혜가 필요하다.

중반의 후반부에 접어들었으나 아직도 형세가 혼돈이라면, 이제부터의 결정적인 승부가 중요하다.

이 그림은, 방금 백△로 젖히고 흑▲로 이은 국면이다.

좌상귀의 백은 그대로 두면 죽기 때문에 손질을 해야 하지만, 가령 백△의 좌측을 잇는 것은 명백한 후수이며, 게다가 흑a의 '마늘모' 행마가 두어지면 백은 고전이다.

여기서는 먼저 흑a에 두는가, 또는 백b에 붙이는가의 차이는 엄청나므로, 이 차이가 승패에 직결될 것 같다.

어려운 곳이지만, 실전의 진행을 자세히 살펴보면서 눈앞의 응수만이 삶에 대한 대책이 아님을 이해하기 바란다.

(백 차례)

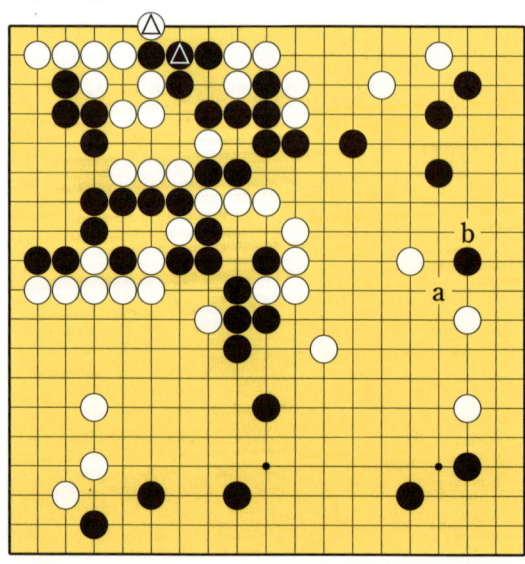

기본형

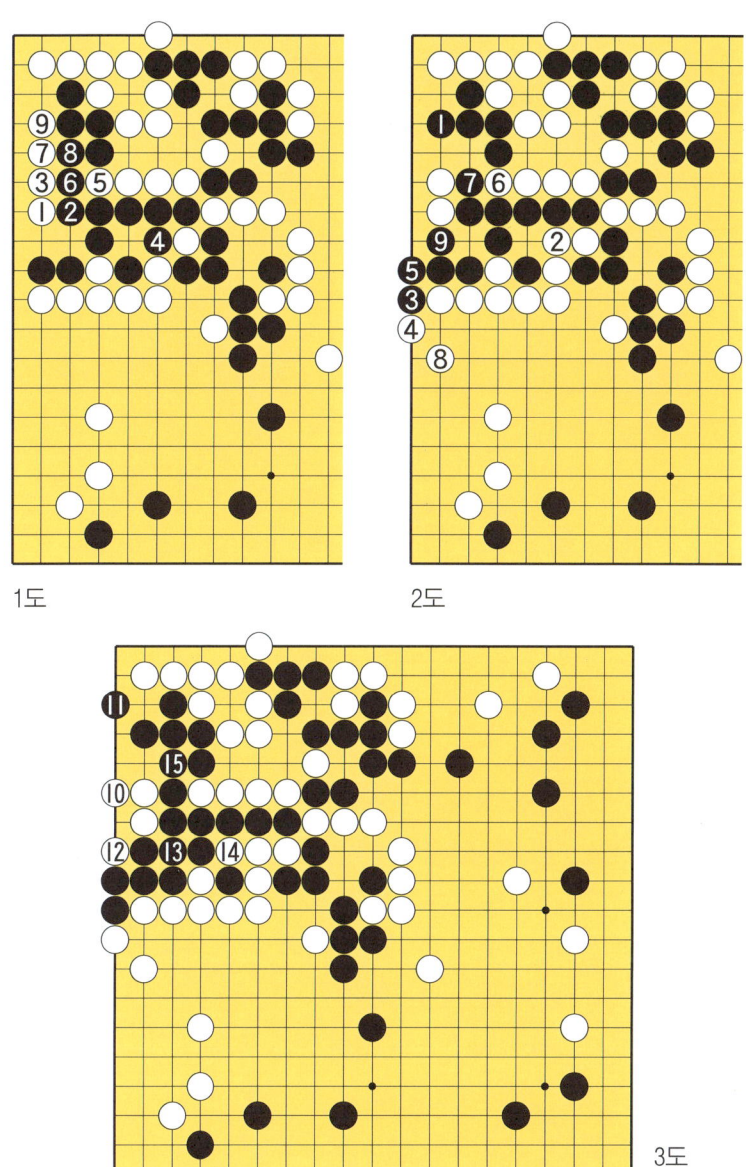

1도   2도

3도

1도 (치중) 백1로 치중하고 나서 흑의 반응을 엿보았다. 흑2의 응수는 부득이하다.

다시 백3으로 뻗어 흑의 대응을 살폈는데, 흑4라면 백5부터 9로써

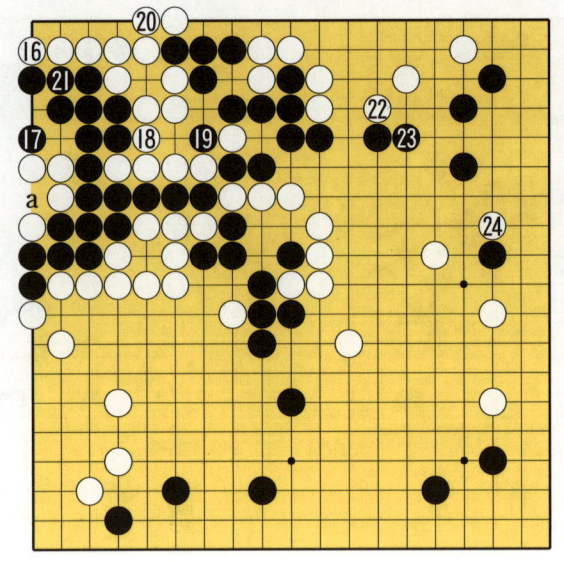

4도

크게 살며 흑집은 제로 상태가 된다.

그럼에도 흑은 이렇게 둘 수밖에 없었는데, 실전은 대단히 비참했기 때문이다.

2도 (실전의 진행) 흑은 1로 굳히며 좌상귀의 백을 작게 살려 주려고 했지만, 그것은 흑의 희망이었다.

백2로 이은 다음의 진행은 외길이며, 이토록 교묘한 조임수가 가능할지는 생각하지 못할 정도였다.

3도 (패싸움 불사) 백10으로 패싸움도 불사하고서······.

4도 (선수 확보) 백18이 놓여져서 흑의 공배가 메워지자 백20의 삶이 선수가 되었다. 흑21을 두지 않으면 백21, 흑a로 패가 성립된다. 이런 까닭에, 결국 선수를 뽑아 백24로 '붙임'으로써 백의 우세가 확립되었다.

제3형 ☞ 적진 속에서 살아남기

적의 집안에 뛰어들어 삶을 마련하는 수단은, 통쾌하기 이를 데 없는 공격적인 삶이다.

방금 우변에서 흑▲로 백 한점을 '빵때림'한 국면이다.

이 수는 흑의 눈모양을 확보함과 동시에, 다음에 흑a의 '껴붙임'을 노리는 특급 끝내기이다.

형세는 백이 약간 유리해 보이지만, 중앙을 비롯하여 확정되지 않은 장소가 많으므로, 어디서 어떠한 싸움이 벌어질지 모른다.

이 정도에서 결정적인 타격을 주고 싶은 곳은 어디인가?

시선이 가는 곳은 좌변의 흑집이며, 이곳에서 적절한 수단이 마련되면 승패가 결정된다.

백은 승리를 확신하고 있었으며, 흑도 패배를 각오하고 있었는지 모른다.

(백 차례)

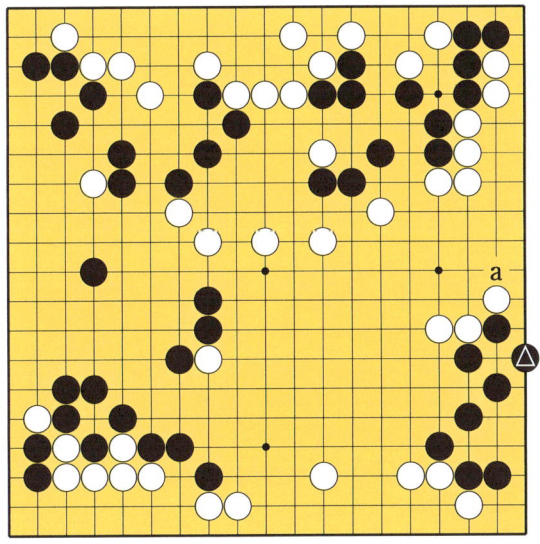

기본형

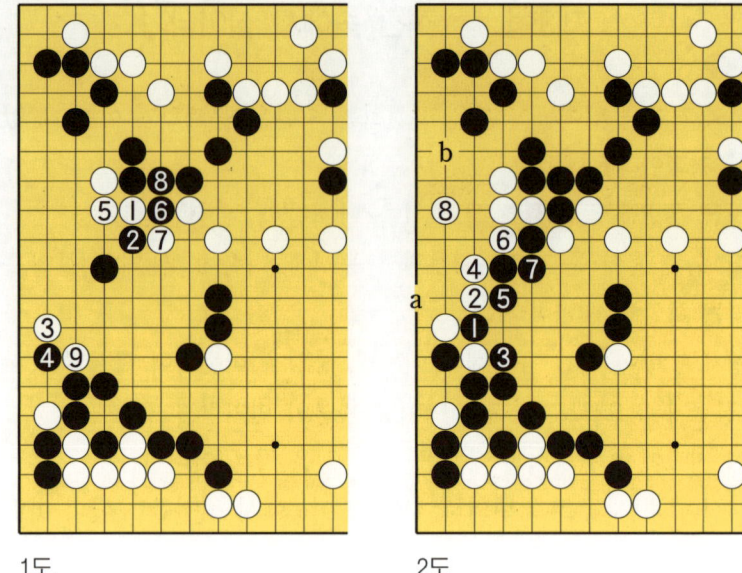

1도   2도

1도 (묘수의 의미) 백1로 '젖힘'을 시도했는데, 이 수에 대해서는 흑
2로 버틸 수밖에 없다.

백3에 대해 흑4를 기다려 백5로 '이음'이 이루어졌다. 계속해서 흑
6과 8로 절단한 다음에 백9로 묘한 곳에 둔 시점에서 흑이 돌을 던
졌다.

이후 결말이 나기까지 두었다면 어떻게 되는지 확인해 보자.

2도 (끊으면) 흑1의 '끊음'이라면, 백2와 4로 건너가는 수단이 좋을
듯하다.

흑5에 대해서는 백6과 8로 정돈하여, 다음에 a와 b가 맞보기이므
로 백은 확실하게 산다.

흑1은 백2의 선수를 허용하기 때문에 악수일지 모른다.

따라서…….

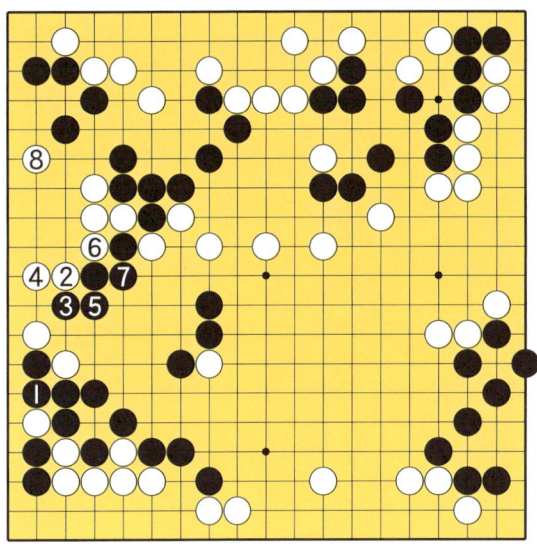

3도

3도 (간단한 삶)

단순히 흑1이라면, 백2와 4로 붙이고 내려서서 간단하게 삶이 확보된다.

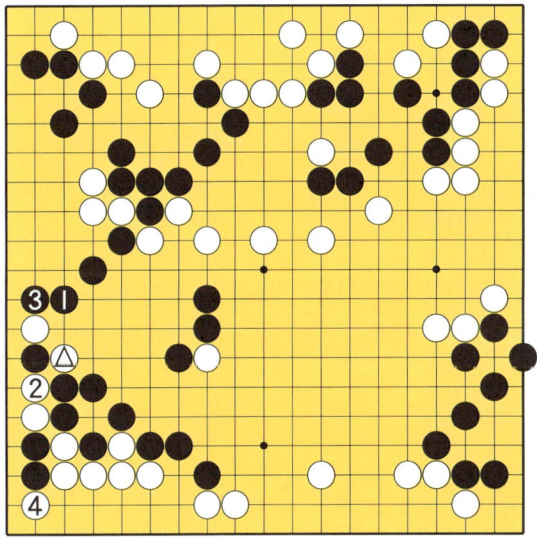

4도

4도 (백의 낙승)

거슬러 올라가 백△에 대해 흑1이라면, 백2로 잡은 다음 흑3에 막을 때 백4로 손질해 두는 정도로써 백의 낙승이다.

다짐 삼아 전국을 둘러본 다음 형세 판단을 확인해 보기 바란다.

3. 모양의 맥점

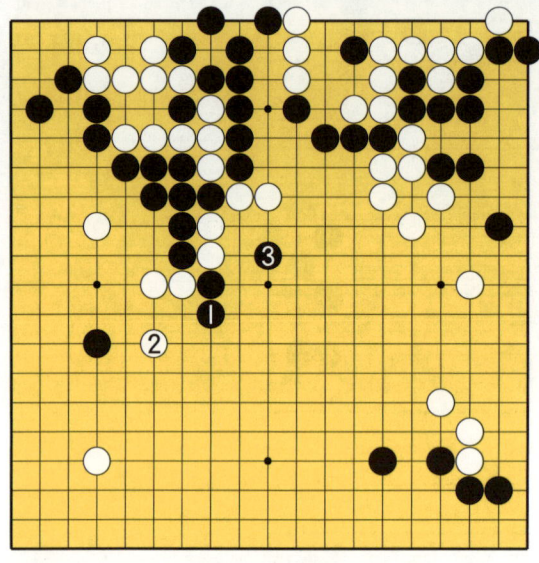

1도

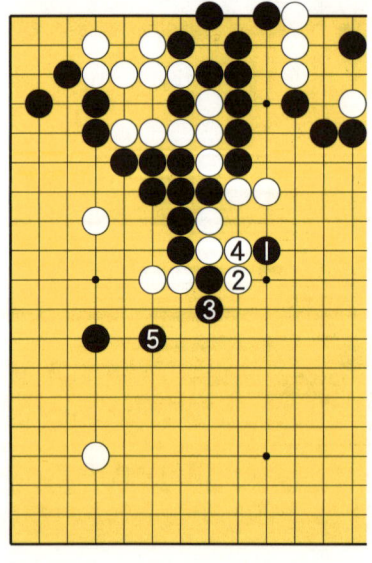

2도

싸움의 급소는 모양의 맥점임과 동시에 전국적인 균형도 고려한 착점이다.

중반의 싸움에서는 그 급소와 더불어 수순도 중요하다.

1도 이런 국면에서 싸움의 급소는 3의 곳이다. 그러나 흑1을 선수하고 나서 3의 급소라면 백은 손뺄 공산이 크다. 투입된 흑의 돌수가 많아 버려도 아깝지 않고, 백도 2로 세력을 갖추었기 때문이다.

2도 즉시 흑1로 급소를 찔러야 하며, 백2와 4로 달아나면 흑5로 좌중앙의 백을 봉쇄한다.

이런 다음에도 흑1의 위력이 남으므로, 언제까지나 백을 괴롭히리라.

● 제1형 ☞ 유명한 눈모양의 맥점

유명한 '모양의 급소'가 있다. 몰리다가도 이런 곳을 반격하면 공방의 입장이 순식간에 역전되므로 알아 두기 바란다.

중반전도 후반부에 가까워져서, 남겨진 싸움은 상변에 국한된다. 대체적으로 상중앙의 흑 몇 점이 외로운 모습인데, 한시라도 빨리 아래쪽의 자기 진영까지 이어가고 싶으리라.

이를테면 흑a로 진출하는데, 그러면 백b로써 안정한다.

결과적으로 흑의 모양이 아직 튼튼하지 못해 좌변의 백집 모양을 삭감하기 어려우므로, 우중앙의 백이 안정한 이상 백의 실리가 상당한 국면이다.

사실 이 국면의 요점 하나는, 흑c 언저리가 하변 흑 두점의 탈출 관계상 활용된다는 점이다. 다시 말해 상변의 백은 보기보다 위태로운 대마라는 점이 중요하므로, 흑은 스스로를 굳히기보다는 백을 공격하는 수단을 마련해야 한다.

(흑 차례)

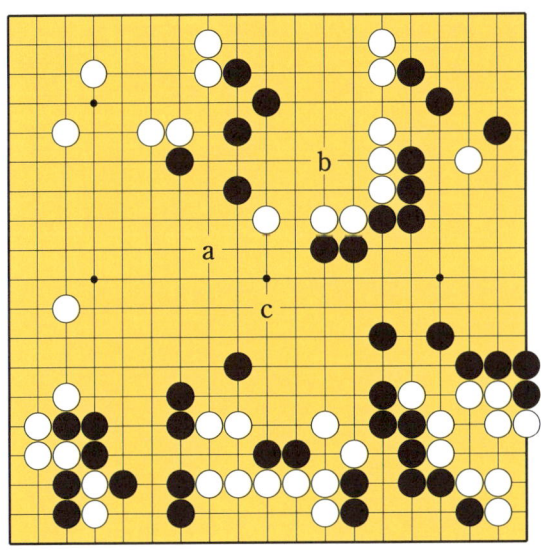

기본형

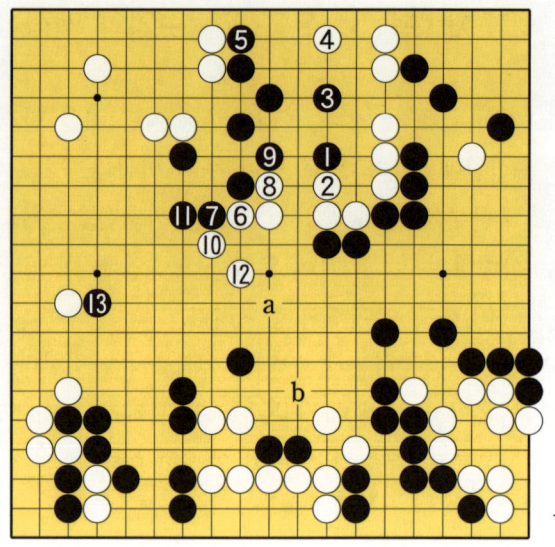

1도

1도 (눈모양의 급소) 공격하려면, 착점은 흑1의 급소밖에 없다. 백
2는 부득이하고, 흑3이 되면 흑은 거의 안정하므로 급소의 위력은 대
단하다. 백은 6부터 10까지로써 외부로 탈출하지만, 앞에서 말했듯이
흑a 등이 하변 백의 사활에 관해 활용이 되므로, 백의 움직임은 크
게 제약을 받는다.

만일 흑a에 대해 하변의 백이 손빼면, 흑b의 호점으로 흑 두점이
탈출할 수 있음을 확인하기 바란다.

흑 두점이 탈출하면 자동적으로 하변의 백은 죽음이다.

백12로 대비해도 아직 완전하지 않으므로, 그런 수를 곁눈으로 노
리면서 흑13으로 좌측의 백 한점에 기대어 양동 작전을 시도한다.

백은 불만을 토로할 여지가 없이 오로지 몰릴 수밖에 없고, 별안
간 일찍부터 흑이 생기를 얻은 국면이 되었다.

● 제2형 ☞ 효율적인 진출의 맥점

무조건 상대방의 봉쇄망을 비집고 나가기만 해서는 좋은 결과가 없으므로, 모양의 틈새를 잘 살펴서 역이용할 줄 알아야 한다.

여러 가지로 두고 싶은 곳이 있지만, 아무튼 흑a로 봉쇄된다면 백의 활동은 끝장이다.

그러므로 봉쇄되기 전에 백은 여기서 머리를 내밀어 두어야 하는데, 그 급소는 어느 곳인가?

감각이 뛰어난 분이라면 3초도 걸리지 않아 정답을 발견하겠지만, 바둑에 약한 사람은 오랜 시간 걸려도 알 수 없을지도 모른다.

어쨌든 한번 배우면 쉽게 잊는 모양은 아니리라.

백a는 '적의 급소는 나의 급소'라는 격언대로 준정답이지만, 역시 발이 더딘 점과 느슨한 모양이므로 마음에 걸린다.

(백 차례)

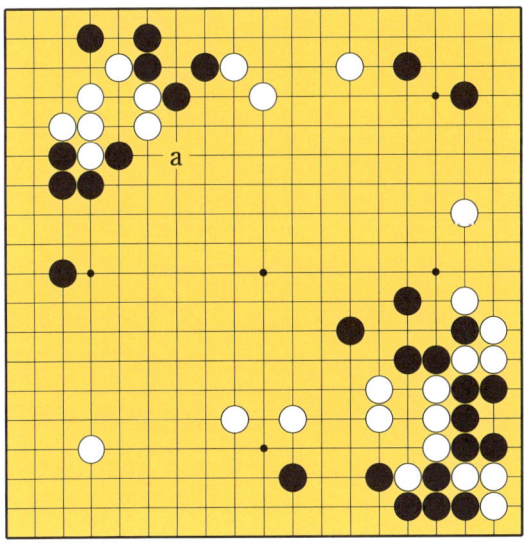

기본형

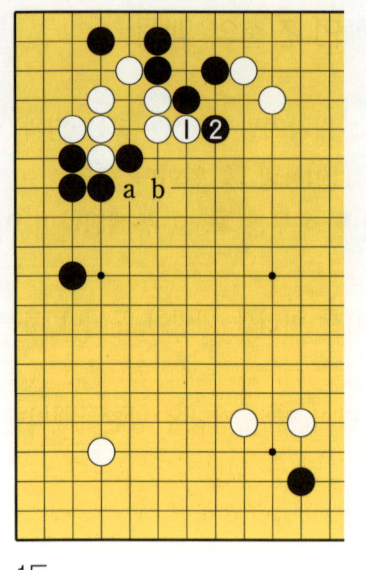 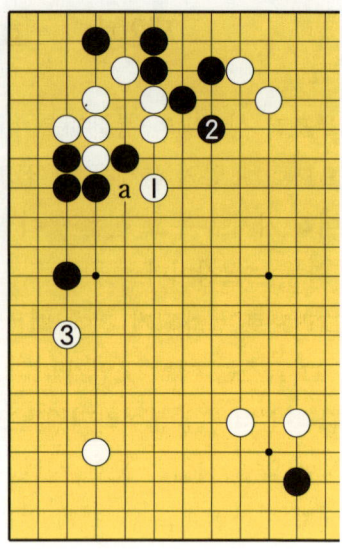

1도   2도

1도 (최악의 진출) 백1은 아마도 최악의 진출 수단이다.

그렇지 않아도 흑은 2에 두고 싶어 견딜 수 없는 순간이었는데, 어부지리(漁父之利)인 흑2로써 '호구 벌림'하면 대만족이다.

백1로 a로 끊는 것은 좀 생각한 수단이지만, 계속해서 흑2 다음에 백b의 보강이 필요하다면 의미가 약해진다.

2도 (진출의 맥점) 여기는 백1이 올바른 맥점이었다.

흑2로 봉쇄를 피한 수는 당연하지만, 백은 1의 좋은 수로써 바깥으로 진출해 있으므로, 백3으로 절호의 다가섬을 둘 수가 있었다.

사족이지만, 백1은 다음에 백a로 흑 한점을 잡기 위해 둔 수는 아니다. 어디까지나 외부로 진출하기 위한 수단임에 유의하기 바란다.

● 제3형 ☞ 귀의 눈모양 삭감의 맥점

눈모양을 없애기 위해서는 때로는 강경책이 필요한데, 낯선 모양이지만 맥점을 찾는 일이 중요하다.

넓은 국면이라 여러 가지 포석법이 있는 곳이므로, 어디에 두는 것이 최선의 수인지 일률적으로 말할 수 없다. 단적으로 백a, 흑b, 백c로 나와 끊어 싸우는 것도 수단이겠지만, 중앙의 백도 엷은 모양이므로 좀처럼 잘 되지 않는다. 다만 좌하귀의 흑이 약화된다면, 그 돌과의 양면 공격을 위해 나와끊음이 유효해진다고 생각했다.

그렇다면 좌하귀 흑의 눈모양 삭감을 위한 수단은 있을까?

백d 등은 공격이라고 하기보다는 끝내기의 수이며, 흑e부터 부호순으로 흑i까지 간단히 안정하고 만다. 중반전에서는 승부수 하나로써 대세를 뒤바꿀 수도 있으므로, 승부수의 선택이나 그 방어에 대해서 심사숙고하지 않으면 전국의 판도를 그르칠 경우도 있다.

(백 차례)

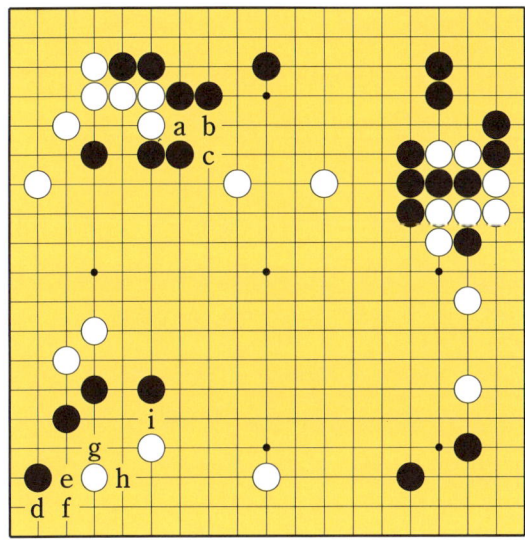

기본형

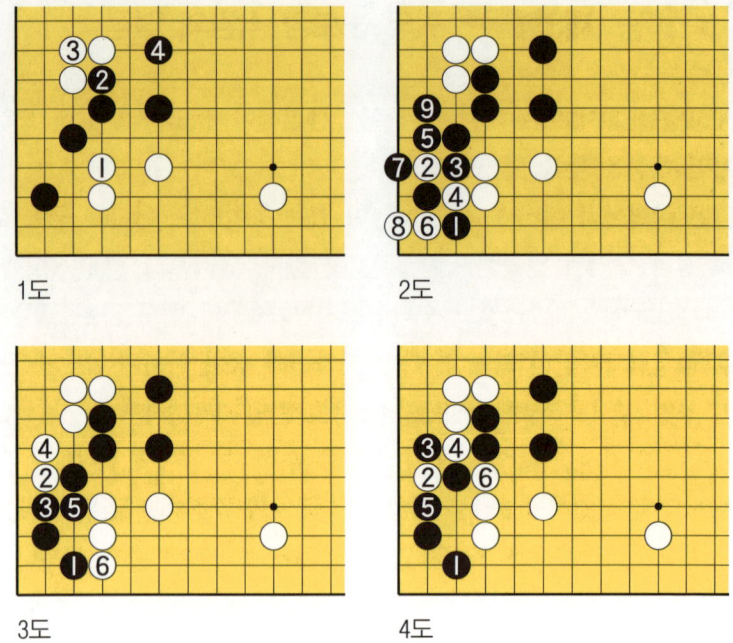

1도   2도

3도   4도

1도 (유일한 급소) 백1이 이 국면에서의 유일한 급소이다.

흑은 눈모양을 빼앗겨 흑2와 4로써 외부로 진출하게 되므로, 백의 구상대로 궤도에 올랐다.

2도 (집을 넓힐 경우) 앞 그림 다음에 흑1이 일단 집을 넓히는 수단이다. 백2라면 흑3부터 7까지로 백 한점을 잡은 다음에, 흑9의 수순까지 진행된다.

여기서 백2의 '건너붙임'은 맥처럼 보이지만, 실은 그렇지가 않다.

3도 (밑붙임) 흑1에 대해서는 백2의 '밑붙임'이 맥점으로, 흑3의 '누름'이라면 백4와 6으로 흑의 눈이 아직 하나밖에 없다.

4도 (분리) 백2에 대해 흑3이라면 귀만은 살지만, 백6의 선수로 흑의 대마를 분리시킨다면 성공이리라.

역시 1도의 백1은 '공격의 맥'으로 유명하므로, 기억해 두면 쓸모가 있다.

● 제4형 ☞ 껴붙임의 맥점

상대의 숨통을 조이는 '껴붙임'의 수단은, 내쪽도 떨어질 듯 떨어지지 않는 아슬아슬한 줄타기처럼 흥미로운 맥점이다.

좌변부터 중앙에 이르는 백돌이 엷기 때문에 이 돌을 공격하고 싶은데, 아래쪽의 흑 두점도 엷어서 간단하지는 않다.

흑a는 상식적인 이른바 '기본수'이겠으나 백b, 흑c, 백d로 정형이 되면, 이미 공격은 무산이 되어 백의 형세에 대항할 수 없다.

이 경우에는 좀 더 매서운 공격의 착점이 필요하다.

아는 사람은 대수롭지 않게 생각하겠지만, 모른다면 좀처럼 두지 못한다. 자기 힘으로 생각하기가 어렵다면, 상수에게 배우거나 교재를 통해 배울 수밖에 없으리라.

1도 (**끊음은 약하다**) 이 경우에는 흑1의 '끊음'도 성립한다. 그러나 결과는 보는 바와 같이 그리 밝지 못하다. 백14로는 a도 있으리라.

(흑 차례)

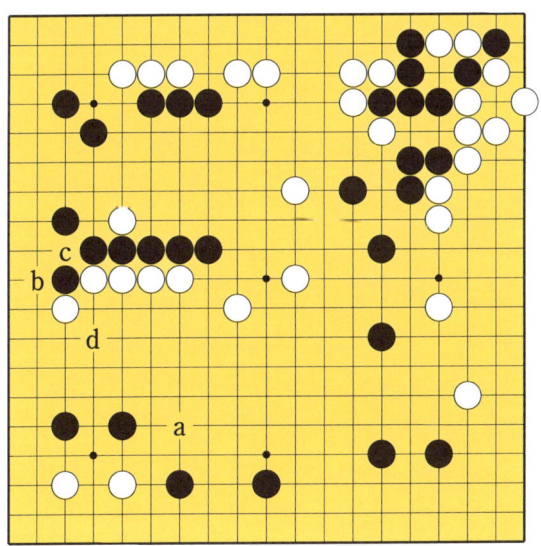

기본형

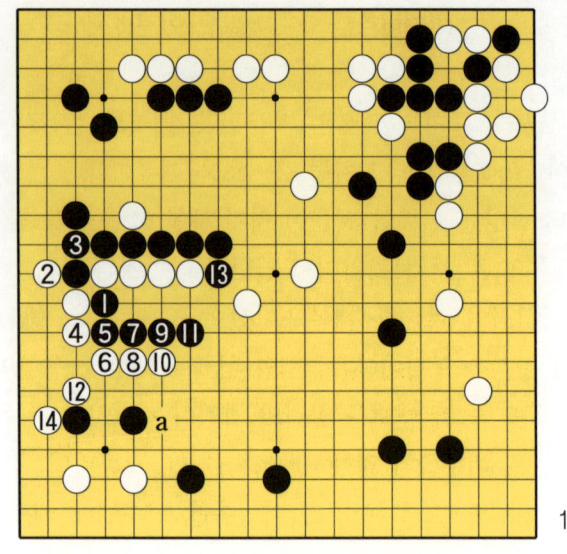

1도

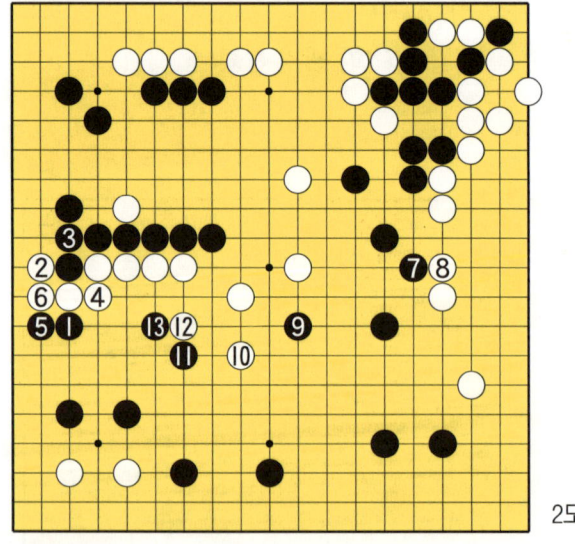

2도

2도 (껴붙임의 맥점) 흑1의 껴붙임이 이 모양에서의 맥점으로, 이하는 실전의 진행인데, 백 전체를 매섭게 공격한 흑은 국면의 주도권을 완전히 잡을 수가 있었다.

● 제5형 ☞ 밭전자 치중의 맥점

'버림돌'의 맥점을 수단으로 한 다음, 그 한 점을 미끼로 해서 상대 방이 응수하고 싶지 않은 곳을 자연스럽게 두게 하는 작전을 소개한 다. 방금 중반전으로 돌입한 국면인데, 하변부터의 몸싸움은 이윽고 전국으로 파급되어 나가리라.

그런 의미에서 하변에서의 작은 경합은, 싸움에서 앞으로의 길흉 을 점치는 중요한 요점이다.

a의 지점은 쌍방이 먼저 두고 싶지 않은 요충지로, 가령 백b에 대 해 흑a로 단수해 준다면 환영이다.

그러나 백b에는 흑c, 백a, 흑d가 되어, 거꾸로 백a가 두어지므로 흑이 크게 기뻐한다. 그러므로 우선 맥점인 듯싶은 백b는 실패이다.

이런 모양에도 비교적 응용 가능한 포석법이 있는데, 작은 맛처럼 보이지만 매운 고추처럼 톡 쏘는 수법이다.

(백 차례)

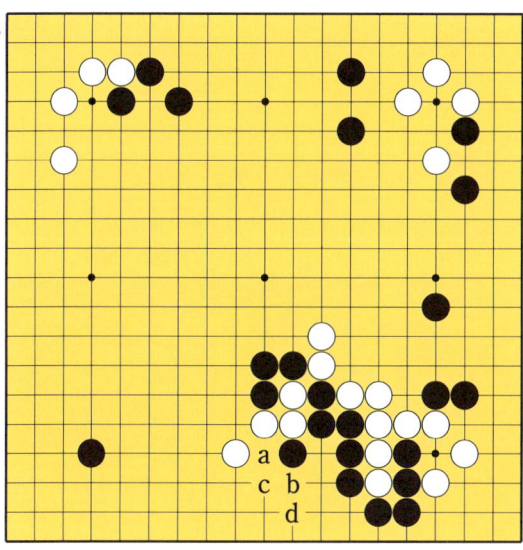

기본형

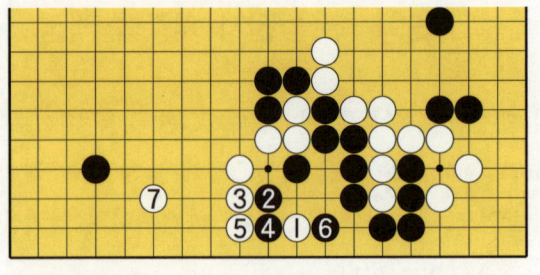

1도

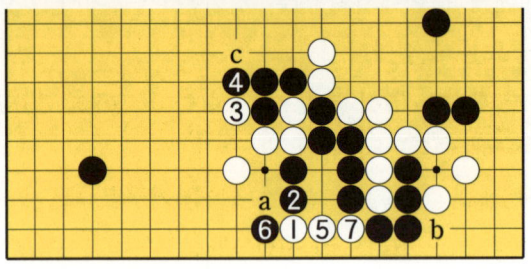

2도

1도 (발전자의 효과) 우선 백이 먼저 둔 한 수와, 그 수에 계속되는 실전의 진행을 소개한다.

백1로써 '발전자'로 뛰어든 다음에 흑2와 4의 응수가 있었지만, 백3과 5로 누른 다음 7로 안정하였다.

아무런 색다른 수단이 아닌데도, 흑은 달리 응수할 방법이 없고 백은 뜻대로의 진행이다. 다시 말하면……

2도 (치받는 경우) 백1에는 본디 흑2로 강력히 치받고 싶지만, 여기서 백3의 '젖힘'을 둔 다음 5로 2선을 기는 수가 매서워서, 흑은 좋은 응수가 없다. 백5에 대해 흑6이라면 백7로 끊어 버린 다음에, a와 b가 맞보기이므로 흑의 괴멸이다.

도중 흑4로 5에 보강하는 것은 백c의 '씌움' 때문에, 이것도 흑이 괴로운 싸움이리라.

또한 흑6으로써……

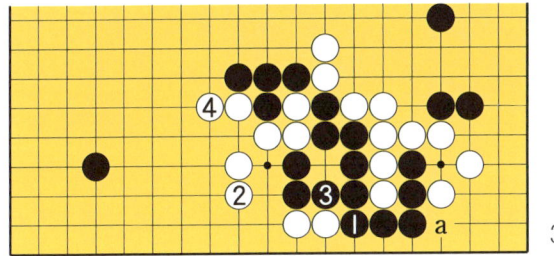

3도

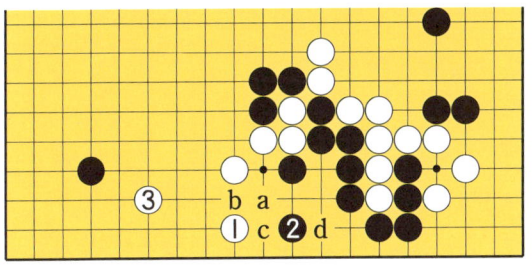

4도

3도 (백의 선택권) 흑1은 그래도 낫지만, 백2를 둔 다음 4로 뻗는다. 이 모양은 나중에 백 두점을 살리는 수와, 백 두점을 버리고서 백a의 누름을 선수로 두는 수단을 양쪽 노림수로 하며, 선택권은 일방적으로 백의 것이다.

특히 백a를 선수로 둘 수 있다는 조건은, 우하귀에서 중앙으로 뻗은 백돌에 대해 마음 든든한 뒷받침이 된다.

따라서 1도의 실전 진행은 흑으로서 부득이한 수순이었는데, 그렇다면 그 결과는 어떤가?

4도 (밭전자 치중의 공로) 치중의 맥점을 발견하지 못하면, 백1과 3에 둘 정도이다.

그런데 실전은 이 모양에서 백1에 대해 흑a, 백b, 흑c, 백2, 흑d로 전개하는 이치와 같다. 흑a는 백b를 굳히게 하는 이적수이며, 이런 큰 손해를 두게 한 효과가 밭전자 치중의 공로인 셈이다.

● 제6형 ☞ 중앙 경합에서 이기는 방법

큰 모양의 경합에서는 중앙의 경계가 승부처이며, 한치의 후퇴도 치명적 손실인 경우가 많다.

흑▲로 젖혀 온 국면인데, 그림에 나타나 있듯이 큰 형세의 경합이므로, 이런 경우는 결코 주눅이 들어서는 안 된다.

자신감을 가지고 대국적인 안목으로 착수해 보자.

흑a의 '끊음'이 활용되므로 백은 대단히 뒷맛이 나쁜데, 백이 기분 나쁜 것과 똑같을 만큼 흑도 좋은 기분은 아니다.

흑이 ▲로 b의 '굳힘'을 결심했다면, 백은 재빨리 ▲의 곳 또는 c로써 중앙에서 기세를 올릴 것이다.

여기에서는, '모양의 급소'라기보다는 싸움에서의 기합을 배워 두기 바란다. 그런 자세가 중앙전의 경합에서 이기기 위해서는 가장 중요한 것이므로……

(백 차례)

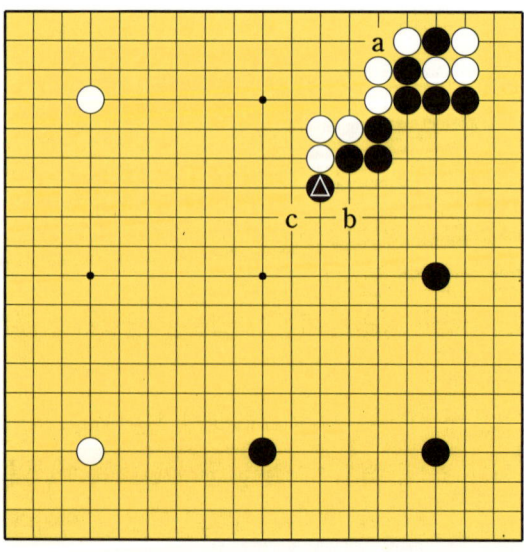

기본형

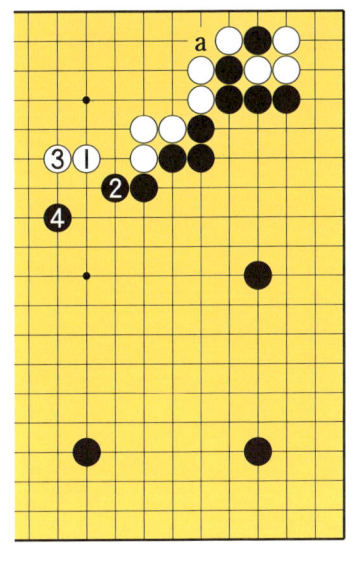

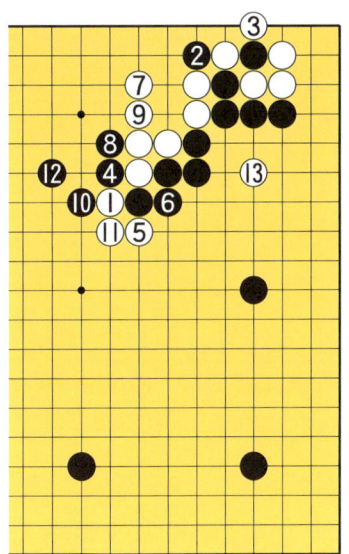

1도   2도

1도 (백 소극적) 백1로써 소극적으로 착수하면 흑2로 뻗은 다음 나가 끊는 맛도 나쁘며, 백3으로 더욱 굳히면 흑4에 의해서 완전히 중앙의 제공권을 빼앗긴다.

더욱이 이처럼 비굴하게 후퇴해도, 또한 상변은 흑a의 끊음부터의 뒷맛이 아직도 있으므로 뚜렷한 백집은 아니다.

2도 (기세의 젖힘) 백1의 젖힘이 기세이며, 이하는 실전의 진행이다. 흑4의 끊음에 대한 백7과, 흑8에 대한 백9의 굴복은 부득이하다.

그러나 백5의 단수 젖힘이 커서, 흑의 모양도 무너졌다.

흑12는 좋은 모양인데, 백도 13의 급소에 일격하여 충분히 싸울 수 있는 형세가 되었다.

● 제7형 ☞ 노림을 역이용하는 수순의 맥점

바둑에서는 수순이 너무 빠르거나 늦지 않은 정도의 적절한 타이밍이 활용의 가치를 드높인다.

이 국면에서는, 우변에서 서로 눈이 없는 하나의 대마끼리 험난한 싸움을 벌이고 있다. 상변에서 뻗어 내려 온 흑과 백의 형세도 뚜렷하지 못하므로, '혼전 상태'라고 해도 좋으리라.

당장의 문제는, 흑a의 '껴붙임'의 수단을 백이 어떻게 막느냐의 한 가지로 압축된다.

상식적으로는 백b의 '호구 이음'이 예상되는데, 이 수는 약점을 보강해 가면서 위쪽 흑에 대한 공격도 노린다.

그러나 가장 알기 쉬운 이 수가 정답이라면, 문제의 국면을 취급한 의미가 없다. 흑a의 노림을 역이용하는 수단이 없는가 하는 것이 발상의 시작이다.

(백 차례)

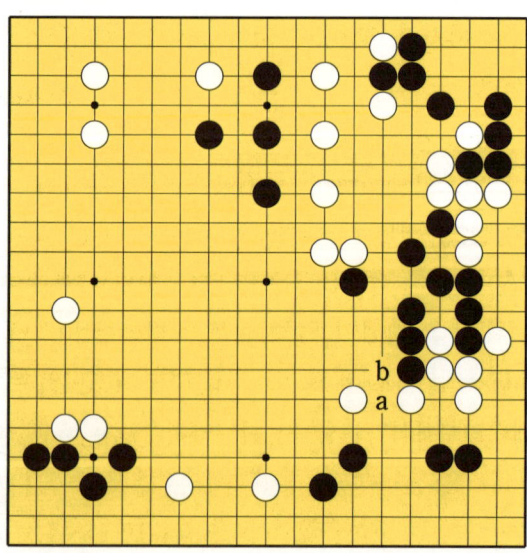

기본형

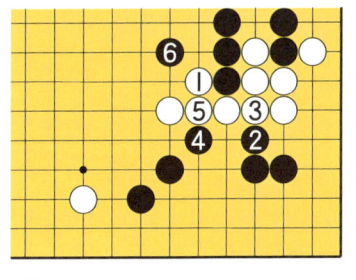

1도

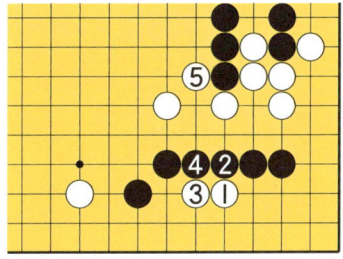

2도

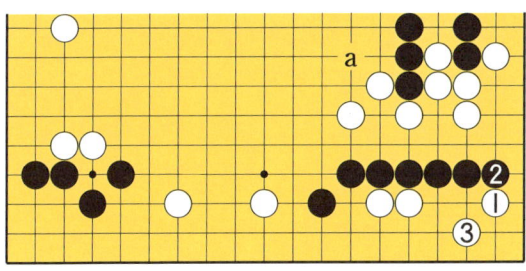

3도

1도 (노림수 무산) 백1의 호구 이음에 대해서는 흑2와 4가 기분 좋은 활용이며, 다음에 흑6으로 한 칸 뛰고 나면 뒤에 아무런 노림수도 남지 않는다.

2도 (멋진 응수타진) 여기서는, 호구 이음을 두기 전에 백1과 3으로 응수를 묻는 것이 자랑스러운 착상이다. 흑2와 4로써 호구를 들여다 볼 여유가 없음을 확인해 보기 바란다.

3도 (사는 뒷맛) 앞 그림의 다음에, 흑은 a로 한 칸 뛰어 중앙의 싸움이 벌어졌지만, 나중에 백1과 3으로 귀에서 사는 수단을 남긴 것이 크기 때문에 흑의 부담이 될 것이다.

단순하게 호구 이음한 1도의 진행과 비교해 보면, 거의 한 수의 차이가 난다.

제8형 ☞ 수상전에서 이기는 맥점

포위망에 대한 탈출의 급소를 제일감으로 발견해 내기 위해서는, 정확한 수읽기로 뒷받침하는 능력이 필요하다.

방금 백이 △로 포위한 국면이며, 상변의 대형 수상전이 종말을 맞으려 한다. 백△는 전혀 방심할 수 없는 호수(好手)이므로, 흑은 신중하게 대처해야 한다.

한편 흑a와 백b를 두고 나면, 흑과 백의 바깥 공배는 세 수씩이므로 먼저 둘 흑이 쉽게 이기는 것처럼 보이지만, 그것은 커다란 잘못이다. 사실은 c의 곳을 메우는 데 두 수가 필요하므로, 우측 백돌의 바깥 공배는 네 수인 셈이다.

따라서 상변의 흑은 탈출하거나, 또는 선수로 바깥 공배의 수수(手數)를 네 수로 늘리든가 하지 않으면 안 된다.

그렇다면 그 급소는 어디인가?

(흑 차례)

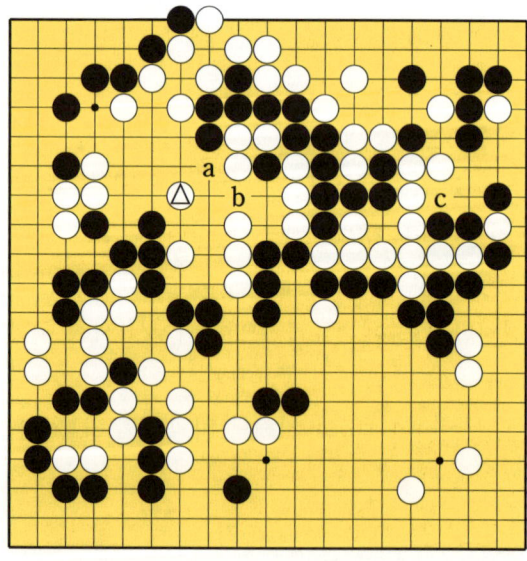

기본형

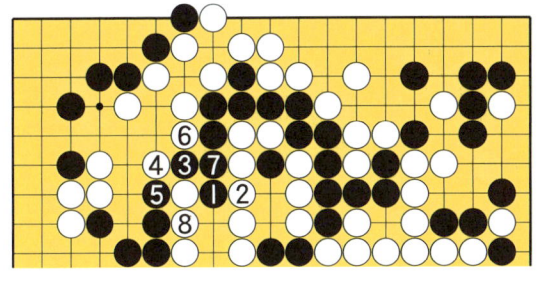

1도

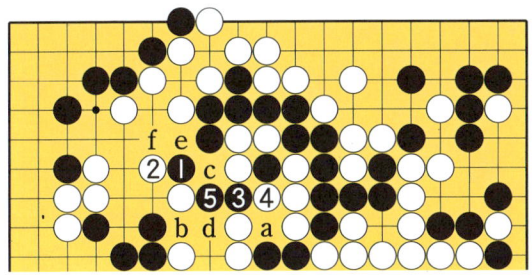

2도

1도 (탈출 무산) 흑1로 백2를 유도한 다음에 흑3으로 탈출할 수 있을 것 같지만, 백4로 단순히 젖히는 수단이 좋은 수이므로 흑은 멋지게 잡히고 만다. 흑5의 '끊음'에 대해서는 백6과 8로 그만이다.

흑5로 8이라면 백5로 이어서 마찬가지이며, 달리 흑5로 어디에 두든 탈출 불가능함을 확인해 보기 바란다.

2도 (마늘모 붙임의 맥) 흑1의 '마늘모 붙임'이 유일한 맥점으로, 다음에 백2라면 흑3으로 몰고 백4에는 흑5이다.

이어 백은 a로 이을 수밖에 없고, 흑b로 쉽게 탈출한다.

흑1의 마늘모 붙임은 3과 5의 묘수를 성립시키기 위한 맥점이기도 했던 셈이다.

수순을 잘못하여 먼저 흑3과 5부터 두면 백c, 흑e, 백f, 흑1, 백d, 흑2 이하로 패가 된다.

다음의 수순은 간단하므로, 어떤 패가 되는지 확인해 보기 바란다.

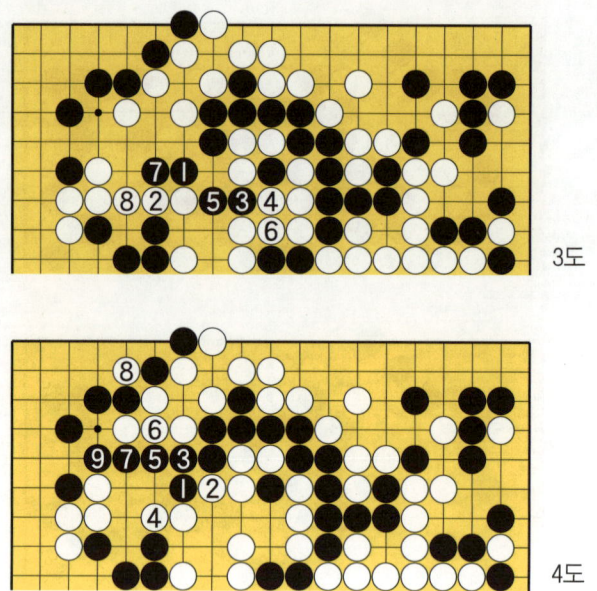

3도

4도

3도 (흑 승리) 흑1에 대해 백2로 늦추면, 마찬가지로 흑3과 5로 늘어선 다음 7로 뻗어 백8로 받을 수밖에 없을 때, 이미 흑의 바깥 공배는 네 수로 늘어나 있으므로, 우측 백의 공배를 공격하기 시작하여 한 수 승리이다.

4도 (자충을 이용한 탈출) 따라서 흑1에 대해서는 백2로 응수할 수밖에 없고, 흑3과 5로 상변 백의 자충을 이용하여 탈출하면, 우측의 백은 자연스럽게 죽고 만다.

이처럼 포위망에 대한 마늘모 붙임의 맥점은, 많은 경우 유사한 국면에서 응용이 가능한 멋진 수단이다.